im DETAIL Erschließungsräume

im **DETAIL**

Erschließungsräume

Treppen, Rampen, Aufzüge
Wegeführung
Entwurfsgrundlagen

Christian Schittich (Hrsg.)

Edition DETAIL – Institut für internationale
Architektur-Dokumentation GmbH & Co. KG
München

Herausgeber: Christian Schittich
Redaktion: Steffi Lenzen (Projektleitung), Sandra Leitte, Jana Rackwitz
Redaktionelle Mitarbeit: Carola Jacob-Ritz, Michaela Linder, Eva Schönbrunner
Fachliche Beratung (Planungsgrundlagen): Peter Cheret, Stuttgart

Zeichnungen: Ralph Donhauser, Martin Hämmel, Nicola Kollmann,
Emese M. Köszegi, Simon Kramer, Dejanira Ornelas

DTP: Roswitha Siegler

Bibliografische Information der Deutschen Nationalbibliothek
Die Deutsche Nationalbibliothek verzeichnet diese Publikation
in der Deutschen Nationalbibliografie; detaillierte bibliografische Daten
sind im Internet über <http://dnb.d-nb.de> abrufbar.

Dieses Buch ist auch in englischer Sprache erhältlich
(ISBN: 978-3-920034-89-8).

© 2013 Institut für internationale Architektur-Dokumentation GmbH & Co. KG,
Postfach 20 10 54, D–80010 München
www.detail.de

Gedruckt auf säurefreiem Papier, hergestellt aus chlorfrei gebleichtem Zellstoff
(TCF∞).

Printed in Germany
Reproduktion: ludwig:media, Zell am See
Druck und Bindung: Aumüller Druck, Regensburg

ISBN: 978-3-920034-81-2 (Print)
ISBN: 978-3-95553-113-3 (E-Book)
ISBN: 978-3-95553-127-0 (Bundle)

9 8 7 6 5 4 3 2 1

Inhalt

Die Erschließung als Konzept

Christian Schittich

Es mutet noch immer avantgardistisch an und gehört doch längst zu den Ikonen der modernen Architektur, vor allem zählt es seit Jahren zu den beliebtesten Ausstellungshäusern der Kunstmetropole New York: das Guggenheim Museum, Frank Lloyd Wrights letztes Meisterwerk (Abb. 1). Zu seiner Eröffnung im Oktober 1959 aber löste es einen Sturm der Entrüstung aus. Architekturkritiker und führende Künstler waren sich einig: Das Haus, das im Wesentlichen aus einer sich nach unten verjüngenden spiralförmigen Betonrampe besteht, sei zur ernsthaften Präsentation von Kunstwerken nicht geeignet. Der Architekt aus Wisconsin hatte nicht nur – wie so viele andere vor ihm schon – die Erschließung inszeniert und überhöht, er hatte sie zum eigentlichen Konzept eines Museums gemacht und damit an dessen herkömmlichem Verständnis gerüttelt.

Erschließung – eigentlich mutet der Begriff viel zu spröde an für einen derart fulminanten Entwurf. Doch auch allgemein klingt der Ausdruck, der faktisch nur in der Fachsprache existiert, wenig aufregend. Schon eher tönt darin das notwendige Übel mit, der Zwang der damit verbundenen Vorschriften, Regeln und Normen. Eigentlich erstaunlich, denn die Erschließung gehört zu den prägenden Komponenten eines Entwurfs. Erschließungsräume dienen nicht selten als Visitenkarte eines Gebäudes und ihre einzelnen Elemente werden in der anspruchsvollen Architektur fast immer gestaltprägend eingesetzt. Das gilt ganz besonders für die Treppe als gebaute Bewegung im Raum. Neben der rein funktionalen Aufgabe – der Verbindung unterschiedlicher Ebenen – kommt ihr von alters her auch eine metaphorische Bedeutung zu als Symbol des Aufstiegs, als Übergang in eine jenseitige Welt. Spätestens seit der Renaissance wird die Treppe in Schlössern, Palästen und Kulturbauten zum Renommierobjekt und damit oftmals zu einem Bauteil, das den Entwurf entscheidend beeinflusst. Davon zeugen so großartige Beispiele wie Michelangelos Treppe im Vestibül der Biblioteca Laurenziana in Florenz, Balthasar Neumanns prachtvolles Treppenhaus in der Würzburger Residenz (Abb. 4, S. 16) oder Charles Garniers opulente Treppenanlage in der Pariser Oper.

Die Treppe als Skulptur
Wie kaum ein anderes Bauteil verkörpert die Treppe Dynamik und eignet sich hervorragend als den Raum bereichernde Skulptur. Und so widmen Architekten ihr seit jeher besondere Aufmerksamkeit. Das führt dazu, dass sich in der Treppe oftmals die wesentlichen Merkmale einer baulichen Strömung verdichten, manchmal sogar überspitzt in Erscheinung

treten. Auch in der jüngeren Architekturgeschichte lassen sich die jeweiligen Trends besonders gut an den Treppen ablesen – mal verschnörkelt oder verspielt, mal komplex in die einzelnen Bestandteile zerlegt, dann wieder minimalistisch elegant. In der Hightech-Architektur zeigen sie sich aufgelöst in Winkel, Bolzen und Spannseile, die überzeichnete Konstruktion wird zum gestaltenden Element (Abb. 4, S. 10). Die Dekonstruktivisten dagegen nutzen die Treppe, um regelrechte gestalterische Feuerwerke abzubrennen, wie beispielsweise Günter Behnisch mit seinem »Vogelnest« im ehemaligen deutschen Bundestag in Bonn (Abb. 3, S. 10), wo explosionsartig unterschiedlich große Holzstäbe in alle Richtungen auseinanderbersten. Im Vergleich dazu treten heute die meisten Treppen eher einfach und zurückhaltend

1 Solomon R. Guggenheim Museum, New York (USA) 1959, Frank Lloyd Wright
2 MUMUTH – Haus für Musik und Musiktheater der Kunstuniversität, Graz (A) 2008, UNStudio

3

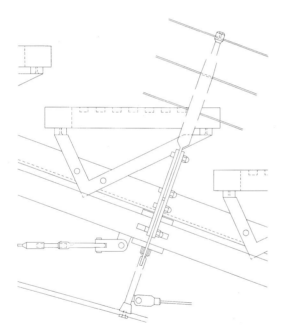

4

in Erscheinung. Doch auch aktuell entstehen immer wieder besondere Treppenanlagen, oft am Computer generierte freie Formen, inszeniert als furiose, gefrorene Bewegung oder organische Plastik.

Wie ein Wirbelwind bewegt sich etwa Massimiliano Fuksas fulminante Treppenskulptur im Armani Store in Manhattan (siehe S. 150ff.) über insgesamt vier Geschosse und dominiert den gesamten Innenraum. Als bewusste Attraktion wird die außergewöhnlich kraftvolle und geometrisch kaum erfassbare Form zu einem Teil der Corporate Identity des Modelabels und symbolisiert dabei Werte wie Grenzenlosigkeit und Dynamik. Ähnlich organisch windet sich, ebenfalls in New York, der dramatische Treppenraum der Cooper Union (siehe S. 93ff.) von Morphosis als zentrales Kommunikationszentrum der Hochschule über neun Geschosse nach oben. Und auch im Haus für Musik und Musiktheater der Kunstuniversität Graz von UNStudio (Abb. 2, S. 9) ist es die imposant bewegte Treppe, die das Rückgrat des gesamten Entwurfskonzepts bildet. Die Architekten organisierten hier die innere Erschließung über einen sich aus den Rückwänden der Konzertsäle herausdrehenden und die einzelnen Geschosse verbindenden »Twist«, eine sich nach oben rankende Stahlbetonspirale, die den Besucher verführen und regelrecht nach oben ziehen soll. Wie bei den meisten Projekten des Büros gehen Erschließung und Struktur dabei nahtlos ineinander über. Das gilt auch im wesentlich kleineren Maßstab für das Haus am Weinberg bei Stuttgart (siehe S. 66ff.). Auch hier bezeichnet Ben van Berkel die zentrale Treppe als Twist, der zum einen die Menschen nach oben befördert, zum anderen auch den gesamten umliegenden Raum einbezieht und so eine künstliche Landschaft erzeugt, die mit der natürlichen Umgebung zusammenfließt.

Konstruktiv weniger extravagant, vom Konzept her aber genauso tragend und ausgefeilt sind die Treppenskulpturen des dänischen Architekturbüros 3XN. Auch bei ihnen steht die Erschließung fast immer im Mittelpunkt eines Entwurfs. Das gilt ganz besonders für das Gymnasium in Ørestad, das mit allen Konventionen des Schulbaus bricht, denn es gibt hier keine Klassenzimmer, keine Kommunikationshindernisse und natürlich keine Flure (siehe S. 98ff.). Die gesamte Schule besteht aus einem einzigen großen Raum, in dem sich alles parallel abspielt und der die Forderungen der dänischen Schulreform nach flexiblem, offenem und eigenverantwortlichem Lernen architektonisch umsetzt. Eine zentrale Treppenkaskade wird hier zum bestimmenden Element einer vertikalen Lernlandschaft aus kreisförmigen Podesten, Treppen und Plätzen.

5

Auch Jakob + MacFarlane machten die Erschließung ihrer
Cité de la Mode et du Design in den Pariser Docks zu einem
gestaltprägenden Element (Abb. 6) – allerdings außen, als
giftgrüne Wülste an der Fassade. Sie greifen damit auf ein
Prinzip zurück, das in derselben Stadt fast 40 Jahre früher
Renzo Piano und Richard Rogers eindrucksvoll am Centre
Pompidou demonstriert hatten (Abb. 7). Deren vorgehängte
Fahrtreppen verleihen mit ihrer Maschinenästhetik dem
Gebäude einen besonderen Akzent. In dieser Zeit gelang es
der Rolltreppe, die bis dahin vor allem in der spröden Funktionalität von Bahnhofshallen und Kaufhäusern zu finden war,
erstmals, sich einen Platz in der anspruchsvollen Architektur
zu erobern.

Inszenierte Fahrtreppen

Ein gutes Jahrzehnt nach der Eröffnung von Frank Lloyd
Wrights Guggenheim Museum greift Karl Schwanzer mit
seinem als »Schüssel« bekannten Rundbau für das BMW
Museum in München das gleiche Erschließungsprinzip auf
und bereichert es um ein neues – spektakuläres – Element
(Abb. 5). Während Wright die Besucher mit Aufzügen nach
oben bringt, um sie dann an den Kunstwerken vorbei nach
unten flanieren zu lassen, müssen diese in Schwanzers
wesentlich kleinerem Automobilmuseum gerade umgekehrt
durch die Ausstellung nach oben gehen, um anschließend
über eine eindrucksvoll in den Raum gestellte Rolltreppe
zurück zum Ausgangspunkt zu gelangen. Wie ein Pfeil
durchschneidet diese den halbkugelförmigen Raum und
demonstriert effektvoll, warum Fahrtreppen, die schlanker
und ohne Podest ausgebildet werden können, aktuell bei
den Architekten so beliebt sind, wenn es darum geht,
Erschließungsräume vom Museum bis zum Shoppingcenter
zu inszenieren. Rem Koolhaas zieht mit einer orangeglühen-
den Fahrtreppe die Besucher in die zum Ruhr Museum
umgestaltete Kohlenwäsche auf der Zeche Zollverein in
Essen, Zaha Hadid verwendet die Rolltreppe im Phaeno
Science Center in Wolfsburg und auch Delugan Meissl
binden sie im Porsche Museum in Stuttgart in ihr Raum-
konzept ein (siehe S. 146ff.). Wie bei vielen modernen
Museen verschmelzen auch in diesem Gebäude Erschlie-
ßungs- und Ausstellungskonzept – gerade bei einem
Automuseum liegt das besonders nahe. Die Ausstellungs-
gestaltung von HG Merz orientiert sich am Prinzip der Straße.
Der Parcours durch die Museumslandschaft folgt in einer
Architektur der permanenten Bewegung über eine Reihe von
flachen Rampen und Treppen einer aufsteigenden Spirale
aus unterschiedlichen Ebenen.

6

3 ehemaliger Bundestag der Bundesrepublik Deutschland, Bonn (D) 1993,
  Günter Behnisch
4 Vertikalschnitt Treppenstufe, Maßstab 1:10, Apartment, London (GB)
  1991, John Young
5 BMW Museum, München (D) 1973/2008, Karl Schwanzer, Atelier
  Brückner
6 Cité de la Mode et du Design, Paris (F) 2008, Jakob + MacFarlane
7 Centre Pompidou, Paris (F) 1977, Renzo Piano und Richard Rogers

7

8

Den Weg in Szene setzen

Die Inszenierung der Bewegung durch das Gebäude gehört bei einem Museumsbau zum Konzept. Aber auch bei anderen Bauaufgaben kann dies ein interessanter Entwurfsansatz sein – sogar in einem hochgesicherten Botschaftsgebäude, wie Rem Koolhaas an seiner Niederländischen Botschaft in Berlin demonstriert. Er durchschneidet den gläsernen Kubus mit einem Wegesystem aus aufeinanderfolgenden Treppen, Rampen und Fluren (Abb. 8), anstelle von Etagen gibt es unzählige Ebenen, die miteinander funktional in Bezug treten. Zickzackförmig zieht sich der Weg durch das Bauwerk über zehn Geschosse nach oben. Mal enger, mal breiter, gelegentlich sich zu einem Aufenthaltsbereich aufweitend, meist innen liegend, dann wieder in einem gläsernen Erker an der Fassade, eröffnet er wechselnde Blicke und Perspektiven ins Gebäude, aber auch nach außen. Koolhaas will damit das Erschließungsprinzip der Stadt ins Haus bringen, aber auch dazu beitragen, die Steifheit diplomatischer Konventionen zu überwinden.

Bei der im selben Jahr fertiggestellten Casa da Música in Porto wendet er ein ähnliches Prinzip an (Abb. 11). Auch hier ist die Erschließungsader ein komplexer und sehr abwechslungsreicher Weg durch das Konzerthaus, der sich immer wieder zu mit unterschiedlichen Materialien ausgestatteten Räumen öffnet und vielfältige Sinneseindrücke vermittelt.

8 Botschaft des Königreichs der Niederlande, Berlin (D) 2004, OMA
9 Rolex Learning Centre der EPFL, Lausanne (CH) 2010, Kazuyo Sejima + Ruye Nishizawa / SANAA
10 Chikatsu-Asuka Museum, Osaka (J) 1994, Tadao Ando
11 Casa da Música, Porto (P) 2004, OMA

Der Gesamtraum als Erschließung

Kazuyo Sejima und Ruye Nishizawa von SANAA verlegen beim Rolex Learning Centre der EPFL in Lausanne die Topografie aus Hügeln und Tälern förmlich nach innen und model-

9

lieren so eine ideale Bildungslandschaft – einen Raum
ohne Grenzen, den sich die Studenten und sonstige Nutzer
selbst aneignen können, in dem aber auch jeder seinen
eigenen Weg finden muss (Abb. 9). Die Unterscheidung
zwischen Erschließungs- und Nutzflächen heben sie dabei
nahezu vollständig auf. Auf fast 17 000 m², die neben einer
Bibliothek auch Arbeitsplätze, verschiedene Cafeterias,
ein Restaurant, eine Buchhandlung sowie ein multifunktiona-
les Auditorium und Büros aufnehmen, gibt es kaum Trennwände, alles geht fließend ineinander über. Transparenz,
Vernetzung und Innovation, die Werte der Hochschule,
werden dabei auf ideale Weise baulich umgesetzt. Mit
seinem unkonventionellen Konzept und der organischen
Formensprache will das Rolex Learning Centre vor allem
eins: spontane Begegnungen und damit den Austausch von
Ideen fördern – ein Prinzip, das im Arbeitsleben und damit
auch in Bürobauten und Forschungsinstituten immer mehr
zum Tragen kommt. Natürlich können diese Einrichtungen
selten derartig offen sein wie die Bibliothekslandschaft in
Lausanne, doch Foyers, Flurbereiche oder Treppenräume
werden zunehmend so gestaltet, dass sie nicht nur Transit-
räume sind, sondern auch zum Verweilen einladen und damit
ungeplante Zusammentreffen und ungezwungene Kommunikation unterstützen.

Gebäudeskulpturen als begehbare Landschaft

Im Gegensatz zur nach innen verlagerten Topografie des
Rolex Learning Centre wird das Opernhaus in Oslo von
Snøhetta, zeichenhaft wie ein Fels in einer Bucht platziert,
selbst zur begehbaren Landschaft (siehe S. 140ff.). Fast die
gesamte Dachfläche steht hier der Öffentlichkeit zur Verfü-
gung, und das nicht nur auf vorgegebenen Wegen, die
Fläche kann überall betreten werden. Vom Wasserniveau bis
zum Aussichtsplateau ganz oben können die Menschen die
Dachfläche in Besitz nehmen, dabei den Blick über die Stadt
oder den Fjord schweifen lassen und durch das gläserne
Oberlicht ins Gebäudeinnere schauen.
Bereits etwa 20 Jahre zuvor hatte Tadao Ando schon das
komplette Dach seines Chikatsu-Asuka Museums in der
Nähe von Osaka als begehbare Tribüne gestaltet, die den
Blick über das umliegende Gräberfeld aus dem 5.–7. Jahr-
hundert und in die Landschaft freigibt (Abb. 10). Das
Besteigen der gigantischen Freitreppe, die wie eine
Himmelsleiter nach oben führt, bildet dabei den dramati-
schen Abschluss eines inszenierten Wegs um und durch
das Museum. Wie bei allen Kulturbauten des japanischen
Architekten beginnt diese Route längst vor dem eigentlichen Betreten des Hauses mit einer aus der japanischen
Tradition hergeleiteten Wegeführung. Diese verläuft selten
geradlinig, sondern fördert das meditative Gehen ebenso
wie die bewusste Annäherung an das Gebäude, indem sie
vorab schon die unterschiedlichsten Perspektiven freigibt.
Auch der anschließende Weg durch den Innenraum wird
zu einer spannungsvollen Erfahrung: kleine und große,
gerade und gekrümmte, vor allem aber helle und dunkle
Raumsituationen wechseln sich ab. So verdeutlicht Tadao
Andos Chikatsu-Asuka Museum ebenso wie die anderen
beschriebenen Architekturbeispiele vor allem eines:
Erschließung sollte viel mehr sein als pure Notwendigkeit.
Sie kann als Konzept einem Entwurf zugrunde liegen, Erleb-
nisräume bieten, als Aufenthaltsbereich und Kommunikati-
onszone dienen oder in manchen Fällen sogar reiner Selbst-
zweck sein.

10

11

Erschließungsräume – Orte der Begegnung oder Eldorado der Bauvorschriften?

Arno Lederer

Wer versucht, sich dem Thema Erschließung durch das Studium der Architekturgeschichte oder der Theorie zu nähern, legt bald enttäuscht die einschlägige Literatur zur Seite. Von Leon Battista Albertis »Zehn Büchern über die Baukunst« [1] bis zum »Hatje-Lexikon der Architektur des 20. Jahrhunderts« [2]: Der Begriff Erschließung, der in der Lehre und Praxis einen großen Stellenwert einnimmt, hat für das Nachdenken über und das Erklären von Architektur anscheinend keine Bedeutung. Selbst im 24-bändigen Brockhaus findet sich nur die Erläuterung, es handele sich hier um »die Gesamtheit der Maßnahmen, die nach dem Baugesetzbuch Voraussetzung für die Bebauung eines Grundstückes sind«. Ebenso schlägt der Ansatz fehl, über das englische oder französische Pendant des deutschen Begriffs zu einem Einstieg zu gelangen. Die Wörter, die die beiden Sprachen anbieten, beziehen sich auf die Nutzbarmachung von Rohstoffvorkommen oder auf die infrastrukturelle Ver- und Entsorgung wirtschaftlicher und technischer Art von Landschaftsräumen, Baugebieten oder Stadtquartieren. Das erscheint umso befremdlicher, als für Architekten die Erschließung eines Gebäudes zu den primären Entwurfselementen gehört. Der Grundriss eines Hauses wird im Wesentlichen durch zwei Arten von Räumen bestimmt, nämlich solche, in denen man sich aufhält, die also zum Verweilen bestimmt sind, und solche, die zu diesen Aufenthaltsräumen hinführen und somit der Bewegung dienen.

Um die beiden Typen und ihre grundsätzliche Funktion zu unterscheiden, wird oft vom Bewegungs- und vom Ruheraum, auch vom Weg- und Ortraum gesprochen. Bei genauem Hinsehen ist das jedoch nicht richtig. Es gibt zahlreiche Räume, die zwar für die Erschließung gedacht sind, aber dennoch zum Aufenthalt einladen, wie auch umgekehrt in jedem Raum, in dem sich Menschen aufhalten, auch Bewegung stattfindet. Eine große Bahnhofshalle ist wie der Eingangsbereich eines Verwaltungsgebäudes oder eines Museums auch Aufenthaltsraum, genauso wie ein Wohnraum genügend Platz für Bewegung bietet. Der Begriff Erschließung meint zunächst nur die Flächen, die die Zugänglichkeit von Räumen untereinander ermöglichen. Wir ahnen aber, dass es sich dabei um eine rein technoide Bezeichnung handelt, um die vereinfachende Vorstellung, dass es möglich wäre, Bewegung und Ruhe in zwei Funktionen zu teilen. Die Vorstellung, Räume nach Weg und Ort funktionalisieren zu können, scheint im Zusammenhang mit dem Taylorismus zu stehen, dessen Ziel die Optimierung von Arbeitsabläufen ist. Der US-amerikanische Ingenieur Frederick W. Taylor, einer der Begründer der Arbeitswissenschaft, verfasste 1911

ein Buch über die Grundsätze wissenschaftlicher Betriebsführung [3], das auch einen großen Einfluss auf die Grundrissgestaltung im Wohnungsbau hatte. Christine Frederick, eine Anhängerin dieser Ideen, untersuchte beispielsweise die Wege, die eine Hausfrau in der Küche aufgrund funktioneller Zusammenhänge unnötigerweise zurücklegen muss. Ihr 1922 in Deutschland erschienenes Buch »Die rationelle Haushaltsführung« [4] lieferte u.a. die Grundlage für die Entwicklung kompakter Grundrisse, nicht nur die Küche betreffend, sondern für Haus und Wohnung als Ganzes. Es geht dabei aber nicht nur um eine Entlastung bezüglich der Hausarbeit, sondern auch um die Ökonomisierung der Baumaßnahmen selbst durch eine Flächenminderung, die sich mithilfe von Rationalisierung erreichen lässt. Nicht zuletzt konnte so der großen Wohnungsnot dieser Zeit begegnet werden, da die derart optimierten Grundrisse zu einem geringeren Flächenbedarf und damit zu niedrigeren Baukosten führten.

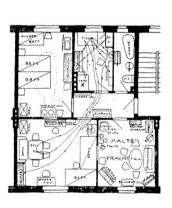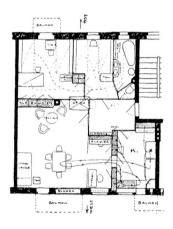

2

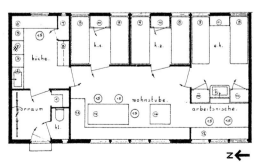

3

4

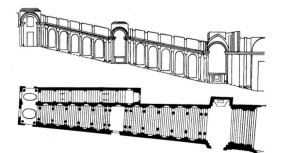

5

Der Weg der Flächenreduzierung im Wohnungsbau, den die Architekten in den 1920er-Jahren beschritten, lässt sich anhand von zwei Beispielen gut darstellen [5]: Einmal sind es die Zeichnungen von Bruno Taut, die eine funktionelle Verbesserung damals üblicher Grundrisse beispielhaft mit dem Einzeichnen der Gehlinien darstellen (Abb. 2, S. 15). Noch konsequenter ist der »Kabinengrundriss« (ab 1926, Abb. 3, S. 15) von Otto Haesler, der »einfach auf den Mittelflur ganz verzichtet. [...] Unter den damaligen ökonomischen Verhältnissen war dieser Verzicht auf jede Verkehrsfläche von einer bestechenden Logik.« [6] Die Reduzierung der Verkehrsflächen zugunsten größerer Wohnflächen gehörte zu den großen Entwurfsthemen dieser Zeit, und es scheint, als hätten sich die Architekten geradezu im Wettstreit um das günstigste Verhältnis zwischen Verkehrsfläche und Wohnfläche befunden.

Qualität von Erschließungsräumen

Die Entwicklung des Wohnungsbaus in den 1920er-Jahren steht nur beispielhaft für die Reduktion der Räume für Flure und Treppen auf die alleinige Funktion der kürzesten Verbindung. Die Vorstellung, dass diese Flächen lediglich dazu dienen, so rasch wie möglich von einem Raum in den anderen zu gelangen, entspricht nicht nur dem ökonomischen Denken. Durch die eindeutige Zweckbestimmung lassen sich z. B. auch sicherheitstechnische Anforderungen viel leichter einhalten als in Räumen, in denen sich Nutzungen überlagern. Allerdings geht mit dieser funktionalistisch geprägten Vorstellung häufig eine gestalterische Verarmung einher, weil das Raumerlebnis selbst keine Rolle mehr spielt. Solche Räume stellen nur die kürzeste Verbindung zwischen zwei Punkten dar, nichts anderes erwartet man von einer funktionsgerechten Erschließung. Daher wird in der Regel die Ökonomie eines Gebäudes unter anderem am Verhältnis von Nutz- zu Nebenfläche gemessen, weshalb die gestalterische Qualität von Erschließungsflächen bei dieser Auffassung eventuelle Mängel durch zu lange Wege auf Treppen und Fluren nicht wettmachen kann.

Eigentlich würden wir doch lieber von Treppenräumen sprechen, von Eingangshallen und hellen Fluren, vom Vestibül oder von Le Corbusiers »promenade architecturale«. Man denke an die Spanische Treppe in Rom oder die Scala Regia im Vatikan (Abb. 5), die doppelläufige Wendeltreppe im Schloss Chambord an der Loire oder die dreiläufige Treppe in der Würzburger Residenz (Abb. 4) – allesamt Treppen, deren Bau in Deutschland heute aufgrund der bestehenden Vorschriften und Normen nicht möglich wäre. Auch großzügige Wege durch das Gebäude, die immer Orte der Begegnung waren, sind heutzutage wegen des Brandschutzes nur unter großen technischen und baulichen Aufwendungen, etwa der Sprinklerung, realisierbar. Darüber hinaus schränken Aspekte wie die barrierefreie Zugänglichkeit und die notwendige Entfluchtung von Gebäuden die architektonische Vielfalt zusätzlich ein.

Niemand wird ernsthaft die Durchsetzung von Vorschriften, die es Personen mit eingeschränkter Mobilität ermöglichen, Gebäuden und Räumen ohne fremde Hilfe zu benutzen, infrage stellen. Unabhängig von den Verordnungen und der Bereitschaft zur barrierefreien Zugänglichkeit stellt sich jedoch besonders bei bestehenden Gebäuden die Frage, wie sich der räumliche Nachteil, der sehr oft damit verbunden ist, kompensieren lässt und wie sich diese Anforderungen mit den Gegebenheiten vereinbaren lassen. Häufig ist die nachträgliche Gewährleistung einer barrierefreien Erschließung aus räumlichen Gründen gar nicht möglich bzw. nur mit immensem baulichem, technischem und finanziellem Aufwand.

Problematisch verhält es sich auch mit den Kosten, die durch die zu erfüllenden Vorschriften entstehen. Trotz gestiegener Anforderungen z. B. an den Brandschutz und eine barrierefreie Bauweise wurden die zur Verfügung stehenden Budgets nicht grundsätzlich erhöht, die Vorgaben müssen innerhalb des »normalen« Kostenrahmens umgesetzt werden. Das kann in der Regel nur dann gelingen, wenn die Räume der Erschließung so bemessen sind, dass ihre Flächen und Volumina gerade das Minimum der geforderten Werte erreichen. Zwar mag der sprachliche Wechsel von Treppe, Halle oder Flur zum Begriff der Erschließung die Qualität der genannten Räume negativ beeinflusst haben. Dennoch verfügen zahlreiche Gebäude von Industrieunternehmen oder Banken, die in den letzten Jahren errichtet wurden, über opulente Eingangshallen (Abb. 6). Allerdings sind viele dieser Flächen zur Erschließung nicht wirklich notwendig, da die Mitarbeiter dieser Häuser häufig nicht über den öffentlich sichtbaren Eingang zu ihren Büros gelangen, sondern über die knapp bemessene Erschließung – Treppe, Aufzug und Flur –, die vom Stellplatz in der Tiefgarage direkt bis in die gewünschte Büroetage erfolgt. Warum also der ausdrückliche Wunsch der Bauherrschaft an den Architekten nach einer großzügigen Eingangshalle?

Ob Einfamilienhaus oder Finanzpalast: Eingang und Treppe, oder besser gesagt, jene Räume, die wir beim Eintreten als erste wahrnehmen, sind die Visitenkarte des Gebäudes und damit des Bauherrn. Der Auftraggeber dokumentiert damit

1 Jugendherberge, Possenhofen (D) 2002, Hierl Architekten
2 Grundrisse übliche und verbesserte Stockwerkswohnung mit eingetragenen Laufwegen, Bruno Taut, 1924
3 Kabinengrundriss, Sechs-Betten-Typ, Otto Haesler, 1926
4 Treppenhaus, Residenz Würzburg (D) 1720–1744, Balthasar Neumann
5 Scala Regia, Vatikan (V) 1663–1666, Gian Lorenzo Bernini
6 Foyer, adidas Laces, Herzogenaurach (D) 2011, kadawittfeldarchitektur

6

seine gesellschaftliche Stellung, sei es durch imponierende Größe der Flächen oder umgekehrt durch noble Zurückhaltung, verbunden mit exzellentem Design. Zum andern sind Eingänge und Treppen immer auch soziale Orte. Sie dienen der Begegnung, denn diese zu ermöglichen hängt unmittelbar mit Bewegung zusammen. Die Wege im Haus erfüllen also nicht nur den Zweck, Räume zu verbinden, sondern entsprechen auch dem Bedürfnis nach sozialem Austausch. So wie Straßen, Promenaden oder Boulevards in der Stadt nicht nur der möglichst raschen Erreichbarkeit von städtischen Orten dienen, sondern auch der wichtigen Funktion des Flanierens oder Spazierengehens Rechnung tragen, sollten Eingang, Treppe oder Flur den gleichen Zweck in einem Gebäude erfüllen. Nicht ohne Grund bilden diese Räume in Film, Theater oder Malerei häufig den Rahmen für soziale Auseinandersetzungen.

Sicherheit vs. Gestaltung

Die doppelte Funktion, die der Erschließung danach zukommt, nämlich dem Gehen und Stehen gleichermaßen gerecht zu werden, führt zwangsläufig zu Konflikten. Ein gutes, jedem geläufiges Beispiel ist das Phänom Türrahmen: Vor allem im privaten Bereich sind Türöffnungen von Flur, Wohnraum oder Küche beliebte Orte, um sich zu begrüßen oder auszutauschen, obwohl jeder weiß, dass dadurch der Weg und die Zugänglichkeit der Räume versperrt werden. Übertragen auf die Erschließung öffentlicher Gebäude liegt das Problem entsprechend der geltenden Bauvorschriften im damit verbundenen Unfallrisiko, wenn Treppen nicht nur als Verkehrswege, sondern auch als Aufenthalts- und Begegnungsorte genutzt werden.

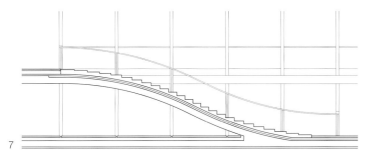

7

8

Interessant erscheint in diesem Zusammenhang die Frage, ob die Verschärfung von Sicherheitsbestimmungen automatisch zur Vermeidung von Unfällen beiträgt. Könnte die Perfektionierung der Unfallverhütung nicht auch dazu führen, dass dadurch das persönliche Maß an Umsicht und Vorsicht abnimmt? Es ist doch erstaunlich, wie problemlos Treppenanlagen in anderen Ländern, in denen die Sicherheitsanforderungen sehr viel niedriger sind, von Jung und Alt begangen werden. Wir bestaunen Treppen, die seit Jahrhunderten in Gebrauch sind, ohne dass ein Geländer die Benutzer schützt oder die Stufen ein zentimetergenaues und durchgehend gleiches Verhältnis von Steigung und Auftritt aufweisen. Diese Aspekte sind auch Thema der Untersuchungen des Denkmalpflegers Friedrich Mielke, der dafür die Arbeitsstelle für Treppenforschung gegründet hat [7].

Mit der Erfüllung der Vorschriften wird gewissermaßen die Verantwortung vom Nutzer auf das Bauobjekt übertragen, also auch ein Stück weit die Eigenverantwortlichkeit jedes Einzelnen auf den Staat? Wobei dieser Umstand nicht nur für die Erschließung gilt, sondern den gesamten Bereich des Bauens betrifft – von der Unfallverhütung bis zum sozialen Umgang der Nutzer miteinander.

Die Einhaltung der Sicherheitsbestimmungen hat in der Hierarchie der baulichen Anforderungen, die an Erschließungsanlagen gestellt werden, oberste Priorität. Gestaltungsfragen scheinen erst in zweiter Linie eine Rolle zu spielen. Dennoch ist die Bedeutung der ästhetischen Wirkung viel größer, als man auf den ersten Blick annimmt. Das bezieht sich natürlich mehr auf Treppen als auf Flure oder Eingangsbereiche. Jedes Begehen von Treppen stellt eine Herausforderung an den Bewegungsapparat des Menschen dar. Eine Treppe zu erklimmen, um einen Höhenunterschied zu überwinden, bedeutet zunächst einmal einen Kraftaufwand, der zudem mit einer erhöhten Aufmerksamkeit im Bewegungsablauf verbunden ist. Treppensteigen ist eine mühevolle Angelegenheit, die viele gern vermeiden. Oft warten Menschen lieber minutenlang auf den Aufzug, als die Treppe zu benutzen, auch wenn sie nur eines der nächsten Geschosse erreichen wollen. Dabei spielt es keine Rolle, ob die Kabine brechend voll ist, während im Treppenhaus kaum Personen anzutreffen sind. Dieses Verhalten steht im völligen Gegensatz zu der von vielen Ärzten geäußerten Meinung, tägliches Treppensteigen sei ein gutes Körpertraining und der Fahrt mit dem Lift grundsätzlich vorzuziehen. Den Empfehlungen der Planer und Hersteller von Aufzugsanlagen, die von Höchstwartezeiten ausgehen, die den Nutzern zugemutet werden können, müssten wir aus der Erfahrung heraus misstrauen und dafür sorgen, dass die Wartezeiten um ein Vielfaches länger sind, als Berechnungen prognostizieren, um die Menschen dazu zu animieren, die Treppe zu benutzen. Zudem dürften die Aufzugsschächte nicht in zentraler Lage angeordnet werden, die Treppen sollten sich dagegen großzügig dem Eingangsbereich zuwenden.

Beispielhafte Treppen

Treppen müssen generell so beschaffen sein, dass sie gern begangen werden. Es gibt Treppen, die so schön sind, dass man – ohne darüber nachzudenken – den Wunsch verspürt, sie hinaufzuschreiten. Vom Zikkurat in Ur über Michelangelos Treppe zum Kapitol in Rom bis zu Oscar Niemeyers Wendeltreppe im Außenministerium von Brasília (Abb. 10, S. 21): Es ist eine Lust, diese Treppen zu begehen. Als Johann

7 Längsschnitt, Treppe mit wechselndem Schrittmaß, Maßstab 1:150, Bürogebäude, Klaus (A) 2004, Oskar Leo Kaufmann
8 Treppe, Bürogebäude, Klaus, Oskar Leo Kaufmann
9 Treppenhaus, Wohnhaus am Frauenplan, Weimar (D) 1792

9

Wolfgang von Goethe beim Umbau seines Hauses am Frauenplan in Weimar über den Einbau einer neuen Treppenanlage nachdachte, meinte er, sie solle so sein, dass man nicht müde werde, sie hinauf- und hinabzusteigen. Diese Treppe ist in mehrfacher Hinsicht beispielhaft, weil sie im Wesentlichen die verschiedenen Funktionen erfüllt, die wir von einer vorbildlichen Erschließung verlangen (Abb. 9, S. 19). Sie ist zunächst einmal ungemein bequem und kann auch von älteren Menschen gut begangen werden. Mit einer Steigung von 10 cm und einer Länge des Auftritts von 35 cm entspricht sie nicht der Faustformel von zwei Steigungen + ein Auftritt = 64 cm, sie hat eine Stufenhöhe, die weit unter dem üblichen Maß liegt. Wer die Treppe jedoch begeht, spürt sofort, wie sehr diese den Wunsch nach Bequemlichkeit erfüllt. Dreiläufig führt sie in das Hauptgeschoss. Durch ihre Breite und Steigung eignet sie sich sehr gut als kommunikatives Erschließungselement – und das war auch ihre Aufgabe, nämlich Ort der Begegnung und Begrüßung zu sein. Zum Vergleich: Balthasar Neumanns dreiläufige Treppe in der Würzburger Residenz besitzt eine Steigung von 11,5 cm und eine Auftrittslänge von 37 cm. Vor der Treppenanlage in Goethes Wohnhaus liegt ein Flur, der sie an den eigentlichen Eingang anbindet. Dieser befindet sich verkehrstechnisch ideal zur Durchfahrt im Innenhof und ermöglicht so einen direkten Zugang vom Fahrzeug, also der Kutsche. Das fast mühelose Begehen der Treppe wird von einem Ausstattungsprogramm begleitet: Wandnischen mit Skulpturen und Büsten auf den Podesten, Gemälden an den Wänden sowie an der Decke. Welch erstaunliche räumliche Vorstellungskraft Goethe besaß, zeigt sich auch darin, wie es ihm gelang, die dreiläufige Treppe mit einer angrenzenden Wendeltreppe über ein Podest zu verbinden.

Unverkennbar diente die Treppe der Selbstdarstellung des Dichterfürsten. Das italienische Wort »scala«, das sowohl Treppe als auch Maßstab bedeutet, gibt einen trefflichen Hinweis auf den engen Zusammenhang zwischen der vertikalen Erschließung und dem Wesen, dem Maßstab eines Hauses. Treppen stellen in Entwurf und Ausführung ein anspruchsvolles Bauteil dar und und verlangen vom Architekten ein hohes Maß an räumlichem Vorstellungsvermögen sowie technisches und gestalterisches Können. Sie zeigen sehr gut die architektonische Kompetenz des Entwerfenden. Trotz aller oben erwähnten Einschränkungen, trotz der Reduktion ihrer Funktion auf den Begriff der senkrechten Erschließung teilt uns die Treppe etwas über die Qualifikation ihres Urhebers mit. Deshalb ist es nicht verwerflich, die Treppe auch als ein Bauteil zu betrachten, in dem sich der Architekt selbst darstellt. Der Hobby-Architekt Goethe hat eine Skizze hinterlassen, die räumlich sehr genau den Eindruck der späteren Treppe wiedergibt und in dieser Beziehung durchaus als professionell zu bezeichnen ist.

In diesem Zusammenhang ist auch die bereits erwähnte Treppe im Außenministerium von Brasília zu sehen (Abb. 10). Sie steht als Pars pro Toto für das Werk Oscar Niemeyers und ist nicht ohne Grund vielfach fotografiert und abgebildet worden. Allerdings dürfte all das, was die Identität dieser schwebenden Spirale ausmacht, heute in Deutschland so nicht gebaut werden. Zunächst einmal ist da der große Luftraum, dessen Mangel darin bestünde, dass keine Brandabschnitte vorhanden sind. Die obere Ebene und der Treppenlauf haben keine Absturzsicherung, es gibt zu viele Stufen ohne Zwischenpodest, die Wendelung wäre unzulässig, ebenso die übergroße Laufbreite ohne ein Geländer in der

Mitte und der äußere Rand mit Untertritten etc. All dies würde an den gültigen DIN-Normen sowie den baurechtlichen, brandschutztechnischen und unfallverhütenden Anforderungen scheitern. Wer die Niemeyer'sche Treppe jedoch begeht, ist begeistert von der Leichtigkeit, mit der man das nächste Geschoss erreicht. Und die Bedenken, dass wegen der fehlenden Geländer Unsicherheit aufkommt, schwinden schon nach Betreten der ersten Stufe: Auf die seitlich auskragenden Ränder der Tritte ist ohnehin niemand versucht zu treten, sie ersetzen die notwendige Absturzsicherung.

Aufenthaltsqualität von Fluren

Flure und Verbindungsgänge unterliegen bei Weitem nicht so vielen Bestimmungen; hier sind es vor allem die Anforderungen des Brandschutzes, die Einschränkungen bedeuten. Beispielhaft zeigt sich die Problematik von Erschließungskonzepten im Schulbau. Beim Entwurf soll sich der Architekt an das ökonomische Prinzip halten, das den meisten Programmen für Schulbauten zugrunde liegt und bei dem der Wirtschaftlichkeitsfaktor für die Finanzierung auf einem Verhältnis von Nutz- zu Nebenfläche von 60 zu 40 % basiert. Der Vorstellung von hellen, besonnten Fluren, die vorzugsweise mit einhüftigen Grundrissen gelingen, verbunden mit einer hohen Aufenthaltsqualität, wird durch diese Vorgabe schnell eine Absage erteilt. Die moderne Pädagogik möchte schon lange die Flure zur Arbeit für kleine Gruppen möblieren, aus Gründen des Brandschutzes ist das in vielen Fällen jedoch nicht möglich. Allein die Frage nach der Garderobe ist ein Thema, das bezüglich des vorbeugenden Brandschutzes eine langwierige Diskussion auslösen kann.

Noch in den 1960er-Jaren verkündete die Stadt Stuttgart voller Stolz in einer eigens für ihre Neubauten publizierten Buchreihe, es seien für den Entwurf der Schulgebäude nur die Klassenmaße und die Ausstattung vorgegeben, ansonsten bestehe völlige Freiheit in der Auslegung der Grundrisse und der Gestaltung der Baukörper [8]. In der Mehrzahl der dort publizierten Entwürfe finden sich großzügig angelegte Erschließungssysteme mit ansprechenden Zuwegungen im Freien, breiten Fluren mit hoher Aufenthaltsqualität und fließenden Raumzusammenhängen. Die Nutzung von Fluren und Zwischenräumen für pädagogische Konzepte war also schon damals ein Thema, ging aber nach und nach im Dschungel wirtschaftlicher und brandschutztechnischer Vorschriften unter. Um heute ähnliche Raumkonstellationen zu realisieren, wäre der technische und finanzielle Aufwand entsprechend höher, was grundsätzlich eine Anpassung der Finanzierung an die gestiegenen Anforderungen erfordern würde. Der Vergleich von heutigen Erschließungssystemen mit denen der 1950er- und 60er-Jahre macht die Unterschiede offensichtlich.

Doch nicht nur die Flächen der Erschließungen, auch ihre materiellen Qualitäten haben unter der genannten Entwicklung gelitten. Sitzbänke aus Vollholz entlang von verglasten Fassaden, sorgsam entworfene Natursteinböden und ein liebevoll gestalteter Brunnen unter einem Oberlicht mit Glassteinen gehören zur Ausstattung einer ganz normalen Schule in Stuttgart des Architekten Helmut Erdle aus den 1950er-Jahren. Ein materieller Standard, der um diese Zeit selbstverständlich war. Ähnliche Qualitäten findet man im heutigen Schulbau selten, meist bestehen Bodenbeläge, Wandbehandlungen und die sonstige Ausstattung aus Materialien, die zwar den Normen entsprechen, aber ein Minimum an finanziellem Aufwand signalisieren – obwohl doch Eingangs-

hallen, Flure und Treppen, wie anfangs bemerkt, die Visitenkarte eines Hauses darstellen.

Immer noch gibt es sie, die schönen Hallen und Lufträume,
die aufgrund der heutigen Vorschriften eigentlich nicht mehr
genutzt werden dürften, die jedoch unter Bestandsschutz
stehen. Das Thema der Erschließung bedarf grundsätzlich
der dringenden Beschäftigung und Weiterentwicklung. Die
heute angebotenen Lösungen entsprechen nur selten den
Bedürfnissen, deren Erfüllung bis vor wenigen Jahrzehnten
ein Thema der Architektur war.

Erschließung als Weg und Ort

Erschließung, wie sie Architekten verstehen, fängt nicht hinter
der Haustür an. Der Weg ist, wie eingangs festgestellt, nicht
nur Weg, sondern auch Ort und umgekehrt. Der Gedanke
der Moderne, die menschlichen Tätigkeiten und räumlichen
Ansprüche in Funktionen teilen zu können, widerspricht unse-
rem Verhalten, dem Gefühl und der Wahrnehmung. Es ist
richtig zu überlegen, wie sich die Bedürfnisse und Notwen-
digkeiten in Funktionen übersetzen lassen. Doch wissen wir
auch, wie in jedem Raum, den wir schaffen, Mischungen und
Überlagerungen von Funktionen stattfinden? Funktionen sind
Teile, die neben anderen Dingen zu einem Gesamten, dem
Raum führen. Das Ganze kann aber nicht wieder auf die Teile
reduziert werden. Eine Erschließung, die wie eine Maschine
nur zum Zweck der sicheren Erreichbarkeit von Räumen
dient, benutzt niemand gern. Architektur, die man nicht gern
benutzt, ergibt keinen Sinn.

Anmerkungen:
[1] Alberti, Leon Battista: Zehn Bücher über die Baukunst. Wien/Leipzig
1912
[2] Lampugnani, Vittorio Magnago (Hrsg.): Hatje-Lexikon der Architektur
des 20. Jahrhunderts. Ostfildern-Ruit 1983/1998
[3] Taylor, Frederick Winslow: The Principles of Scientific Management.
London 1911, Neuauflage New York 2006
[4] Frederick, Christine: Die rationelle Haushaltsführung. Betriebswirtschaft-
liche Studien. Berlin 1922
[5] Faller, Peter: Der Wohngrundriss. München 2002, S. 17f.
[6] ebd.
[7] www.scalalogie.de
[8] Ley, Helmut: Bauherr Stadt Stuttgart. Ein Leistungsbericht der Stadt
Stuttgart und des schwäbischen Baugewerbes. Band 3. Stuttgart 1963

10 Wendeltreppe, Palácio Itamaraty, Brasília (BR) 1970, Oscar Niemeyer

10

Planungsgrundlagen

Erschließung bezeichnet im Bauwesen neben der infrastrukturellen Nutzbarmachung von Grundstücken und der technischen Infrastruktur eines Hauses (Haustechnik) insbesondere die Zugangswege und -räume, die es dem Menschen ermöglichen, Nutzungseinheiten wie Büros, Wohnungen, Zimmer etc. zu erreichen.

Die Funktionalität eines Gebäudes hängt von seiner Erschließung ab, daher liegt der Kern einer gelungenen Planung in einem schlüssigen Erschließungskonzept. Je nach Bauaufgabe und in Abhängigkeit von der Gebäudetypologie, vom Baugrundstück und je nach Anzahl der Nutzer variieren die Anforderungen an Erschließungswege stark, insbesondere wegen diverser Vorgaben zum vorbeugenden und baulichen Brandschutz. International einheitlich geltende Regelungen gibt es nicht, und auch innerhalb Deutschlands können die Anforderungen von Bundesland zu Bundesland differieren.

Horizontale und vertikale Erschließung

Gebäudeerschließung unterteilt sich in vertikale Elemente, die die einzelnen Geschosse eines Gebäudes verbinden, und horizontale Elemente, die die Erreichbarkeit der Nutzungsbereiche auf einer Ebene regeln. Zu den vertikalen Elementen zählen Treppen, Rampen, Aufzüge und Fahrtreppen. Horizontale Elemente sind weit weniger klar abgrenzbar – Flure, Korridore, Laubengänge, Laufbänder etc. gehören dazu, aber auch weiträumige Bereiche oder ganze Raumfluchten können Erschließungsfunktion übernehmen. Erschließungsflächen erfüllen primär funktionelle Aufgaben, sind aber in aller Regel auch Teil des räumlichen wie gestalterischen Konzepts, wenn es um die Schaffung von Aufenthaltsqualitäten oder Kommunikationsbereichen geht.

Die Planung der Erschließung eines Gebäudes richtet sich nach der Bauaufgabe und der Anzahl und Art der potenziellen Nutzer. Es liegt auf der Hand, dass sich die Anforderungen unterscheiden, je nachdem ob es sich um die Organisation eines Einfamilienhauses, eines Geschosswohnungsbaus, eines Bürogebäudes, einer Schule, einer Industriehalle etc. handelt.

Im Geschosswohnungsbau unterscheidet man in der Regel Ein-, Zwei, Drei- und Mehrspänner, je nach Anzahl der Wohneinheiten, die pro Geschoss direkt von einem Treppenpodest aus zugänglich sind. Bei der Laubengangerschließung führt vom Treppenpodest ein Erschließungsweg weiter, über den der Zugang zu den einzelnen Wohnungen erfolgt (Abb. 1 und 3).

In Büro- und Verwaltungsgebäuden werden in der Regel sehr viel größere Einheiten erschlossen als im Wohnungsbau. Die Erschließung erfolgt meist über zentrale Treppen- und Aufzugskerne, die nach unterschiedlichen Prinzipien angeordnet und kombiniert werden können (Abb. 4).

Brandschutz

Da ein Teil der Erschließungswege im Brandfall als Flucht- und Rettungsweg dient, gelten für die Planung dieser Bereiche eine ganze Reihe bauordnungsrechtlicher Vorschriften zum vorbeugenden Brandschutz. Um sinnvolle Brandschutzanforderungen formulieren zu können, unterteilt die Musterbauordnung (MBO) Gebäude entsprechend ihrer Größe und Höhe in verschiedene Gebäudeklassen.

In Anlehnung an die MBO 2002 regeln in Deutschland die einzelnen Landesbauordnungen (LBO) Anforderungen an den vorbeugenden Brandschutz. Ziele sind:

- der Entstehung eines Brands und der Ausbreitung von Feuer und Rauch vorzubeugen
- Rettung von Menschen und Tieren zu ermöglichen
- wirksame Brandbekämpfung durch Entrauchung und Löscharbeiten möglich zu machen
- Sachschäden zu vermeiden

Dazu sind in den Landesbauordnungen Anforderungen an die Brennbarkeit von Baustoffen (Baustoffklassen) und die Feuerwiderstandsdauer der Bauteile festgeschrieben. Baustoffklassen nach DIN 4102-1 (A1 und A2 nicht brennbar und B1–3 brennbar) bzw. DIN EN 13501 dienen zur Beurteilung des Brandrisikos von Baustoffen, um die Tragfähigkeit von Bauteilen im Brandfall im Vorhinein einschätzen zu können (Abb. 5). Das Brandverhalten der Bauteile wird durch deren Feuerwiderstandsdauer beschrieben, d.h. die Zeitspanne, in der ein Bauteil seine Funktionstüchtigkeit nicht verliert. Darüber hinaus unterscheidet man:

- planerische Maßnahmen des vorbeugenden baulichen Brandschutzes (Bemessung von Fluchtwegen sowie von Zugängen und Zufahrten für die Feuerwehr, Planung vertikaler und horizontaler Brandabschnitte, baukonstruktive Maßnahmen etc.)
- technische Vorkehrungen (Feuerwarneinrichtungen, Feuerlöscher, Hydranten, Sprinkleranlagen, Rauch- und Wärmeabzugsanlagen, Brandschutztüren, Brandschutzklappen etc.)
- konstruktive Maßnahmen (Baukonstruktion, Auswahl geeigneter Baustoffe, Schutzmaßnahmen für gefährdete Bauteile etc.)

baurechtlich notwendige Treppen	nutzbare Mindest-laufbreite
in Wohngebäuden mit nicht mehr als zwei Wohnungen und innerhalb von Wohnungen	80 cm
in allen anderen Gebäuden (LBO)	100 cm
in Hochhäusern (HochhVO)	125 cm
in Versammlungsstätten: je 150 auf den Rettungsweg angewiesene Personen (max. Breite 250 cm/Lauf), Auslegung nach der Bestuhlung des Raums (VStättVO)	100 cm
in Verkaufsstätten (VkVO) (max. Breite 250 cm/Lauf)	200 cm
baurechtlich nicht notwendige Treppen	
in allen Gebäuden	50 cm

Notwendige Treppen und Flure

Die Ausführung von notwendigen Treppen, die in notwendigen Treppenräumen liegen müssen, ist streng reglementiert, da diese im Brandfall als sichere Fluchtwege dienen und daher hohe Brandschutzanforderungen erfüllen müssen (Abb. 2). Grundsätzlich ist die Art der Nutzung des Gebäudes sowie die Anzahl und die Art der Nutzer für die Ausbildung von Treppenhäusern maßgeblich. Auch die Zahl der benötigten Treppenhäuser variiert je nach Nutzung. In Sonderbauten (z. B. Schulen, Kindergärten, Altenheime) ist die Rettung über Fassadenöffnungen im Obergeschoss nicht zulässig, diese Gebäude bedürfen in aller Regel eines zweiten notwendigen Treppenhauses.

Abhängig von Größe und Nutzung des Gebäudes gelten mehr oder weniger strenge Vorschriften. Notwendige Treppen müssen in der Regel in Gebäuden mit mehr als zwei Wohnungen und mehr als drei Vollgeschossen vorgesehen werden, ebenso wie in allen öffentlichen Gebäuden und Büro- und Gewerbebauten.

Als notwendige Treppenräume gelten Treppenhäuser, die einen abgeschlossenen Brandabschnitt darstellen und als Flucht- und Rettungsweg sicher ins Freie führen. Ihre Wände müssen der Bauart von Brandwänden und die Treppen der Qualität F 90 entsprechen, in Gebäuden geringer Höhe F 30. Für Türen und Verglasungen notwendiger Treppenräume sind entsprechende Qualitäten erforderlich. Notwendige Treppen müssen von jedem Punkt des Gebäudes aus nach maximal 35 m erreichbar sein.

Für Hochhäuser, d. h. Gebäude, deren oberstes Geschoss höher als 22 m über der Geländeoberfläche liegt, gelten besondere Vorschriften, die der Hochhausverordnung (HochhVO) entnommen werden können.

Notwendige Flure führen von Aufenthaltsräumen aus entweder zu einem notwendigen Treppenhaus oder zu einem Ausgang ins Freie. Sie müssen eine Mindestbreite von 1,25 m aufweisen. Falls sie Treppen enthalten, so ist eine Folge von weniger als drei Stufen nicht zulässig. Die Wände müssen feuerhemmend sein. Notwendige Flure sind durch nicht

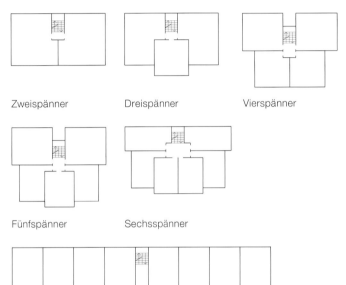

Zweispänner Dreispänner Vierspänner

Fünfspänner Sechsspänner

Laubengang

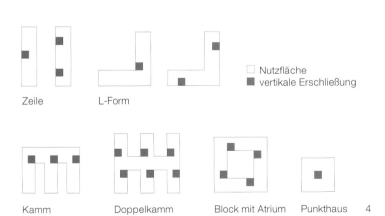

Zeile L-Form

☐ Nutzfläche
■ vertikale Erschließung

Kamm Doppelkamm Block mit Atrium Punkthaus

Baustoffklasse			Bezeichnung
A	A1	nicht brennbare Baustoffe	ohne brennbare Baustoffe
	A2		im Wesentlichen aus nicht brennbaren Baustoffen
B	B1	brennbare Baustoffe	schwer entflammbar
	B2		normal entflammbar
	B3		leicht entflammbar

1 Laubengangerschließung, Studentenwohnheim, Mendrisio (CH) 2006, Könz-Molo und Barchi Architekten
2 Mindestmaße der nutzbaren Laufbreite bei baurechtlich notwendigen und nicht notwendigen Treppen
3 Beispiele verschiedener Erschließungskonzepte im Geschosswohnungsbau
4 Beispiele verschiedener Erschließungskonzepte bei Bürogebäuden
5 Baustoffklassen nach DIN 4102-1 bzw. DIN EN 13501

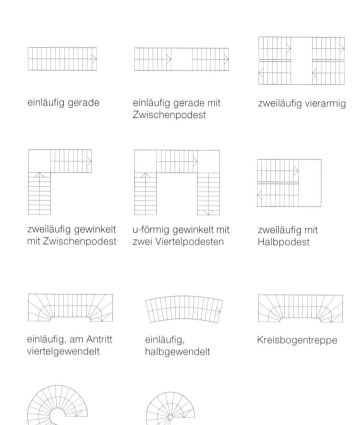

einläufig gerade

einläufig gerade mit
Zwischenpodest

zweiläufig vierarmig

zweiläufig gewinkelt
mit Zwischenpodest

u-förmig gewinkelt mit
zwei Viertelpodesten

zweiläufig mit
Halbpodest

einläufig, am Antritt
viertelgewendelt

einläufig,
halbgewendelt

Kreisbogentreppe

6

Wendeltreppe
(mit Treppenauge)

Spindeltreppe
(mit Treppenspindel)

7

abschließbare, rauchdichte und selbstschließende Ab-
schlüsse in Rauchabschnitte zu unterteilen, die nicht länger
als 30 m sein sollen.

Treppen

Zusätzlich zu den baurechtlich notwendigen Treppen können
in einem Gebäude beliebig viele nicht notwendige Treppen
angeordnet werden. Dies sind meist offene, repräsentative
Treppenanlagen, die nicht den brandschutztechnischen Vorschriften für notwendige Treppen unterliegen. Jedoch gelten
auch für baurechtlich nicht notwendige Treppen je nach Bauaufgabe Anforderungen nach DIN 18065, den Bauordnun-
gen der Länder oder weiterführenden Verordnungen. Diese
betreffen den Treppentyp, Steigungsverhältnisse, Stufenaus-
bildung, Handläufe, das Material des Bodenbelags etc. In
Krankenhäusern, Schulen, Kindergärten und Altenheimen
sind die Sicherheitsvorschriften beispielsweise sehr hoch.
DIN 18065 unterscheidet Treppen im »Gebäude im Allgemeinen« und im »Wohngebäude mit bis zu zwei Wohnungen
und innerhalb von Wohnungen«. Es gibt gerade, gewinkelte
und gewendelte Treppen, solche mit oder ohne Podest, ein-,
zwei- oder mehrläufig (Abb. 6). Als Lauflinie gilt die Mittelachse des Gehbereichs einer Treppe. Sie muss stetig und
ohne Knickpunkte verlaufen. Die Laufbreite von Treppen liegt
in Wohngebäuden mit nicht mehr als zwei Wohneinheiten bei
mindestens 80 cm, sonst bei mindestens 1 m. Die Mindest-
breiten sind je nach Gebäudenutzung vorgegeben, d. h. in
Schulen, Versammlungsräumen, Kaufhäusern etc., in denen
sich viele Menschen bewegen, können durchaus höhere
Laufbreiten erforderlich sein (Abb. 2).
Eine angenehme Steigungshöhe liegt bei einer Stufenhöhe
von 16 bis 19 cm, bei mehr als 18 Steigungen sollte ein
Podest eingeplant werden. Treppenpodeste müssen eine
Tiefe haben, die mindestens der Laufbreite entspricht.
Die Berechnung der Steigungen ergibt sich im Regelfall aus
der Geschosshöhe geteilt durch die angenommene Stufen-
höhe (16–19 cm).
Schrittmaßregel S: $2s + a = 59$ bis 65 cm (ideal 63 cm),
s = Steigungshöhe, a = Auftrittsbreite
Bequemlichkeitsregel: $a - s = 12$ cm
Die Auftrittstiefe sollte mindestens 21 cm und höchstens
37 cm betragen, die Steigung mindestens 14 cm aufweisen
(Abb. 10).

Geländer

Treppengeländer und Handläufe dienen der Absturzsicherung und sollen das Treppensteigen erleichtern. Sie müssen

6 Schemagrundrisse verschiedener Treppenarten
7 Wendeltreppe, Neues Museum, Nürnberg (D) 1999, Staab Architekten
8 Gewerbehof München (D) 2012, bogevischs buero architekten & stadt-
    planer
9 Neigungswinkel für Rampen, Freitreppen, Wohnhaustreppen und Leitern
    mit beispielhaften Steigungshöhen (s) und Auftrittsbreiten (a)
10 Steigung (s) und Auftritt (a) bei verschiedenen Stufenausformungen:
    a gerade Winkelstufenkante ohne Unterschneidung
    b Stufe mit Unterschneidung (u)
    c Winkelstufe mit abgeschrägter Stufenkante
11 Mindestmaße bei Treppen (in cm)

in vorgeschriebenen Mindesthöhen angebracht werden und dürfen die Mindestlaufbreite des Treppenlaufs nicht einschränken. Alle Treppen mit mehr als drei Stufen benötigen ein Geländer. In der Regel müssen Treppengeländer über der Stufenvorderkante gemessen mindestens 90 cm, bei Treppen mit mehr als 12 m Absturzhöhe und an der Innenseite von Wendeltreppen mindestens 110 cm hoch sein. In Gebäuden, in denen mit der Anwesenheit von Kindern zu rechnen ist, sowie in Altenheimen gelten besondere Anforderungen. Die Anzahl der notwendigen Geländer (einseitig, zweiseitig, zusätzliches Geländer mittig) hängt von der Treppenbreite ab.

Die Abstände von vertikalen und horizontalen Ausfachungen sowie notwendige Geländerhöhen und brandschutztechnische Erfordernisse können jedoch variieren und werden von den einzelnen Landesbauordnungen geregelt, die sich an der DIN orientieren.

Je nach Gebäudetyp gelten ebenfalls sehr unterschiedliche Schallschutzanforderungen. In der Regel muss auf eine schalltechnische Trennung des Treppenlaufs von Decken, Podesten und Treppenhauswänden geachtet werden.

Rampen

Rampen dienen anstelle von Treppen der barrierefreien Überwindung von Niveauunterschieden. Rampen für Fußgänger und Rollstuhlfahrer sollen maximal 6 % Steigung besitzen und nach je 6 m Lauflänge über ein Podest von 150 cm Länge verfügen (Abb. 14, S. 26). Eine Rampe darf kein Quergefälle aufweisen, die lichte Breite sollte mindestens 120 cm betragen und seitlich ein 85 cm hoher Handlauf angebracht sein, der 30 cm über Anfang und Ende der Rampe hinaus fortgesetzt wird. Normalerweise ist vor und nach der Rampe für Rollstuhlfahrer ein waagerechter Bereich mit einem Mindestdurchmesser von 150 cm zum Wenden vorzusehen. Da Rampen aufgrund dieser Anforderungen sehr viel Platz beanspruchen, werden sie meist sehr gezielt und dann häufig zu repräsentativen Zwecken unter architektonischen Aspekten eingeplant.

Aufzüge

In Deutschland schreiben die Landesbauordnungen (LBO) und das Behindertengleichstellungsgesetz (BGG) vor, dass öffentliche Gebäude barrierefrei zu gestalten sind. Außerdem muss jedes Gebäude ab einer bestimmten Höhe durch eine ausreichende Anzahl an Aufzügen erschlossen werden, von denen in der Regel mindestens einer zur Aufnahme von Lasten, Krankentragen und Rollstühlen nutzbar sein sollte.

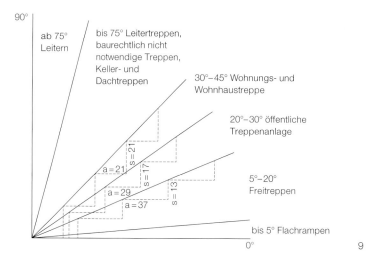

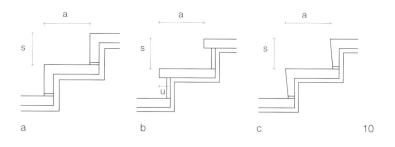

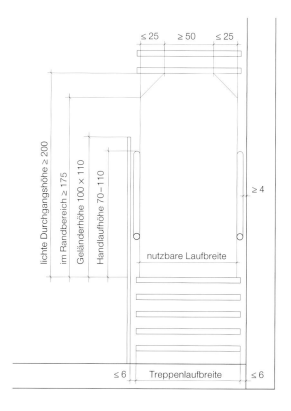

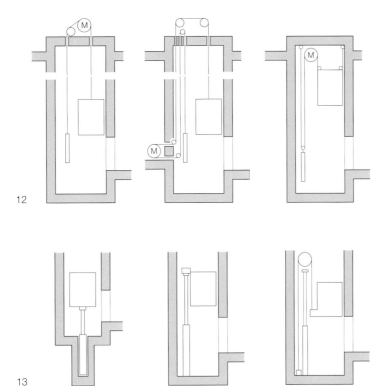

12

13

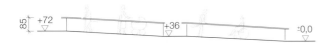

14

Aufzüge unterscheidet man nach der Art des Antriebs (Treibscheibenaufzüge mit elektrischem Antrieb und Hydraulikaufzüge) und der Art der Nutzung (Personen-, Lasten-, Bettenaufzug etc.). DIN 15306 und 15309 sowie DIN EN 81 regeln die fabrikatsneutralen Anforderungen an Aufzüge und deren technische Leistungsfähigkeit (Abb. 12 und 13).

Aufzüge sollten leicht zugänglich sein und im Grundriss möglichst dort angeordnet werden, wo mit dem meisten Verkehrsaufkommen zu rechnen ist. Wartezonen vor dem Aufzug dürfen nicht in Verkehrswegen liegen, die Tiefe der Wartezone vor bzw. zwischen einander gegenüberliegenden Personenaufzügen beträgt zwischen 3 und 4 m. Die Bedarfsermittlung für Anzahl und Größe erforderlicher Aufzüge erfolgt in der Regel durch eine Verkehrsberechnung bzw. ein Förderkonzept, das Basisdaten wie z. B. Anzahl der Personen pro Tag, Arbeitsplätze je Geschoss, Nutzungszeiten, Anordnung von Kantine, Tiefgarage, Hörsälen, Sitzungssälen und Besprechungsräumen etc. berücksichtigt. Anhand der ermittelten Nennlast lassen sich der DIN die dazugehörigen Kenndaten (Schachtmaß, Kabinenmaß) entnehmen.

Die konstruktive Ausbildung von Fahrschächten unterliegt zahlreichen Anforderungen, die zum Teil aber je nach Einbausituation und Aufzugshersteller variieren können. In der Regel müssen bauliche Mindestanforderungen berücksichtigt werden bezüglich Brand- und Schallschutz, Arbeits- und Unfallschutz, gegebenenfalls Gewässerschutz (bei hydraulischen Aufzügen), Schacht, Schachtkopf und Schachtgrube, Unterbringung der technischen Einrichtungen (Aufzugsmaschine, Ausgleichsgewicht, Schaltschrank usw.) sowie ausreichend Platz für Wartung und Instandsetzung.

Die Nenngeschwindigkeit bezeichnet die Geschwindigkeit des Fahrkorbs, für die der Aufzug ausgelegt ist, sie wird in m/s angegeben. Die maximal zulässige Traglast oder Tragfähigkeit eines Aufzugs heißt Nennlast. Über die Tragfähigkeit von Aufzügen mit Personenbeförderung informiert ein Schild im Fahrkorb.

Die Notwendigkeit von Feuerwehraufzügen ergibt sich aus den bauordnungsrechtlichen Bestimmungen der Länder und der Muster-Hochhaus-Richtlinie (MHHR).

Fahrtreppen

Fahrtreppen werden häufig dort eingesetzt, wo regelmäßig viele Menschen unterwegs sind, z. B. in Warenhäusern oder an Haltepunkten öffentlicher Verkehrsmittel. Ihr Neigungs-

12 verschiedene Positionen des Triebwerks bei Treibscheibenaufzügen
  a über dem Schacht
  b neben dem Schacht
  c im Schacht, unter der obersten Geschossdecke
13 Antriebsarten bei Hydraulikaufzügen
  a direkter hydraulischer Antrieb: hydraulischer Zylinder unter dem Fahrkorb
  b direkter hydraulischer Antrieb mit seitlichem Hubkolben bzw. neben dem Fahrkorb
  c indirekter hydraulischer Antrieb: Hubkolben neben dem Fahrkorb, der über ein Seil mit einer Umlenkrolle am Kolben bewegt wird
14 Rampe mit notwendigen Maßen nach DIN 18040-1, Dimensionierung mit max. 6% Steigung und Zwischenpodesten nach max. 6 m Länge
15 Eingangsbereich, Museum Georg Schäfer, Schweinfurt (D) 2000, Staab Architekten
16 Bewertung der Rutschsicherheit für Böden in öffentlichen Einrichtungen, ermittelt per standardisiertem Begehungsverfahren »Schiefe Ebene« nach DIN 51130 bzw. BGR 181. Je höher der R-Wert, desto rutschhemmender ist der Bodenbelag.
17 Schulerweiterung, Marburg (D) 2010, Hess Talhof Kusmierz

15

winkel liegt je nach zur Verfügung stehendem Platz zwischen 27° und 35°, die Förderleistung ist unabhängig vom Neigungswinkel.
Für die Vorbemessung der Länge L im Grundriss gilt:
L = 1,75 × Geschosshöhe (bei 30° Neigung)
L = 1,45 × Geschosshöhe (bei 35° Neigung)
Dazu kommt ein Mindestfreiraum von ca. 2,50 m vor und hinter der Treppe.
Die Fahrgeschwindigkeit liegt je nach Gebäudenutzung zwischen ca. 0,5 und 0,65 m/s, für Verkehrsbauten eher höher, für Warenhäuser eher niedriger. Sie darf max. 0,75 m/s betragen.

Bodenbeläge

Bodenbeläge sind wesentlicher gestalterischer Bestandteil eines Raums und in ihrer Wahrnehmung mitverantwortlich für die gesamträumliche Wirkung und damit für das Wohlbefinden der Nutzer. Außerdem beeinflussen ihre Oberflächenstruktur und Materialität die Raumakustik, den Trittschall und die relative Luftfeuchte. Bodenbeläge müssen mechanischen, thermischen und chemischen Belastungen standhalten. Die Oberflächenbeschaffenheit von Bodenbelägen wird über die Füße haptisch wahrgenommen und als angenehm oder unangenehm empfunden. Daher sollten bei der Auswahl von Bodenbelägen immer sowohl die objektiv messbaren als auch die subjektiv sinnlichen Merkmale eine Rolle spielen.
Die individuellen Eigenschaften wie Dicke, Gewicht, Herstellungsverfahren, Rutschfestigkeit, Sicherheit und Brennbarkeit etc. verschiedener Beläge sind materialabhängig und sehr unterschiedlich. Die einzelnen Hersteller liefern in der Regel Informationen zu besonderen technischen Vorschriften und speziellen Ausführungsempfehlungen von Bodenbelagsarbeiten. Für Böden in öffentlichen Einrichtungen gelten Regelungen zur Rutsch- und Trittsicherheit. Die rutschhemmenden Eigenschaften von Oberflächen sind in R-Gruppen eingestuft (R9–R13) und, je nach Art der Räume, für unterschiedliche Verwendungen empfohlen (Abb. 16). Für schräge Ebenen und nassbelastete Barfußbereiche bestehen erhöhte Anforderungen.

Relevante Richtlinien:
- DIN 4102 Brandverhalten von Baustoffen und Bauteilen
- DIN 4109 Schallschutz im Hochbau
- DIN 4174 Geschosshöhen und Treppensteigungen
- DIN 18040-1 Barrierefreies Bauen: Öffentlich zugängliche Gebäude
- DIN 18040-2 Barrierefreies Bauen: Wohnungen
- Gesetz zur Gleichstellung behinderter Menschen (Behindertengleichstellungsgesetz – BGG)
- DIN 18065 Gebäudetreppen
- E DIN 18070 Öffentlicher Verkehrs- und Freiraum (in Arbeit)
- DIN EN 115 Sicherheit von Fahrtreppen und Fahrsteigen
- Landesbauordnungen der einzelnen Bundesländer (LBO)
- Hochhausverordnung (HochhVO)
- Muster-Hochhaus-Richtlinie (MHHR)
- Versammlungsstättenverordnung (VStättV)
- Schulbaurichtlinien (SchulbauR)
- DIN EN 81 Sicherheitsregeln für die Konstruktion und den Einbau von Aufzügen
- Aufzugsrichtlinie (AufzR)
- DIN 15306 Personenaufzüge für Wohngebäude
- DIN 15309 Personenaufzüge für andere als Wohngebäude sowie Bettenaufzüge
- DIN 18365 (VOB) Allgemeine technische Vorschriften für Bodenbelagsarbeiten
- DIN 51130 Prüfung von Bodenbelägen

Bewertungsgruppe	Akzeptanzwinkel auf schiefer Ebene [°]	Raumart/Nutzung
R9	6°–10°	z. B. in allgemeinen, öffentlichen Bereichen innen (Büro)
R10	10°–19°	öffentliche Toiletten, Umkleide- und Waschräume
R11	19°–27°	Ladeneingänge und Treppen außen sowie in Küchen für Gemeinschaftsverpflegung, z. B. in Wohnheimen oder Kindertagesstätten
R12	27°–35°	Krankenhausküchen und Großküchen, in denen mehr als 100 Gedecke täglich produziert werden
R13	> 35°	fast jeder Arbeitsraum (Friseur, sämtliche Herstellungsbetriebe, Schlachthöfe etc.)

16

17

Eine Kulturgeschichte von Aufzug und Lift

Jeannot Simmen

Der Traum einer vertikalen Eroberung – sinnbildlich die christliche Himmelsleiter, die Vision des biblischen Jakobs – wird in der Moderne technisch realisiert. Die Fahrt mit dem Fahrstuhl, Aufzug oder moderner mit dem Lift ist unsere irdische Himmelfahrt. Schwere wird überwunden, die körperliche Last erleichtert – allerdings profan und erdgebunden. Technik bezwingt die Schwerkraft, von der simplen Leiter bis zum Highspeed-Lift. Beim Burj Khalifa in Dubai, dem mit 828 m derzeit höchsten Gebäude der Welt, gleiten Aufzüge mühelos mit 10 m/s bzw. 36 km/h himmelwärts zur Aussichtsplattform in der 124. Etage (Abb. 2). Die maximale Förderhöhe des Personenaufzugs beträgt 504 m. Die weltweit höchste Aufzugshaltestelle erreicht in 638 m Höhe ein Lastenaufzug. Was heute in arabischen Staaten als »the biggest« gilt, wurde früher in den US-Metropolen realisiert und von einem europäischen Schriftsteller traumatisch beschrieben.

Moderne Bequemlichkeitstechnik vs. Ermüdung

»Amerika«, Wort voller Hoffnung und der Traum eines neuen Lebens, ist der Titel von Franz Kafkas (1883–1924) unvollendetem Roman [1], in dem er das Fremde einer fernen Welt schildert. Der Protagonist Karl Roßmann wird 16-jährig von seinen armen Eltern »nach Amerika geschickt« [2]. Der jugendliche Held steht staunend in New York vor den hohen Häusern, wo man vom Balkon mit einem Opernglas auf die Straße hinunterschauen kann. Roßmann findet in der Stadt einen Job als Hotelliftboy. »Schon nach der ersten Woche sah Karl ein, daß er dem Dienst vollständig gewachsen war. […] Bald lernte Karl die kurzen tiefen Verbeugungen […], die man von den Liftjungen verlangte, und das Trinkgeld fing er im Fluge ab.«

In New York besucht er einen Bekannten, der in einem Hochhaus ohne Aufzug wohnt: » ›Wir sind gleich oben‹, sagte Delamarche einige Male während des Treppensteigens, aber seine Voraussage wollte sich nicht erfüllen, immer wieder setzte sich an eine Treppe eine neue in nur unmerklich veränderter Richtung an. Einmal blieb Karl sogar stehen, nicht vor Müdigkeit, aber vor Wehrlosigkeit gegenüber dieser Treppenlänge. ›Die Wohnung liegt ja sehr hoch‹, sagte Delamarche, als sie weitergingen, ›aber auch das hat seine Vorteile. Man geht sehr selten aus, den ganzen Tag ist man im Schlafrock, wir haben es sehr gemütlich. Natürlich kommen in diese Höhe auch keine Besuche herauf.‹« [3]

Mit der Wehrlosigkeit gegenüber der Treppenlänge beschreibt Franz Kafka präzise eine neue Zivilisationskrankheit, die psychophysische Erschöpfung. Keine mechanisch sichtbare Verletzung ist hier Ursache, sondern eine unsichtbare Nervenschwäche. Die Neurasthenie, eine Schwäche oder Erschöpfung der Körperfunktionen, erweist sich als Schutzmechanismus des Körpers gegenüber den neuen Anforderungen der Gesellschaft. Kafkas »Amerika« schildert die europäische Verunsicherung durch die damals neuartigen Wolkenkratzer. New Yorks Vertikale wird zur traumatischen Anstrengung für den physischen Körper. Höhe verheißt, bei fehlendem Aufzug, Ermüdung und Erschöpfung.

In New York wurden die mit moderner »Anti-Ermüdungstechnik« ausgestatteten Hochhäuser anfänglich »Elevator Buildings« genannt. In Europa hießen die amerikanischen Skyscraper bis 1930 »Turmhäuser« und werden in der Tradition der Kirchtürme als solitäre Monumente in der Nachfolge von Kathedralen beschrieben: »Der Büroturm ist höchster künstlerischer Wirkung fähig, aber er darf nur als große Ausnahme, etwa als nur einmal erscheinende Betonung im Gesamtbild der Stadt, als Rathaus oder als einziges zentrales Geschäftshaus zugelassen werden.« [4]

In den Metropolen wird der Aufzug als Technik gegen »Hektik und Ermüdungsmanie eingesetzt« [5]. Der Fahrstuhl wurde um 1880 zu einer Einrichtung, die in »sämtlichen comfortabler eingerichteten Hotels der größeren Städte sich einzubürgern angefangen hat« [6]. Aufzugsanlagen verändern

1 Fahrstuhlklingel, Berlin-Charlottenburg (D)
2 Grundriss mit den drei »Flügeln« und dem zentralen Kern, der die insgesamt 57 Aufzüge aufnimmt, Burj Khalifa, Dubai (VAE) 2010, Skidmore, Owings & Merrill

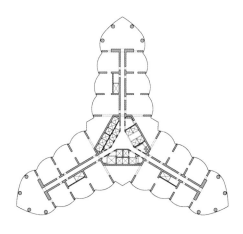

2

3

4

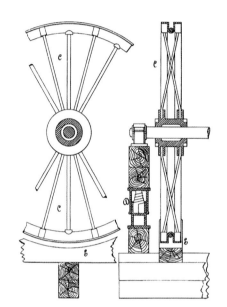

5

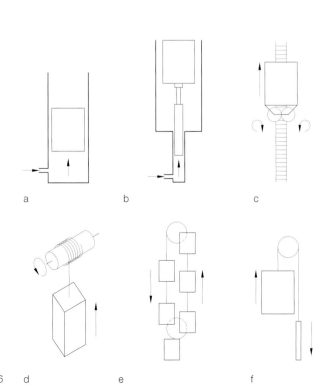

6 d   e   f

das Ensemble von Entree und Treppenanlage, das bisherige gestalterische Empfangsbild (Abb. 8). Der Einbau von Liftanlagen im großbürgerlichen Wohngebäude aktualisierte den Konflikt zwischen der École des Beaux-Arts und dem Polytechnikum, zwischen Architekt und Ingenieur. Die Treppenhausanlage erhält Konkurrenz durch ein technisches Gerät, das damals zunächst als fremdartig, mechanisch, ja als hässlich empfunden wurde.

Fahrstuhl – Aufzug – Lift stellen drei technische Entwicklungsstufen der mechanischen Vertikalfahrt dar. Alle sind aber klar als geführte Last definierbar. Die Fahrt verläuft längs zu den Führungsschienen als »Fahrbahn«. Der Terminus »geführte Last« schließt andere Fördergeräte wie beispielsweise Kran, Seilbahn oder auch den Skilift aus; einen Zwitter bildet die Standseilbahn.

Drei Erfindungen zum modernen Lift

Historisch betrachtet waren es drei Erfindungen, die den Förderkorb oder Lastenaufzug zum modernen Personenlift verwandelten. Diese drei Erfindungen – alle aus der zweiten Hälfte des 19. Jahrhunderts – ermöglichten erst die nutzbringende und bequeme Erschließung des Wolkenkratzers.

Die automatische Notbremse

Elisha Graves Otis wurde nach einem Fahrstuhlunfall im Betrieb seines Arbeitgebers beauftragt, ein sicheres Fahrgerät für den Vertikalverkehr zu bauen. So entwicklte er 1853 eine besondere Fallbremse, die beim Absturz der Kabine keine blitzartige, menschliche Reaktion voraussetzte. Ein beim Fall selbstauslösender Mechanismus sollte den Fahrstuhl zum Stehen bringen. Die automatische Notbremse bestand aus einer Klemmautomatik, die sofort die ungesichert, seillos abwärts sausende Plattform stoppte.

Persönlich führte Otis als Hauptdarsteller und Stuntman des Experiments seine Erfindung im New Yorker Crystal Palace der Öffentlichkeit publikumswirksam vor. Mit einem Schwert durchschlug ein Mitarbeiter das Tragseil, sodass die schwer beladene Plattform ungesichert aus etwa 15 m Höhe im freien Fall herabsauste und automatisch durch eine gespannte Feder sowie sich verkeilende Messer gestoppt wurde. Diese spektakuläre Demonstration bezeichnete Rem Kohlhaas als den »Triumph eines Nichtereignisses« [7]. »All safe, Gentlemen, all safe«, soll Otis den so verhinderten Sturz in die Tiefe kommentiert haben, als er hoch über den Köpfen der verwunderten Zuschauer auf der geretteten Plattform thronte (Abb. 3).

Diese automatisch funktionierende Notbremse verwandelte den Lastenaufzug zum sicheren Personenaufzug. Seit 1878 wird das System durch einen Fliehkraftregler perfektioniert, der bei Geschwindigkeitsüberschreitungen die Bremsung einleitet. Früher direkt auf der Kabine, heute stationär oben im Schacht montiert, ist er durch ein mitlaufendes Seil mit der Kabine verbunden. Bei erhöhter Geschwindigkeit wird das Seil geklemmt und löst die Fangmechanik aus. Heutzutage ersetzt eine sanfte Gleitbremse das harte und abrupte Abstoppen der alten Schnappautomatik.

Der elektrische Antrieb

Die zweite große Erfindung auf dem Weg zum modernen Lift ist der elektrische Antrieb. Bisherige Motoren wie Dampfmaschinen oder Gasmotoren beschränkten den Aufzugsbetrieb auf den Fabrikhof, auf Dampfanlagen, die einen Maschinenwärter benötigen, der ständig den Druck überwacht. Eine weitere Antriebsart bildete die Wasserhydraulik, vor allem in Paris handelsüblich, wo der Erfinder Léon Edoux Hydraulikanlagen für die Weltausstellungen von 1867 und 1889 gebaut hatte. Aber auch hydraulische Anlagen waren von Druckwasser abhängig, das damals dampfbetriebene Pumpmaschinen erforderte.

Der elektrische Antrieb löste schlagartig alle Probleme, indem die Anlagen wartungsfrei und standortunabhängig wurden. Der elektrische Motor war gegenüber den Dampfanlagen kleiner dimensioniert und leichter. Wie in anderen Bereichen veränderte die Elektrizität als Transmissionskraft den Umgang mit den bekannten Energieträgern Holz, Kohle oder Erdöl. 1880 führte Werner von Siemens mit dem Elektrotechniker Johann Georg Halske auf der Pfalzgau-Ausstellung in Mannheim einen neuartigen Senkrechtfahrer vor (Abb. 4). Bei dem Fahrgerät wurde die Plattform automobil bewegt, der Motor war unter der Aussichtsplattform angebracht. Das Irritierende an diesem Lift, der an der Außenwand hochkletterte, war, dass die Fahrbahn quer durch die Fahrbühne verläuft und aus einer Leiter besteht.

Der Kletterlift machte in der Folgezeit einige technische Entwicklungen und Verbesserungen durch, doch die Geschwindigkeit blieb beschränkt. Die Leiterstange war eine nicht ungefährliche Fahrbahn. Beim Bruch eines Leiterzahns wäre die Kabine mit Wucht auf die nächste Sprosse und von da beschleunigt nach unten gefallen. Mit dem elektrischen Dynamomotor war zwar das Problem des Antriebs gelöst, doch es fehlte noch ein leistungsfähiges und sicheres Transmissionssystem.

Reibung als Antrieb – Erfindung aus dem Bergbau

Seit jeher werden im Bergbau längere Senkrechtstrecken bewältigt als im Hochhausbau. Die Seiltrommeln wuchsen allerdings bei wachsender Fördertiefe und erreichten Dimensionen von einigen Metern Durchmesser. Durch das reihenweise Abwickeln des Seils auf der Trommel entstand eine ungleiche Beanspruchung von Maschinenwellen und -lagern, die die Seilbruchgefahr erhöhte.

1877 baute der Bergbauingenieur Carl Friedrich Koepe für einen 234 m tiefen Schacht – dies entspricht 70 Stockwerken im Hochbau – die Trommelmaschine zu einem neuartigen Antrieb um. Statt wie bisher eine Kabeltrommel zu nutzen, legte Koepe das Seil lose über eine Scheibe. In einer schwalbenschwanzartigen Vertiefung wird das Kabel dabei lediglich durch Reibung mitgetrieben (Abb. 5). Die Angst vor dem Seilrutschen bedeutete für die in die Grube fahrenden Kumpel eine dreifache Gefahr: Sollte der Bergmann die mit damals bis über 2000 m enorme Fallhöhe überleben, ertrinkt er im Grubenwasser oder wird von der demolierten Schachtummantelung bzw. vom herabfallenden Aufzugsseil erschlagen. Doch anders als befürchtet, boten diese Treibscheiben eine hohe Sicherheit. Durch die Seillänge wird die Reibung sogar erhöht und verhindert ein Seilrutschen.

Ein Vielseilbetrieb, parallel angeordnete Scheiben mit mehreren Seilen, erhöht die Sicherheit bei einem Seilbruch. Das einzelne Seil ist dünner und damit flexibler. Es wird nur einmal umgelenkt, die Seilabnutzung ist geringer. Da es stets mittig läuft, sind die Kräfte einfach zu berechnen. Die Gefahr einer Schlaffseilbildung ist eliminiert. Gleichmäßige Zugkräfte schonen Seil, Trommel und Motor; der Unterschied des Seilgewichts wird kontinuierlich mit einem losen Unterseil ausgeglichen.

7

3 Elisha Graves Otis bei seinem Freifallversuch im Crystal Palace, New York (USA) 1854
4 Der erste elektrisch betriebene Personenaufzug, ein Kletterlift von Siemens & Halske auf einer Industrieausstellung, Mannheim (D) 1880
5 Zeichnungen aus der Patentschrift zu Carl Friedrich Koepes Erfindung des Treibscheibenantriebs von 1877: Das Seil wird direkt über ein Rad gelegt (links) und liegt in einer Vertiefung (rechts).
6 schematische Darstellung verschiedener Antriebsarten:
  a Luft (Pneumatik)
  b Wasser/Öl (Hydraulik)
  c Zahnrad/Leiter (Kletteraufzug)
  d Trommel
  e Paternoster
  f Treibscheibe
7 Woolworth Building, New York (USA) 1913, mit 57 Stockwerken und modernsten Treibscheibenaufzügen bis 1930 das höchste Gebäude der Welt
8 Aufzug in Paris (F) um 1920: Integration der Aufzugsanlage ins Entree bei einer geometrisch klaren horizontalen und vertikalen Linienführung

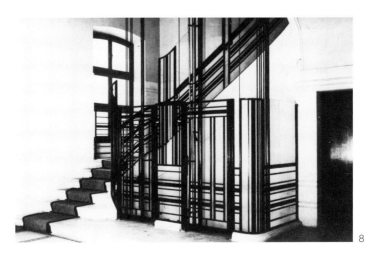

8

9

10

Ohne den modernen Lift keine Wolkenkratzer

Erst die Verbindung dieser drei Erfindungen ermöglichte den modernen Aufzug, der sicher und bequem ist. Ein großer Vorteil der Kombination von Fangvorrichtung, elektrischem Antrieb und Treibscheiben-Transmission ist, dass sie als maschinelles Ensemble wenig Platz braucht und leicht an Gewicht ist. Diese moderne Kombination wurde im 1913 errichteten Woolworth Building in New York installiert, das bis 1930 der höchste Skyscraper mit den schnellsten Liftsystemen war (Abb. 7, S. 31). Die Geschwindigkeit der 29 Liftanlagen lag bei 3,50 m/s. Mit einem Schnelllift konnten 207 m überwunden werden. Je effizienter die Aufzugstechnik funktioniert, desto höhere Gebäude lassen sich bauen und nutzen.

Im Gegensatz zu einer Schiffs- oder Eisenbahnreise bietet die Liftfahrt keine Ortsveränderung als Seherlebnis. Nicht die Raumveränderung, sondern die negativ verlebte Zeit ist der entscheidende Parameter. Besonders bei der Fahrt in einer geschlossenen Kabine durch den Betonschacht wird der Liftfahrer mit einem gleichförmigen Zeiterlebnis konfrontiert. Was die absolute Lichtgeschwindigkeit für die moderne Physik ist, das ist für den Menschen die Zwei-Minuten-Grenze im täglichen Liftverkehr. Eine Wartezeit von ca. 20 Sekunden im Geschäftsalltag und eine Fahrzeit von etwa 100 Sekunden gelten als erträglich. Die Toleranz erhöht sich durch Etagenstopps und neuzusteigende Liftfahrer. Sie ist bei Wohnhochhäusern höher als bei Geschäftshäusern. Touristen gelten als die geduldigsten Liftfahrer. Sie empfinden besonders bei Liftattraktionen, beispielsweise im Eiffelturm oder anderen Fernsehtürmen, die Liftfahrt nicht als verlorene Zeit.

Neben der Wartezeit setzt der Raumbedarf für Liftanlagen eine weitere Grenze. Der Platz für Aufzugsschächte steigt unverhältnismäßig zur gewonnenen Nutzfläche. Bei Gebäuden mit konventionellen Liftanlagen erhöht sich der prozentuale Anteil von 7 % auf bis zu 20 % bei 70 bis 100 Etagen. Um den Flächenbedarf für Liftanlagen niedrig zu halten, bieten sich drei Möglichkeiten:

- Übereinanderliegende Doppelkabinen ermöglichen eine um 30 % erhöhte Förderkapazität. Vorbilder finden sich im Bergbau. Die Besucher werden auf zwei Ebenen zum Aufzug geführt, nach der Fahrt steigen sie in unterschiedlichen Stockwerken aus.
- Express/Shuttle Elevators bieten eine einfache Lösung für Gebäude mit mehr als 80 Stockwerken. Der Bau wird in selbstständige Gebäudeabschnitte unterteilt: Expressaufzüge fahren direkt zu den Umsteigestationen, den sogenannten Skylobbies. Von dort bringen Shuttlelifte die Fahrgäste in die einzelnen Etagen (Abb. 12). Die Skylobbies werden zu Einkaufs- oder Verpflegungsstationen mit Cafés und Restaurants oder Unterhaltungs- oder Sporteinrichtungen mit Kinos oder Fitnesscentern ergänzt (Abb. 11).
- Fassadenlifte bzw. Panoramaaufzüge erübrigen den Liftschacht im Gebäudekern, minimieren aber gegebenenfalls die Fensterfläche (Abb. 10). Panoramaliftanlagen werden zu architektonischen Prestigeobjekten, insbesondere in Atrien und Eingangshallen von Verwaltungsgebäuden oder Hotels, und sind seit Langem auch als dramatisches Filmmotiv beliebt.

Der Aufzug bildet heute ein technisch ausgereiftes, sicheres Fahrgerät; das Steckenbleiben einer Kabine ist wegen der Sicherheitsdispositive ein mögliches, jedoch seltenes Ereig-

a

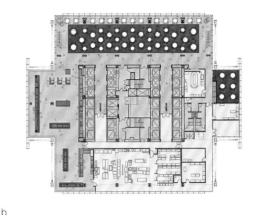

b   11

nis (ca. 99 % Verfügbarkeit des Aufzugs laut Herstelleranga-
ben). Computergesteuert wird eine hohe Auslastung erreicht,
Leer- und Einzelfahrten werden vermieden. Aktuell ist die
Energieeffizienz das innovative Feld. Gegenüber alten Anlagen sind bis zu 70 % Energieeinsparungen möglich. Verschiedene Hersteller bieten Aufzugstechniken mit Stromrück-
gewinnung bei Abwärtsfahren an, mit dem zukünftigen Ziel,
bald sogar überhaupt keinen Strom aus dem öffentlichen
Netz mehr zu verbrauchen.
Das mechanische Ensemble von Antrieb und Transmission
verbleibt weiterhin in der bewährten Kombination von Elektrizität und Treibscheibe, die Notbremse funktioniert automatisch auf mechanischer Basis. Der Lift bildet das erste auto-
mobile Gerät, das ohne Führer, mit Knopfdruck startet und
millimetergenau abbremst, selbsttätig die Türen öffnet und
schließt.
Die automatisch erschlossene Moderne verändert unsere
Wahrnehmung, besonders in den Metropolen: Man fährt
mit dem Auto meist direkt in die Parkgarage, von dort mit
dem Aufzug zum Arbeitsort oder ins Einkaufszentrum. Das
Gebäude wird nicht mehr in der Ansicht erlebt, sondern von
der Erschließung, vom Untergeschoss her. Die architektonische Visitenkarte, die Fassade und ein repräsentatives
Entree sind sekundär. Gesteigert werden muss die Erlebnis-
qualität beim Liftfahren durch Virtualität, die Aufzugskabine
wird zum kommunikativen Raum [8].

Franz Kafka berichtet in einem Fragment seines Romans
»Amerika« von einem wundervoll irdisch-überirdischen Erlö-
sungstheater, das jenseits aller automatisierten Moderne der
neuen Welt liegt. Karl, der einstige Liftboy, sieht ein Plakat:
»Das große Theater von Oklahoma ruft Euch! Es ruft nur
heute, nur einmal! Wer jetzt die Gelegenheit versäumt, versäumt sie für immer! Wer an seine Zukunft denkt, gehört zu
uns! Jeder ist willkommen!« Das war die europäische Verheißung der Moderne, die Erlösung durch Kunst und Kultur.
Kafka schrieb »Amerika« 1912, als die als unsinkbar geltende Titanic mit einem Eisberg kollidierte und sank.
Rund 100 Jahre später wird Moderne elektronisch globalisiert
durch das World Wide Web, Realität nachhaltig durch Simul-
tanität und Immaterialität erweitert, durch Cyberspace meta-
physisch real. Jenseits der körperlich von uns nicht über-
windbaren Vertikalen schaffen wir ein gewichtsloses Beamen
in andere Sphären, erleben eine alldimensionale Gleichzeitig-
keit jenseits örtlicher Koordinaten. Durch diese virtuelle Uto-
pie und sinnlich reale Verheißung fühlen wir uns allmächtig,
der Untergang der Titanic war gestern.

Anmerkungen:
[1] Franz Kafkas publizierte 1913 das erste Kapitel »Der Heizer. Ein Frag-
    ment«. 1927 edierte und veröffentlichte Max Brod den Text posthum
    unter dem Titel »Amerika«. Der Titel »Der Verschollene« fand sich in
    einem Brief Kafkas an Felice Bauer vom 11. November 1912.
[2] Franz Kafka: Der Verschollene. Hrsg. von Jost Schillemeit, Frankfurt
    a. M. 1983, S. 7
[3] ebd., S. 289f.
[4] Werner Hegemann: Amerikanische Architektur & Stadtbaukunst.
    Berlin 1925, S. 11
[5] ebd.
[6] M. Busse: »Über eine neue Sicherheitsvorrichtung für Fahrstühle«
    In: Zeitschrift des Vereins Deutscher Ingenieure. Berlin 1879, S. 422
[7] Rem Koolhaas: Delirious New York. New York 1978, S. 19
[8] Gestaltung der Vertikal-Wahrnehmung in der Liftkabine: Wettbewerb
    Universität Essen und Universität der Künste Berlin; Jeannot Simmen
    (Hrsg.): Up and Down. Essen/Berlin 1999

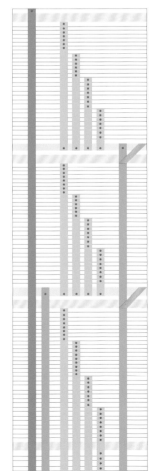

■ Expressaufzug in die oberste Etage
■ Expressaufzug zu Skylobby
▨ »lokaler« Aufzug
  Skylobby
  Technikgeschoss
■ Rolltreppe
· Etagenhaltepunkt

12

Mit Licht Orientierung schaffen und Wege inszenieren

Thomas Schielke

Wie lässt sich Beleuchtung zur besseren Orientierung auf Wegen und Treppen einsetzen? Und kann man Licht auch zum Aufbau einer ruhigen oder kontrastreichen Atmosphäre nutzen? Die drei Prinzipien des amerikanischen Lichtplaners Richard Kelly »Licht zum Sehen«, »Licht zum Hinsehen« und »Licht zum Ansehen« helfen bei der Projektanalyse und beim Entwurf. »Licht zum Sehen« bezeichnet die Allgemeinbeleuchtung, um grundsätzlich die Umgebung zu erkennen. Das »Licht zum Hinsehen« schafft durch Helligkeitskontraste in der Akzentbeleuchtung Wahrnehmungshierarchien. Insbesondere mit gerichtetem Licht lassen sich Zonen, Eingänge oder Wandexponate in Verkehrsflächen hervorheben. Dadurch wird der Blick des Betrachters geführt und die Orientierung im Raum unterstützt. »Licht zum Ansehen« umfasst eine Vielzahl von Beleuchtungseffekten, die um ihrer selbst willen, aus atmosphärischen oder dekorativen Gründen eingesetzt werden und nicht in erster Linie eine praktische Funktion besitzen, beispielsweise ein Lichtkunstobjekt oder auch farbige Beleuchtung, die hauptsächlich das Farbklima eines Raums beeinflusst.

Bei Neubauten kann das Tageslicht bereits im Entwurf integriert werden, um Bereiche wie Foyers oder Flure über Fenster und Oberlichter zu beleuchten, interessante Ausblicke zu schaffen sowie den Energieaufwand für die elektrische Beleuchtung zu minimieren. Allerdings sinkt die Beleuchtungsstärke von Tageslicht hinter der Fassade signifikant, was meist auch tagsüber die Unterstützung durch elektrische Beleuchtung für Verkehrsflächen im Gebäudeinneren erforderlich macht.

Durch beleuchtete Flächen entstehen räumliche Muster zur Orientierung, beispielsweise bei flächiger Wandflutung, um entlang von Gängen den Weg zu weisen, oder durch Akzente, um Eingänge oder Kreuzungssituationen zu betonen. Als Linie im Boden kann Licht eine Schwelle markieren, auf kritische Situationen wie Stufen hinweisen oder durch Räume führen. Gestaffelte Lichtlinien geben bereits aus der Ferne einen Hinweis auf eine Treppe. Mit der differenzierten Abstimmung der Beleuchtung auf die Architektur werden Räume und Wege besser lesbar.

Neben der Orientierung leistet Licht insbesondere einen wichtigen Beitrag zum Aufbau einer passenden Atmosphäre. Helle Materialfarben und hell beleuchtete Räume nehmen schmalen Fluren die Enge. Intensive Hell-Dunkel-Kontraste schaffen dagegen eine geheimnisvolle Kulisse für theatralische Inszenierungen. Mit dynamisch wechselnden Farben wandeln sich Erschließungsflächen sogar in Orte der Szenografie. Über die Art der Beleuchtung lässt sich Raumtiefe erzeugen oder auch zurücknehmen. Zur Schaffung privater Zonen in großen Verkehrsflächen kann man auch enge Lichtkegel einsetzen, um beispielsweise Sitzecken aus der Umgebung herauszulösen. Aufmerksamkeit verdienen vor allem Beleuchtungskonzepte, die nicht nur den Weg an sich im Blick haben, sondern die Umgebung in die Inszenierung miteinbeziehen.

Erschließung im Außenraum

Unterschiedliche Verkehrsflächen stellen unterschiedliche Beleuchtungsanforderungen. Im Folgenden werden die wichtigsten Aspekte der Lichtplanung aufgezeigt und verschiedene Beleuchtungsarten vorgestellt.

Wege lassen sich mit einer Reihe von Lichtpunkten markieren. Ähnlich wirkt eine Baumreihe, die entlang des Wegs verläuft und angestrahlt wird. Auch eine beleuchtete Mauer kann die Orientierung unterstützen. Mit diesen Beleuchtungsansätzen inszeniert man die Umgebung und das Raumerlebnis rückt in den Vordergrund. Alternativ lässt sich der Weg selbst beispielsweise mit seitlichen Pollerleuchten hervorheben, die ihr Licht auf den Weg richten. Sie sorgen bei einer gleichmäßigen Helligkeitsverteilung und weich auslaufenden Lichtkegeln für eine ruhige Stimmung. Die Leuchtdichten auf der Lichtaustrittsfläche der Leuchten sollten gering sein, um Blendung auszuschließen. Weich auslaufende Lichtkegel vermeiden harte Kontraste zur dunklen Umgebung und erleichtern die Adaptation bei Nacht. Statt Pollerleuchten können auch im Boden eingelassene Orientierungsleuchten die Richtung mit kontrastreichen Lichtlinien oder Punkten betonen. Darüber hinaus lassen sich besondere Kreuzungspunkte über eine andere Beleuchtungsart, Farbtemperatur oder höhere Beleuchtungsstärke hervorheben.

Ähnlich wie bei den Wegen für Fußgänger besteht auch bei Fahrwegen die Möglichkeit, die Umgebung in das Beleuchtungskonzept einzubeziehen, um eine stärkere Räumlichkeit zu erreichen. Kreuzungspunkte, Kurven oder Fußgängerübergänge erfordern eine größere Aufmerksamkeit zur Verbesserung der Sicherheit, die sich beispielsweise über eine höhere Beleuchtungsstärke realisieren lässt. Bei kürzeren Fahrwegen kann die Beleuchtung über seitliche Poller erfolgen. Gut abgeblendete Pollerleuchten vermeiden eine Blendung von Autofahrern, deren Augpunkthöhe häufig niedriger liegt als die von Fußgängern und damit hinsichtlich der Beleuchtungsanforderung kritischer ist. Mastleuchten mit einem höheren Lichtpunkt ermöglichen größere Leuchtenabstände und bieten sich für weitere Distanzen an.

2   a   b   c

Aus der Ferne sichtbare Treppen signalisieren Höhenunterschiede im Gelände. Ein intensiver Helligkeitskontrast von Steigung und Auftritt thematisiert die Höhenstaffelung mit einem feingliedrigen Lichtmuster. Lichtlinien am Handlauf oder am Geländer setzen den visuellen Schwerpunkt eher auf die Länge und Breite der Treppe und können eine Geste der Großzügigkeit entstehen lassen. Eine gute Beleuchtung des Anfangs- und Endpunkts einer Treppe hebt die kritischen Zonen beim Gehen hervor. Der intensive Kontrast von Steigung und Auftritt sowie eine ausreichende Helligkeit sorgen für eine einfache Erkennbarkeit der Treppenstufen. Für die Montage der Leuchten ist eine Positionierung in den Stufen, im Handlauf, an einer Wand oder als frei stehende Pollerleuchte möglich. Gut abgeblendete Leuchten vermeiden, dass beim Hinaufgehen eine Blendung durch die oberen Stufen entsteht.

Eine im Vergleich zur übrigen Fassade höhere Helligkeit im Eingangsbereich ermöglicht zunächst eine schnelle Orientierung sowie eine gute Lesbarkeit von Hausnummer oder grafischen Elementen. Mit einer hellen »welcome mat« am Boden entsteht für Besucher ein freundliches Entree (Abb. 4). Das Auge passt sich an dieser Stelle vom hellen Tageslicht an die geringere Innenraumbeleuchtung an. Am Abend sorgt die »welcome mat« für eine bessere Orientierung. Gut abgeblendete Leuchten im Innenraum vermeiden Blendung beim Betreten des Gebäudes. Im Vergleich zur horizontalen Beleuchtung von Bodenflächen sorgen die vertikalen Beleuchtungsanteile von Downlights oder Wandflutern einerseits für eine gute Beleuchtung von Türflächen und ermöglichen andererseits eine leichte Erkennbarkeit der Gesichter beim Begrüßen. Seitlich positionierte Leuchten, bei denen das Licht jeweils auf die Gesichter fällt, lassen Gastgeber und Besucher nicht als Silhouette erscheinen, im Vergleich zu einer Situation, bei der die Beleuchtung jeweils auf den Rücken der Personen strahlt.

Erschließung im Innenraum

Die Vermittlung eines repräsentativen Eindrucks in einem Foyer kann nicht nur über Möbel und Materialien erfolgen, sondern auch durch ein entsprechendes Beleuchtungskonzept. Ein heller und weiter Raumeindruck lässt sich über großflächige Wandflutung erzielen. Akzentbeleuchtung betont hingegen einzelne Objekte oder kann in größeren Räumen private Zonen durch Inseln aus Licht schaffen. Das gerichtete Licht der Akzentbeleuchtung eignet sich ebenfalls zum Erzeugen von Brillanzeffekten. Streiflicht gestattet es, Texturen von Wandmaterialen hervorzuheben. Dekorative

Leuchten können zusätzlich Blickfänge schaffen. Insgesamt hilft eine ruhige Lichtführung, die architektonische Elemente wie Wände oder Stützen hervorhebt, um den verschiedenen Funktionsbereichen wie Empfangstresen, Wartebereich oder Aufzug eine klare Struktur zur Orientierung zu geben. Differenzierungen der Beleuchtungsstärke ermöglichen den Aufbau von Wahrnehmungshierarchien, um wichtige Zonen zu betonen. Als Übergang vom Außen- zum Innenraum vermitteln Foyers am Tag zwischen den hohen Beleuchtungsstärken im Außenraum und der geringeren Helligkeit im Gebäude. Am Abend gewähren beleuchtete Foyerwände einen Einblick von außen in das Gebäudeinnere im Gegensatz zur Tagsituation, bei der an gläsernen Foyerfassaden häufig Spiegelungen durch die höhere Leuchtdichte im Außenraum auftreten. Speziell bei hohen Foyerräumen empfiehlt sich der Einsatz von engen Lichtkegeln und gut abgeblendeten Leuchten, um Blendung zu vermeiden.

In Fluren lässt sich ein freundlicher Eindruck durch Tageslicht über Fenster oder Oberlichter erzielen. Ein Fenster am Ende eines Flurs schafft eine Verbindung zum Außenraum und betont die Richtung (Abb. 7, S. 39). Am Abend und für Bereiche ohne Tageslicht lässt sich mit Beleuchtung eine angenehme Atmosphäre erzeugen. In Innenräumen stellt eine hell beleuchtete Stirnwand mit einem Akzent auf einem Bild oder einem Objekt einen attraktiven Blickfang dar und trägt zur räumlichen Orientierung bei (Abb. 2). Da die Wände in Fluren ein dominantes Element in der räumlichen Wahrnehmung bilden, geht von ihnen ein großes Potenzial für einen hellen Gesamteindruck aus. Über gleichmäßige Wandflutung entsteht ein ruhiges und klares Erscheinungsbild. Im Kontrast dazu kann Akzentbeleuchtung die Monotonie langer Flure aufheben und sie in kürzere Einheiten gliedern, indem beispielsweise Strahler Bilder an Wänden betonen und Lichtkegel am Boden einen Rhythmus entstehen lassen. Mit Streiflicht ist es ebenfalls möglich, abwechslungsreiche Lichtmuster an den Wänden zu erzeugen. Auch die Leuchte selbst kann zu einem attraktiven Blickfang werden und über die Reihung zur Gliederung des Raums beitragen, solange die Leuchtdichte keine unangenehme Blendung verursacht. Grundsätzlich helfen helle Materialfarben dabei, ein düsteres Gefühl in Gängen zu vermeiden. Da Flure nicht konstant genutzt werden, empfiehlt sich die Verwendung von Sensoren und Zeitsteuerung, um die Beleuchtung und damit den Energieverbrauch auf ein Minimum abzusenken und nur bei Bedarf auf das erforderliche Niveau anzupassen.

Mit der Betonung von Türen durch engstrahlende Lichtkegel erhalten räumliche Übergänge eine höhere Bedeutung. Wie bei Eingangssituationen kann ein auf den Boden gerichteter Lichtkegel eine einladende »welcome mat« schaffen und schon von Weitem auf eine Tür hinweisen, selbst wenn diese perspektivisch dem Betrachter durch die Türlaibung verborgen bleibt. Um eine Blendung nach dem Durchschreiten der Tür zu vermeiden, sollten Leuchten im dahinterliegenden Raum gut abgeschirmt und Strahler nicht auf die Tür gerichtet sein.

Mit einer kontrastreichen Lichtinszenierung von Treppen kann das vertikale Durchschreiten eines Raums zum Ereignis werden (Abb. 3). Lichtlinien im Handlauf, leuchtende Fugen zwischen den Stufen, Akzentbeleuchtung auf Bildern oder vertikale Lichtskulpturen im Treppenauge können ein Treppenhaus in einen abwechslungsreichen Erlebnisraum verwandeln. Außergewöhnliche Inszenierungen spielen auch mit beleuchteten satinierten Glasstufen oder mit selbstleuchtenden Stufen, auf denen über dynamische Bilder eine narrative Ebene Einzug erhält. Spektakulären Entwürfen stehen klar gegliederten Konzepte für einen ruhigen Raumeindruck gegenüber. Gut abgeschirmte Leuchten oder indirekte Beleuchtung über Wandflutung im Bereich von Podesten minimieren die Blendung insbesondere beim Gehen nach oben. Sowohl die Decke, der Handlauf und die Stufen wie auch die Wände bieten sich als Montageorte für Leuchten an. Bei einer in die Stufe integrierten Beleuchtung sollte man jedoch jede Treppenstufe beleuchten, um eine klare Orientierung zu gewährleisten und Unfälle zu vermeiden. Zur allgemeinen Orientierung für einen ruhigen und klaren Raumeindruck eignet sich eine breitstrahlende Beleuchtung mit ausreichender Beleuchtungsstärke auf Podest und Treppen. Eine vom oberen Podest strahlende Beleuchtung erzeugt einen deutlichen Kontrast zwischen Steigung und Auftritt, der Voraussetzung für ein sicheres Gehen ist. Eine ausschließlich diffuse Beleuchtung führt zu geringen Kontrasten und erschwert die Lesbarkeit der Stufen sowie der Übergänge zwischen Treppe und Podest. Bei wenig frequentierten Treppenhäusern bietet sich ebenfalls eine Lichtsteuerung zur Energieeinsparung an. Als Fluchtweg genutzte Treppenhäuser erfordern die normgerechte Installation von Not- und Sicherheitsbeleuchtung.

Die Dynamik von Rolltreppen und Fahrsteigen lässt sich durch Lichtlinien im Handlauf oder an der Decke bzw. leuchtende Balustraden unterstreichen. Damit sich der Blick von Passanten nicht ausschließlich auf die Rolltreppe oder den Fahrsteig richtet, empfiehlt es sich für die Inszenierung, die Umgebung in das Beleuchtungskonzept einzubeziehen. Um die Sicherheit zu erhöhen, markiert Akzentbeleuchtung den Wechsel vom festen Boden zu den dynamischen Elementen. Bei langen Fahrsteigen signalisieren blinkende Anfangs- und Endpunkte zusätzlich die Übergänge. Leuchten bei Rolltreppen können an der Unterseite der darüberliegenden Rolltreppe montiert oder in die Balustrade integriert werden (Abb. 6, S. 38).

In Aufzügen erzeugt eine diffus leuchtenden Lichtdecke eine ruhige und weiche Atmosphäre, gerichtetes Licht von Punktlichtquellen lässt dagegen ein brillantes Licht entstehen. Dabei gewährleistet der vertikale Beleuchtungsanteil eine gleichmäßige Ausleuchtung der Gesichter. Für einen fließenden Übergang zwischen Foyer und Fahrstuhl empfiehlt sich eine korrespondierende Beleuchtungsstärke und Farbtemperatur. Gut abgeblendete Leuchten vor dem Aufzug tragen zu

3

1 Uplights im Untergeschoss lassen auf der Treppenunterseite eine Lichtlinie als Orientierung entstehen. Durch die runde Öffnung im Dach fällt Tageslicht ins Treppenhaus.
2 Drei verschiedene Beleuchtungsszenarien und ihre Wirkung im Raum:
   a Über Beleuchtung lassen sich Funktionszonen wie Verkehrsflächen durch Licht hervorheben. Die Akzentuierung der Stelen schafft einen zusätzlichen Blickfang.
   b Die Beleuchtung der gesamten Rückwand verlagert die Aufmerksamkeit in die hintere Raumzone und verbindet visuell die untere mit der oberen Etage in Ergänzung zur beleuchteten Treppe.
   c Die Beleuchtung der linken und hinteren Wand sowie die Akzentuierung der Stele steigert das Raumerlebnis und bringt die Kunstobjekte zur Geltung. Die gedimmte Beleuchtung der Treppe signalisiert, dass der Weg in das Obergeschoss von sekundärer Bedeutung ist.
3 Durch die orangen Seitenwangen, eine Reminiszenz an glühende Kohle, sowie die zusätzliche Beleuchtung unter den Stufen und im Handlauf hebt sich die Treppe deutlich vom denkmalgeschützten Bestand ab. Ruhr Museum, Kohlenwäsche, Essen (D) 2009, OMA, Böll & Krabel, Lichtplaner: Licht Kunst Licht
4 Mit einer hellen »welcome mat« am Boden sowie leuchtenden Glasscheiben neben der Tür entsteht für Besucher ein freundliches Entree. Haus P, Dortmund (D) 2012, Heiderich Architekten

4

5

5 Die eng an der Wand positionierten Bodeneinbauleuchten erzielen eine auffällige Streiflichtwirkung und heben damit die Mauerwerkstextur hervor. Hotel Palais Coburg, Wien (A) 2003, Lichtplanung: Elmar A. Wimmer
6 Seitliche Lichtlinien an den Rolltreppen sorgen für eine gute Ausleuchtung der Stufen und verbinden visuell die Geschosse miteinander. Die Reihe der Deckeneinbauleuchten setzt zusätzliche Lichtakzente. Selfridges, Birmingham (GB) 2003, Future Systems
7 Flure mit Fenstern am Ende verstärken die Tiefenwirkung, schaffen Ausblick, ermöglichen den Einfall von Tageslicht und inszenieren den Gang ins Licht.
8 Eigenschaften von LEDs, Leuchtstofflampen und Halogen-Metalldampflampen im Vergleich
9 verschiedene Leuchten und Beleuchtungsarten im Überblick

6

einem hohen Sehkomfort bei, wenn man aus dem Lift heraustritt. Bei spiegelnden Materialoberflächen vor dem Aufzug sollten mögliche Reflexblendungen berücksichtigt werden. Mittels Lichtsteuerung können auch Effekte entstehen, die die Dynamik des Aufzugs kommunizieren. Verglaste Decken und Wände eröffnen die Option, den Aufzugsschacht in das Beleuchtungskonzept für eine stärkere räumliche Erfahrung einzubeziehen.

Leuchtmittel – Kriterien und Typen

Die Entscheidung für einen Leuchtmitteltyp ergibt sich aus den geplanten Lichtwirkungen und den Rahmenbedingungen des Projekts. Aus einer Vielzahl von verfügbaren Lampen erfüllt nur eine begrenzte Anzahl die gestellten Anforderungen. So sind Modellierung und Brillanz Wirkungen, die durch gerichtetes Licht hervorgerufen werden. Sie setzen punktförmige Lichtquellen voraus, deren Licht meist zusätzlich durch Linsen oder Reflektoren gebündelt wird. Die Lichtfarbe einer Lampe beeinflusst das farbige Aussehen beleuchteter Objekte. Warmweiße Lichtfarben entsprechen der Farbtemperatur der Glühlampen und betonen warme, z. B. rote und gelbe Farben, während tageslichtweiße Lichtfarben kalte Farben wie Blau und Grün hervorheben und mit dem Tageslicht im Außenraum korrespondieren. Neutralweiße Lichtfarben bieten einen Mittelweg bei der Farbtemperatur. Der Farbwiedergabeindex beschreibt die Qualität, in der Materialfarben wiedergegeben werden.

LEDs zeichnen sich mit ca. 50 000 Stunden durch eine sehr lange Lebensdauer, eine gute Lichtausbeute mit 80–100 lm/W (Lumen pro Watt) und Dimmbarkeit sowie eine geringe Größe aus. Als Lichtfarben stehen unterschiedliche Farbtemperaturen zur Verfügung. Durch die kleine Bauform der LEDs lassen sich kompakte bauteilintegrierte Lichtlösungen entwickeln. Da sich bei Wärme der Lichtstrom und die Lebensdauer von LEDs ändert, empfiehlt es sich, speziell bei individuellen Lösungen auf ein adäquates Wärmemanagement zu achten, um einen Rückgang des Lichtstroms sowie eine kürzere Lebensdauer auszuschließen.

Leuchtstofflampen zeichnen sich durch eine hohe Lichtausbeute und Lebensdauer aus. Die Lichtfarben dieses Lampentyps sind Warm-, Neutral- oder Tageslichtweiß und können mit einem entsprechenden Betriebsgerät gedimmt werden. Als Bauformen stehen die lineare Leuchtstofflampe und die kompakte Leuchtstofflampe mit einer diffusen Lichtwirkung zur Verfügung. Sie eignen sich für eine gleichmäßige und wirtschaftliche Grundbeleuchtung.

Halogen-Metalldampflampen weisen mit 9000 Stunden Lebensdauer bei einer Lichtausbeute bis zu 90 lm/W eine hohe Effizienz auf und zeichnen sich durch hohe Lichtströme aus. Moderne Halogen-Metalldampflampen mit Keramikbrennern verfügen über eine gute Farbstabilität und -wiedergabe sowie einen integrierten UV-Schutz. Die in den Lichtfarben Warmweiß, Neutralweiß und Tageslichtweiß erhältlichen Metalldampflampen lassen sich nicht oder nur eingeschränkt dimmen (Abb. 8).

Leuchtenauswahl

Das Spektrum der Deckeneinbauleuchten reicht vom klassischen Downlight mit einer breiten, symmetrischen Lichtverteilung für die Allgemeinbeleuchtung über Downlight-Wandfluter und Linsenwandfluter zur vertikalen Beleuchtung bis hin zu Richtstrahlern für die flexible Akzentuierung (Abb. 9). Der

Leuchtenbetriebswirkungsgrad ist ein Anhaltspunkt für die Effizienz. Bei einem Leuchtenvergleich sollte dieser Wert einerseits um den Wert der möglichen Beleuchtungsstärke für eine Fläche in Relation zur aufgewendeten Leistung und andererseits um eine Analyse des Sehkomforts ergänzt werden.

Ein hoher Abblendwinkel reduziert die Blendung. Bei einer deckenintegrierten Beleuchtung mit Downlights gliedert sich die Lichttechnik elegant in die Architektur ein. Demgegenüber entfalten additive Beleuchtungssysteme wie Strahler an Stromschienen oder Pendelleuchten eine expressive Ausdruckskraft, da sie neben der Lichtwirkung technische Details offenbaren.

Strahler an Stromschienen sind als flexible Leuchten prädestiniert für die Beleuchtung von Bildern an Wänden. Sie werden für die Akzentbeleuchtung mit unterschiedlichen Ausstrahlungswinkeln angeboten. Der Montageort und die Ausrichtung lassen sich variabel wechselnden Präsentationsanforderungen anpassen. Projektionsstrahler ermöglichen mithilfe sogenannter Gobos, einsteckbarer Masken aus Metall oder Glas, die Abbildung von unterschiedlichen Lichtkegelkonturen oder Lichtmustern für dekorative Effekte. Eine weitere Leuchtengruppe für die Stromschiene sind Fluter. Sie besitzen eine breitstrahlende, symmetrische Lichtverteilung mit einem weichen Gradienten, um große Bildreihen und Objekte zu beleuchten. Wandfluter hingegen beleuchten mit ihrer asymmetrischen Lichtverteilung ausschließlich vertikale Flächen. Das Ergebnis ist eine hohe Uniformität der Beleuchtungsstärke auf der Wand.

Weitere Optionen der Beleuchtung eröffnet der Einsatz von Lichtstrukturen und Orientierungsleuchten sowie die Integration von Licht in die Architektur, wie z.B. mit Lichtvouten, diffus leuchtenden Lichtdecken oder farbigen Lichtwänden. Bei der Verwendung von Bodeneinbauleuchten, beispielsweise zur Wandflutung oder für Streiflicht, sollte auf eine ausreichende Abblendung sowie eine adäquate Leuchtenanordnung geachtet werden, die Blendung für Passanten vermeidet. Für Installationen von Leuchten im Außenraum sind die unterschiedlichen Schutzarten von Relevanz. So bedeutet beispielsweise die Kennzeichnung IP65, dass die Leuchte staubdicht und gegenüber Strahlwasser geschützt ist, im Vergleich zur höheren Schutzart IP68, die zusätzlich Schutz beim Untertauchen bietet.

Lichtsteuerung sorgt sowohl bei der Installation als auch im Betrieb für hohe Flexibilität, um die Beleuchtung unterschiedlichen Anforderungen anzupassen. In Abhängigkeit von der Tageszeit lassen sich spezifische Lichtszenarien definieren. Durch Sensoren kann die Lichtsteuerung automatisch auf Präsenz oder Tageslicht reagieren und die Innenraumbeleuchtung effizient regeln. Das Einstellen von farbiger Beleuchtung erfordert ebenfalls eine Lichtsteuerung.

Bei Verkehrsflächen müssen neben dem inszenierenden Aspekt von Beleuchtung auch die quantitativen Anforderungen von Notbeleuchtung erfüllt werden. Die Sicherheitsbeleuchtung gewährleistet das sichere Verlassen des Gebäudes durch eine entsprechende Kennzeichnung und ausreichende Sehbedingungen auf den Fluchtwegen. Das betrifft beispielsweise beleuchtete oder hinterleuchtete Rettungszeichen und eine Mindestleuchtstärke von 1 Lux auf der Mittelachse von Fluchtwegen. Genaue Angaben zur Sicherheitsbeleuchtung enthält DIN EN 1838.

7

	LED	Leuchtstofflampen	Halogen-Metalldampflampen
Lichtausbeute max. [lm/W]	80–100	94	114
Farbwiedergabeindex R_a	80–90	80–89	81–90
Lebensdauer t [h]	50 000	5000–15 000	12 000–20 000
Dimmverhalten	Dimmen möglich	Dimmen möglich	Dimmen nicht möglich
Anlaufverhalten	Schnellstart möglich	Schnellstart möglich	Schnellstart nicht möglich

8

Leuchten	Beleuchtungsarten
Deckeneinbauleuchten	• Allgemeinbeleuchtung • Wandflutung • Akzentuierung
Strahler	• Akzentuierung • Flutung • Wandflutung • Projektion
Lichtstrukturen	• Allgemeinbeleuchtung • Wandflutung
Bodeneinbauleuchten	• Wandflutung • Akzentuierung • Streiflicht • Orientierungsbeleuchtung

9

Signaletik – die zielführende Orientierung

Jimmy Schmid

Signaletik verbindet verschiedene gestalterische Fachrichtungen mit der kommunikativen Absicht, einem Ort ein individuelles visuelles Profil zu verleihen. Intelligente und nachhaltige Orientierungs- und Informationssysteme leiten und begleiten nicht nur, sondern machen den Raum erlebbar und schaffen somit Identifikation und Identität. Die Disziplin bewegt sich an der Schnittstelle zwischen Grafik-, Kommunikations- und Industriedesign, Szenografie, Architektur, Innen- und Landschaftsarchitektur sowie Stadt- und Regionalplanung. Diese Verflechtung bedingt eine interdisziplinäre Arbeits- und Sichtweise und öffnet den notwendigen Spannungsbereich zwischen zwei- und dreidimensionalen Betrachtungen.

Projekte im Aufgabengebiet der Signaletik setzen Kenntnisse und Fähigkeiten auf verschiedenen Gebieten sowie vernetztes Denken voraus. Durch ihre Komplexität erfordern sie spezifische Kompetenzen sowohl im Management und im strategisch-konzeptionellen als auch im gestalterisch-realisierenden Bereich, aber auch Aspekte der Wahrnehmungs- und Informationspsychologie spielen eine Rolle. Die interdisziplinäre Zusammenarbeit ist umso erfolgreicher und – im wahrsten Sinne des Wortes – zielführender, wenn die unterschiedlichen Fachrichtungen frühzeitig zusammenarbeiten und in die Planung einbezogen sind. So entstehen bei weitläufigen Außenraumprojekten oder komplexen Gebäudevorhaben stimmige Einheiten, in denen sich Menschen wohlfühlen, sich gern aufhalten und ihren Weg finden.

Der Lattenzaun

Es war einmal ein Lattenzaun,
mit Zwischenraum, hindurchzuschaun.

Ein Architekt, der dieses sah,
stand eines Abends plötzlich da –

und nahm den Zwischenraum heraus
und baute draus ein großes Haus.

Der Zaun indessen stand ganz dumm,
mit Latten ohne was herum,

ein Anblick grässlich und gemein.
Darum zog ihn der Senat auch ein.

Der Architekt jedoch entfloh
nach Afri- od- Ameriko.

Diese Zeilen des deutschen Dichters Christian Morgenstern (1871–1914) suggerieren, dass der Zwischenraum dem eigentlichen Gebäude vorausging, er dient hier sozusagen als Ausgangspunkt, ja sogar als mögliches Zentrum einer Architektur. Aus dieser Perspektive ist der Zwischenraum oder hier der Erschließungsraum von eminenter Bedeutung und Wichtigkeit. Doch entspricht das der heutigen Realität? Sind Erschließungsräume reine Funktionsbereiche? Transitzonen, um schnellstmöglich das angepeilte Ziel zu erreichen? Oder doch auch Aufenthaltsbereiche und falls ja, für welche Zwecke und welche Dauer?

Erschließungsraum als Erlebnisraum

Architektur – hier stets auch als Innen- und Landschaftsarchitektur gedacht – und Erschließungsräume sind untrennbar miteinander verbunden. Im Außenraum begrüßt uns ein Eingangshof oder Vorplatz, dessen Ambiente Besucher empfängt und einstimmt. Im Innenraum strahlen Eingangshallen, Treppen- und Liftkerne, Foyers und Gänge Qualitäten aus, die die Atmosphäre der Architektur wesentlich beeinflussen. Die Bewegung und die Geschwindigkeit, mit der er diese »Räume« durchquert, bestimmt jeder selbst: So kann ein vermeintlicher Durchgangsbereich zum Aufenthalts- oder Warteraum, sprich zum Kommunikationsraum, werden. »Alle unsere Erfahrungen spielen sich in Räumen ab. Nicht allein in der Realität des Sichtbaren und Messbaren, auch in den flüchtigen Räumen der Vorstellung, der Erinnerung, der Assoziation. Die räumliche Wahrnehmung ist ein Prozess, kein Standbild. Montage ist ihr Prinzip«, schreibt dazu die Schweizer Architektin Elisabeth Blum [1].

Die hauptsächliche Funktion, die ein Erschließungsraum übernimmt, beeinflusst den architektonischen Entwurf. Die Anordnung von Gebäudevolumen und Sichtachsen sowie Raumbezüge, eingesetzte Materialien, Farbwahl und Lichtführung – all das hat Auswirkungen auf die Qualität und die Atmosphäre der Architektur. Der so entstehende »Klang« eines Raums wirkt sich auf die Art aus, wie dieser genutzt wird. Er lässt sich gezielt planen und kann z. B. dafür sorgen, dass ein Erschließungsraum mehr ist als ein bloßer Transitraum.

Das zeigt beispielsweise der Entwurf von OMA in Arbeitsgemeinschaft mit Heinrich Böll und Hans Krabel für das 2010 eröffnete Ruhr Museum auf der Zeche Zollverein in Essen. Im ehemaligen Rohkohlenbunker, der die Besucher auf die Ausstellung einstimmt, entstand eine Treppenanlage, die das Empfangsfoyer mit den drei Ebenen der Ausstellung verbindet (Abb. 3, S. 37). Die Materialbeschaffenheit der Treppe

2

3

kontrastiert die Bunkeratmosphäre und die stringent-präzise Lichtführung auf den Treppenbrüstungen begleitet die Besucher zu den verschiedenen Ausstellungsbereichen. Aber nicht nur das: Die Stimmung im Treppenhaus bildet auch einen Kontrast zu den Ausstellungsräumen und ermöglicht so eine Trennung der diversen Themen, die auf den verschiedenen Ebenen präsentiert werden.

Als große Willkommensgeste gestaltete dagegen das Atelier Integral Ruedi Baur die Identität und die Signaletik für die 125. Versammlung der Interparlamentarischen Union (IPU) in Bern im Jahr 2011. Die Grundidee des Gesamtkonzepts bestand darin, im Außenraum die Wähler und im Innenraum die Parlamente sowie die Parlamentarier zu thematisieren. Eine Bodeninstallation mit den Namen aller IPU-Länder, die deren Bevölkerungsgrößen visualisierte, begleitete die Besucher des Kongressgeländes von der Bushaltestelle zum Eingang (Abb. 2). Großformatige Fotografien, die den Weg zum Eingang flankierten, zeigten Wähler aus allen Kontinenten. Im Kongressgebäude wurden die Wände der anonym und kühl wirkenden Erschließungsräumen mit großformatigen Infografiken gestaltet (Abb. 3), die verschiedene Statistiken rund um das Kongressthema »Parlamente« abbildeten: Vergleich des Bruttoinlandprodukts mit den IPU-Stimmen, erste Frauen in der Politik, Frauenanteil in den verschiedenen Parlamenten etc. Dies verlieh dem Raum eine positive Atmosphäre und lud zum Verweilen und Betrachten ein.

Eine weitere Möglichkeit, wie sich Signaletik im Raum einsetzen lässt, zeigt die temporäre Gestaltung von P-06 Atelier für die Eingangssituation der Assembleia da República, dem Parlamentsgebäude in Lissabon (Abb. 4), bei der die Treppe als Informationsträger diente. Der auf die Stufen aufgebrachte Ausstellungstitel »Arquitecto Ventura Terra 1866–1919« entwickelte in seiner Fernwirkung eine große Anziehungskraft, je näher man dem Ausstellungsort kam, desto mehr löste sich der Titel auf und wurde zu einer Art Pixelteppich, der die Stufen hinauf zum Eingang führte.

Zeichen dienen der Orientierung

Bauherren und Architekten definieren die Funktionen der einzelnen Räume und die Anforderungen an sie, entsprechendes gilt auch für Erschließungsräume. Geplant werden z.B. kühle Sachlichkeit, formschöne Eleganz oder inszenierte Erlebniswelten. Je komplexer die Raumordnung, desto schwieriger ist die Orientierung für die Rezipienten und desto mehr Unterstützung wird notwendig, um die Struktur lesen zu können und sich im Raum zurechtzufinden. Architektonische Hilfen in Form von Sichtachsen und Raumbezügen, Lichtführung, unterschiedlicher Materialbeschaffenheit etc. ermöglichen Orientierung oder unterstützen sie zumindest. Komplexe Raumanordnungen erfordern jedoch oft noch zusätzlich ein Orientierungs- und Informationssystem – eine Signaletik, also Zeichen, die den Weg weisen und informieren. Der Dialog von Architektur und Signaletik bildet die Basis für nutzerfreundliche Orientierungshilfen in räumlichen Situationen. Grundsätzlich besteht ein Zusammenhang zwischen der Qualität der Architektur und dem Bedarf an Orientierungssystemen – je höher die räumliche Qualität eines Gebäudes, desto weniger Signaletikelemente sind notwendig. So unterschiedlich Architektur und ihre Funktion sein kann, so verschiedenartig muss auch die Signaletik definiert werden. Die Zeichensetzung ist stets abhängig vom Kontext – sie kann leise und subtil oder laut und raumfüllend in Erscheinung treten. Voraussetzung für eine gelungene Sig-

1   Hochschule Osnabrück (D) 2004, Architektur: Jockers Architekten, Signaletik: büro uebele visuelle kommunikation
2, 3   125. Versammlung der Interparlamentarischen Union (IPU) auf dem Messegelände Bern (CH) 2011, Signaletik und temporäres Erscheinungsbild: Integral Ruedi Baur
4   Ausstellung »Arquitecto Ventura Terra 1866–1919« im Parlamentsgebäude, Lissabon (P) 2008, Signaletik: P-06 Atelier
5, 6   Schulanlage, Biel (CH) 2005, Architektur: A + P Architektur und Planung, bauzeit architekten, Signaletik: 2. stock süd netthoevel & gaberthüel

4

naletik ist eine Analyse der Rahmenbedingungen wie Gebäudetypologie, Raumsituationen, Nutzerbedürfnisse und Verkehrswege, um so die Angemessenheit der signaletischen Maßnahmen zu gewährleisten.

Für die Schulanlage Poststraße in Biel entwickelte das Gestaltungsbüro 2. stock süd, netthoevel & gaberthüel ein signaletisches Konzept, das im Zuge der Renovierungsarbeiten an den diversen Schulhäuser auf dem Areal realisiert wurde. Für die Gebäudekennzeichnungen wurden halbe Zahlen und Buchstaben direkt auf die Fassaden appliziert, deren klare Farbdifferenzierung Orientierung schafft. Jedes Gebäude erhielt eine eindeutige Identifikation (z. B. 1 A gelb). Die Farbgebung setzt sich auch im Inneren der verschiedenen Schulgebäude fort. An der Kante des Vordachs aus den 1960er-Jahren wurden die Buchstaben des Textfrieses – eine lückenlose Wortreihe mit 26 Begriffen – aus der belassenen Patina ausgewaschen. Durch die Verwitterung wird die Wortreihe mit den Jahren verschwinden (Abb. 5). In umgekehrter Weise entstanden die Auszeichnungen an der Neubaufassade. Die in den Rohbeton sandgestrahlten Zahlen 442 bzw. 446 geben an, auf welcher Meereshöhe sich das Schulhaus befindet. Durch die Witterungseinflüsse und das vom leicht konkaven Flachdach über die Fassade ablaufende Regenwasser werden sich die Zahlen über die Jahre immer deutlicher abzeichnen, da sich Moose und Flechten in den Vertiefungen ausbreiten (Abb. 6).

Visuelle Kommunikation im Raum

Bei der Planung sollte nicht nur die Funktion der Architektur definiert werden, sondern auch in welcher Beziehung die Signaletik zum Gebäude steht und in welcher Ausprägung das Orientierungs- und Informationssystem zum gebauten Außen- oder Innenraum in Dialog treten soll. Bezüglich dieser Fragestellung sind zwei unterschiedliche Haltungen erkennbar: Einerseits kann sich Signaletik der Architektur unterordnen, das Orientierungs- und Informationssystem stellt dann einen integrierten Teil einer Raumsituation dar. Andererseits ist es auch möglich, Signaletik als einen eigenständigen Beitrag zur Architektur zu betrachten und sie autonom, wie eine zweite Ebene auftreten zu lassen. Welche Haltung auch immer eingenommen wird, es sollte bei der Planung unbedingt darauf geachtet werden, eine ortsspezifische und identitätsstiftende Signaletik zu entwickeln. Die visuelle Wahrnehmung eines Raums und seiner Signaletik beeinflusst auch die Wahrnehmung des dort angesiedelten Unternehmens, der dortigen Institution oder öffentlichen Einrichtung.

In der Regel wird ein Signaletiksystem aus einem bestehenden Corporate Design entwickelt: Aus einem zweidimensionalen Erscheinungsbild entstehen dreidimensionale Elemente, die eine räumliche Unternehmensidentität bilden. Es gibt aber auch Projekte (u. a. in Wettbewerbsausschreibungen), bei denen explizit Signaletikkonzept und Corporate Design gemeinsam entwickelt werden.

Der internationale Wettbewerb für die Stadt Yverdon-les-Bains ist dafür ein gutes Beispiel: LM communiquer und JJR Architecture erarbeiteten eine ortsspezifische und identitätsstiftende urbane, modular aufgebaute Signaletik. Diese soll die Kommunikation der Stadt nach außen mit Touristen, Hotelgästen, Besuchern etc. und nach innen mit den Einwohnern unterstützen. In dem noch nicht ausgeführten Entwurf bilden das Straßennetz und die renaturierten Wasserkanäle ein Koordinatennetz, das sich über die ganze Stadt legt. Alle Verkehrsknotenpunkt bzw. Brücken werden inszeniert: mit unterschiedlichen Materialien, Pflanzen, Wasserspielen, Licht etc. Jeder Kanal erhält somit eine eigene Identität und hilft Besuchern, sich in der Stadt zu orientieren (Abb. 7, S. 44).

Sender – Medium – Empfänger

Signaletische Konzepte basieren auf dem klassischen Kommunikationsmodell, das besagt, dass es stets einen Sender und einen Empfänger gibt. Ein Orientierungs- und Informationssystem sendet Zeichen und Signale aus, die der Empfänger dekodiert und versteht. Es ist also unbedingt notwendig, die Rezeptionsmöglichkeiten der Benutzer zu berücksichtigen, die Signaletik ist somit abhängig vom Zielpublikum.

Die verschiedenen Elemente der Signaletik stellen sozusagen das vermittelnde Medium dar zwischen dem Sender, der eine Botschaft kommunizieren möchte, und dem Empfänger, der sie verstehen muss, um sich im Innen- oder Außenraum zu orientieren. Die Informationsträger können je nach Kontext unterschiedlich ausformuliert sein: mit Farben und Formen, Piktogrammen, Karten, Texten und Bildern auf unterschiedlichsten Materialien.

Ein Beispiel dafür ist das von Mifflin-Schmid Design entwickelte und realisierte Orientierungssystem für den Novartis Campus in Basel: 26 Buchstaben und 26 Persönlichkeiten aus der Geschichte der Wissenschaften geben den Straßen ihre Namen. Die in die Randsteine eingelegten Namen der Wissenschaftler, im Campus-Font von Bruno Maag gesetzt, zeigen die Straßennamen an und erinnern an frühere Forscher, die Inschriften auf den Parkbänken nennen kurz deren wissenschaftliche Leistungen und Errungenschaften (Abb. 9, S. 44).

5

6

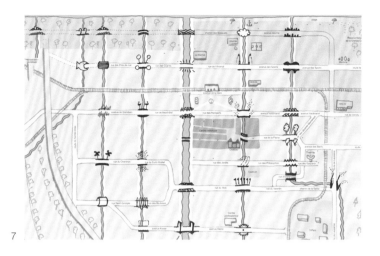
7

Elevateur, 2. Étage Sud ↗

8 Escallier N° 4, Pillier Nord →

9

Eine typografische Umsetzung präsentiert der von André Baldinger entwickelte AB Eiffel Font, der eine Interpretation des Eiffelturms darstellt. Diese Schrift war die Basis für den siegreichen, jedoch nicht ausgeführten Wettbewerbsbeitrag von Intégral Ruedi Baur Paris zu einer Signaletik mit Informationssystem für den Eiffelturm. Der Schrifttyp mit seinen verschiedenen Schnitten orientiert sich an der Skelettstruktur der Konstruktion und bildet eindrücklich die atmosphärische Wirkung der verschiedenen Etagen ab: Je höher man auf den Turm steigt, desto filigraner wird die Struktur, der Blickwinkel auf die Stadt öffnet sich (Abb. 8).

Informationshierarchie und integrale Planung

Die Informationshierarchie folgt den Grundprinzipien der Orientierung im Raum: Informationsverarbeitung und Verarbeitungskapazität der Rezipienten, Einsatz geeigneter Zeichen und Elemente etc. Eine Hierarchisierung hilft, die Informationen zu strukturieren und leichter erfassbar zu machen. Dazu müssen diese sowohl funktionell als auch inhaltlich gegliedert werden. Das von dem Schweizer Grafiker Theo Ballmer entwickelte signaletische Ordnungsprinzip kann hierfür als Grundlage dienen. Danach funktionieren Orientierung und Wegeleitung nach folgendem Muster: Informationssuchende orientieren sich an Einstiegs- oder Verknüpfungspunkten und folgen dann den Richtungsanweisungen bis zur Zielbestätigung. Nach einer Reorientierung beginnt der gleiche Ablauf erneut. Entsprechend der Gliederung und Hierarchisierung der Informationen werden diese drei Informationstypen – Orientierung, Richtungsweisung und Zielbestätigung – im Wegenetz, das sämtliche Ziele erschließt, implementiert.

Diese komplexe und auch vielschichtige Informationsdichte verlangt nach einem Orientierungssystem, dessen Planung frühzeitig in einem interdisziplinären Team erfolgt. Leider gibt es zur Zeit (noch) wenig Ausschreibungen und Wettbewerbe, in denen explizit ein Signaletiker im Planungsteam gewünscht ist. Doch gerade das würde große Chancen eröffnen: Eine signaletische Perspektive befruchtet die Konzeption und Planung eines Raumprogramms, es können frühzeitig Überlegungen einfließen, welche architektonischen und/oder signaletischen Elemente und Auszeichungen für die Orientierung förderlich wären. Auch die Materialbeschaffenheit der Architektur, der Elemente des Orientierungssystems und des Mobiliars können so optimal aufeinander abgestimmt werden – im Innen- wie im Außenraum. So lässt sich verhindern, dass eine (nachträglich entwickelte) Signaletik im gebauten Raum als aufgesetztes Fremdelement wahrgenommen wird. Bei Neubauten, Umnutzungen und Sanierungen, die mit einer frühzeitig integrierten Signaletik realisiert wurden, fällt auf, dass der Raum als Ganzes, als eine Einheit wahrgenommen wird, was die Orientierung und das Wohlbefinden fördert.

Polarität I: Funktionalität – Narration

Die visuelle Gestaltung eines signaletischen Systems kann rein funktional ausgerichtet sein und präzise und pragmatisch ein Minimum an Informationen kommunizieren. Ein Beispiel dafür ist das vom büro uebele visuelle kommunikation realisierte Konzept für die Hochschule Osnabrück. Dort wurden alle Informationen an die Decken appliziert, sodass ein Himmel aus schwarzen Zeichen und Ziffern die Nutzer an das gewünschte Ziel führt. Die immer wiederkehrenden Informationen helfen dabei, die Orientierung nicht zu verlieren (Abb. 1, S. 40).

Im Gegensatz dazu macht ein narratives System die Orientierung eher auf verspielte und erzählerische Weise erfahrbar. So entwickelten beispielsweise die Grafiker von L2M3 Kommunikationsdesign für das neugebaute adidas factory outlet in Herzogenaurach ein Kommunikationskonzept, das mit verschiedenen grafischen Elementen arbeitet. Ein Fahrbahnbelag in Grün bzw. Orange differenziert die beiden Parkgeschosse farblich klar voneinander. Auf den Böden sind historische Spielzüge verschiedener Sportarten nachgebildet: Fußball auf grünem, Basketball auf orangem Untergrund. Die Farbigkeit hilft den Besuchern bei der Orientierung, die Illustrationen sind informativ und unterhaltsam zugleich (Abb. 11).

Ebenfalls von L2M3 Kommunikationsdesign stammt der 22 m hohe Baum im Haupttreppenhaus der Kreissparkasse Tübingen. Von diesem Erschließungsraum aus wachsen Blätter und Tiere über die Wände der verschiedenen Geschosse – jedes Stockwerk wird von einer anderen Pflanzen- oder Tierart repräsentiert. Das Konzept bietet in dem hauptsächlich von Mitarbeitern genutzten Gebäude eine Grundorientierung, vor allem wirkt es jedoch identitätsbildend und verleiht dem Gebäude ein grafisches Gesicht (Abb. 10).

Wichtig ist bei der Planung immer zu definieren, in welcher Richtung der Polarität – funktional oder narrativ – sich die zu entwickelnde Signaletik positionieren will.

Polarität II: Integration – Kontrast

Eine interessante und spannende Frage ist grundsätzlich, wie stark sich eine Signaletik in die Architektur integrieren soll (z.B. unter denkmalpflegerischen Gesichtspunkten) oder ob sie als kontrastierendes Element zur Umgebung in Erscheinung treten muss. Selbstverständlich kann ein System auch beide Ausprägungen pflegen, beispielsweise wenn zwei verschiedene Informationsebenen unterschiedlich kommuniziert werden sollen.

Als bewussten Kontrast konzipierte Intégral Ruedi Baur Paris die provisorische Signaletik des Parc de la Villette und die Gestaltung des Place de la Fontaine aux Lions während der Bauarbeiten an der Grande Halle in Paris. Die großen Buchstaben und Pfeile aus zusammengenagelten Holzbrettern waren wirkungsvoller, als viele ausgeklügelte Schilder es gewesen wären. Die Plakativität dieser Elemente sorgte dafür, dass die neuen Wege problemlos zu finden waren (Abb. 18, S. 47).

Dagegen integrieren sich die von Hi Visuelle Gestaltung entwickelten Stockwerkskennzeichnungen im Neubau für die Universität und die Pädagogische Hochschule Luzern subtil in die unterschiedlichen Wandstrukturen. Trotz der raumfüllenden Ausmaße der Zahlen fügen diese sich harmonisch in die unterschiedlichen Raumsituationen ein (Abb. 12, S. 46).

Beide Konzepte vereint dagegen der Namensschriftzug des Vier-Sterne-Businesshotels City Garden in Zug. Spiegelung ist das zentrale Thema der Architektur. Bringolf Irion Vögeli realisierten auf der Fassade ein Signaletikkonzept, das sich am Tag integriert, in der Nacht jedoch kontrastierend wirkt (Abb. 16, S. 47). Die plastische Fassade und die Materialbeschaffenheit werden für die Beschriftung adaptiert und dreidimensional umgesetzt – die Buchstaben drehen sich aus der Fassade heraus. Bei Tageslicht erscheinen die Beschriftungselemente als skulpturale Objekte, in der Dunkelheit ist die beleuchtete Front der Buchstaben von Weitem sichtbar.

7 Wettbewerb für eine Signaletik für die Stadt Yverdon-les-Bains (CH) 2009, Entwurf: LM communiquer, JRR Architecture
8 Wettbewerb für ein Informationssystem für den Eiffelturm, Paris (F) 2002, Entwurf: André Baldinger
9 Novartis Campus, Basel (CH) 2007, Signaletik: Kaspar Schmid, Mifflin-Schmid Design
10 Kreissparkasse Tübingen (D) 2006, Architektur: Auer + Weber + Assoziierte, Signaletik: L2M3 Kommunikationsdesign
11 adidas factory outlet, Herzogenaurach (D) 2003, Architektur: Wulf Architekten, Signaletik: L2M3 Kommunikationsdesign

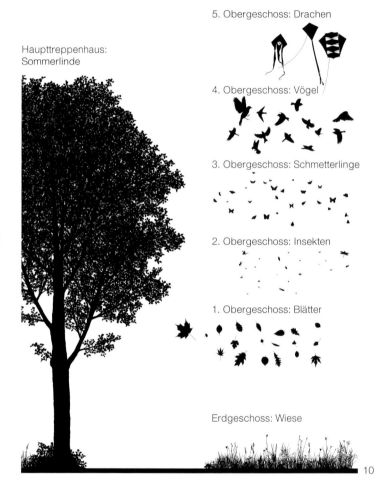

5. Obergeschoss: Drachen

4. Obergeschoss: Vögel

3. Obergeschoss: Schmetterlinge

2. Obergeschoss: Insekten

1. Obergeschoss: Blätter

Haupttreppenhaus: Sommerlinde

Erdgeschoss: Wiese

10

11

45

12

Polarität III: Statische – dynamische Systeme

Der Novellierungsbedarf von Informationen ist sehr unterschiedlich. Es gibt Orte, an denen aktuelle Informationen sehr wichtig sind und die deshalb ein dynamisches System erfordern. In anderen Situationen behalten Informationen jahrelang ihre Gültigkeit. Oft ergänzt eine dynamische Signaletik die statische, um eine optimale Flexibilität der Orientierungs- und Informationsvermittlung zu erreichen.

Dass dynamische Informationsvermittlung dabei nicht zwingend elektronisch bzw. digital sein muss, zeigen zwei Projekte, bei denen sich die Inhalte rasch ergänzen und aktualisieren lassen. Für das Offene Kulturhaus Oberösterreich, ein neues Kulturquartier mit Ausstellungshäusern, Restaurants, Büros und einem großen Platz in der Linzer Altstadt, entwarf bauer konzept & gestaltung ein flexibles Signaletikkonzept für den Innen- und Außenraum (Abb. 13). Über austauschbare Wortschablonen lassen sich variable Informationen zu den dort stattfindenden temporären Ausstellungen und Veranstaltungen schnell und nahtlos ins Gesamtkonzept einfügen.

Das Büro re-p realisierte für den FRAC (Fonds régional d'art contemporain) Lorraine in Metz ein Konzept, das u. a. mit veränderbaren Magnetbuchstaben die Besucher über die aktuellen Inhalte informiert (Abb. 14).

Eine Kombination von statischem und dynamischem System entwickelte Hi Visuelle Gestaltung für das Werkheim Uster (Abb. 15). Die fixen Informationen wie Stockwerkskennzeichnungen, Abteilungen etc. werden als Farbauftrag oder mit geklebten 3-D-Elementen direkt auf die Wände appliziert. Die wechselnden Informationen dagegen (Mitarbeiter, Bewohner) setzen sich aus austauschbaren Einzelbuchstaben zusammen. Die Herstellung dieser Elemente konnte die hauseigene Werkstatt übernehmen.

In einem Kooperationsprojekt der Hochschule der Künste Bern und der Tongji University Shanghai (College of Design and Innovation und College of Architecture and Urban Planning) fand im Herbst 2010 ein Signaletik-Workshop in Shanghai statt. Die Teilnehmer erarbeiteten und entwickelten in Gruppen aus chinesischen und Schweizer Studenten verschiedene zweisprachige – Chinesisch und Englisch – Orientierungs- und Informationssysteme für den Tongji Campus Siping Lu in Shanghai. Während des zweiwöchigen Workshops formulierten und visualisierten sie gemeinsam Analysen und Konzeptansätze, die die Schweizer Studenten dann in Bern präzisierten. Eines der Projektteams entwickelte als Teil des umfassenden Gesamtkonzepts eine Campus Map als mobile Applikation für Tablets und Smartphones (Abb. 17). Dabei wurden die technischen Möglichkeiten der mobilen Kommunikation ausgelotet, ohne jedoch die emotionalen Qualitäten zu vernachlässigen. Neben der Kartenfunktion können die Nutzer viele Zusatzinformationen abrufen, z. B. die Geschichte des Campus, Informationen zur Architektur, Vorlesungsverzeichnisse etc.

Anmerkung:
[1] Elisabeth Blum: Atmosphäre. Hypothesen zum Prozess der räumlichen Wahrnehmung. Baden 2010

13   14

15

16 17

12 Universität und Pädagogische Hochschule Luzern (CH) 2011, Architektur: Enzmann Fischer, Signaletik: Hi Visuelle Gestaltung
13 Offenes Kulturhaus Oberösterreich, Linz (A) 1998, Erweiterung 2007, Architektur: Riepl Riepl Architekten, Signaletik: bauer – konzept & gestaltung
14 FRAC Lorraine, Metz (F) 2004, Architektur: Bodin & Associées Architectes, Signaletik: re-p.org, Maia Gusberti, Nik Thoenen
15 Werkheim Uster (CH) 2011, Architektur: Hodel Architekten, Signaletik: Hi Visuelle Gestaltung

16 Eingangsfassade bei Tag und bei Nacht, City Garden Hotel, Zug (CH) 2009, Architektur: EM2N, Signaletik: Bringolf Irion Vögeli
17 Karte des Campus der Tongji University als mobile App für Smartphones und Tablet Computer, Shanghai (CN) 2010, Projektteam: Zhou Zhe Yuan, Huang Shuting, Heinz Anderhalden, Pascal Kirchhofer, Carmen Meyenhofer
18 temporäre Signaletik für den Parc de la Villette und die Place de la Fontaine aux Lions während der Bauarbeiten an der Grande Halle, Paris (F) 2005, Signaletik: Intégral Ruedi Baur Paris

18

Seilbahnen in der Stadt – großräumliche urbane Erschließung durch die Luft

Oliver Herwig

Alle reden von Elektrofahrzeugen und E-Mobilität, dabei findet die eigentliche Moblitätsrevolution einige Meter über dem Boden statt. Urbane Seilbahnen könnten das Gesicht der Metropolen verändern. Als großräumliche innerstädtische Erschließungssysteme kennen sie weder Staus noch schlechtes Wetter. Sie funktionieren wie ein Förderband, langsam, aber stetig, und sind damit im Schnitt viel schneller als die meisten Verkehrsmittel in der Stadt. Technisch betrachtet wird bei den seilgezogenen Systemen vor allem unterschieden zwischen Standseilbahnen (wie z. B. den berühmten Cable Cars in San Francisco) – einer Infrastruktur am Boden, ähnlich der von Straßenbahnen, die allerdings ihren Antrieb (zumindest die Elektromotoren) selbst mitführen – und Luftseilbahnen. Beide verbinden hohe Flexibilität mit sehr guten Umweltwerten. Dieser Beitrag beschäftigt sich mit den Wegen durch die Luft, die Stadtplanern und Architekten neue Freiheiten eröffnen.

Caracas, London, Medellín, Singapur oder Vancouver – urbane Seilbahnen zeigen nicht nur, wie sich topografische Hindernisse wie Berge und Flüsse elegant und mit überschaubarem technischen Aufwand überwinden lassen, sie verdeutlichen zudem, dass es zur konventionellen, an das Auto gebundenen Verkehrsinfrastruktur der Metropolen in Zukunft eine Alternative geben könnte. Noch immer haben wir die typischen Bilder im Kopf, die Gondeln ausschließlich mit Bergen verbinden, mit Skifahren und Schlange stehen. Die Realität sieht aber längst anders aus. Städtische Seilbahnen konkurrieren mit anderen Formen des öffentlichen Personennahverkehrs, ersetzen Busse und Trambahnen – und das auf äußerst umweltfreundliche Weise. Wie eine Studie des Strategieberatungsunternehmens ClimatePartner Austria von 2009 ergab, hat der Stetigförderer ab einer Auslastung von 50 % den geringsten CO_2-Ausstoß aller betrachteten Verkehrsmittel [1]. Moderne Seilbahnkabinen befördern bis zu 8000 Personen pro Stunde und demonstrieren die Vorteile des »Luftverkehrs«: geringe Infrastruktur (Pylone, Bahnhöfe) und hohe Flexibilität. Urbane Seilbahnen klinken sich zusehends in die Infrastruktur der Städte ein. Was einst als Insellösung gedacht war, wird zum normalen Transportmittel. Gondeln erobern Städte und wandern von der sogenannten Dritten Welt, wo sie in den Ballungszentren bereits so manches infrastrukturelle Problem lösen, in die globalen Metropolen.

Gartenschauen und Sportgroßereignisse als Katalysatoren

Großveranstaltungen sind oft Katalysatoren des Umbruchs, Schrittmacher des Neuen. Sie haben ihre eigenen Gesetze und diese sorgen dafür, dass neue Verbindungen und Verkehrsmittel buchstäblich aus dem Boden gestampft werden. Statt 10–15 Jahre auf eine Trambahnlinie oder eine S-Bahnstrecke zu warten, heißt es bei solchen Events schnell zu planen. Und plötzlich haben eher ungewöhnliche Verkehrsprojekte eine Chance, wie Seilbahnen bei den Weltausstellungen in Lissabon (1998) und Hannover (2000), den Bundesgartenschauen in München (2005) und Koblenz (2011) oder bei den Olympischen Spielen in London (2012) beweisen.

Seit April 1957 schwebt sie über dem Rhein: In Kölns sicherstem Verkehrsmittel, der Rheinseilbahn, pendelten seither über 16,5 Millionen Fahrgäste unfallfrei zwischen Zoo und Rheinpark. Als reguläres Verkehrsmittel war die Seilbahn ursprünglich gar nicht gedacht, sondern als Attraktion für die Bundesgartenschau auf der rechten Rheinseite, dem heutigen Rheinpark. Die für rund 1,5 Millionen D-Mark errichtete Anlage fand derart großen Zuspruch, dass die Bürger auch nach der Gartenschau nicht mehr auf sie verzichten wollten. Doch 1963 wurde die Rheinseilbahn zunächst stillgelegt und abgebaut, da die neue Zoobrücke just mit ihrer rechtsrheinischen Stütze kollidierte. Erst nachdem sichergestellt war, dass die Gondeln die Autofahrer nicht zu sehr irritieren, wurde der 50,30 m hohe rechtsrheinische Pylon nach Süden versetzt und die Bahn durch eine weitere, 34 m hohe Stütze zur tiefer im Rheinpark liegenden Station verlängert. Im August 1966 nahm die neue Rheinseilbahn ihren Betrieb auf. Ihre 41 viersitzigen Kabinen befördern bis zu 1600 Fahrgäste pro Stunde. Die Fahrzeit für die 935 m beträgt sechs Minuten, was einer Durchschnittsgeschwindigkeit von rund 10 km/h entspricht. Als sich Bundespräsident Theodor Heuss und Bundeskanzler Konrad Adenauer (der ehemalige Kölner Oberbürgermeister)

2

3

1 Thames Cable Car, London (GB) 2012
2 Eröffnung der Rheinseilbahn, Köln (D) 1957
3 Station »Royal Docks« der Thames Cable Car, London (GB) 2012,
  Wilkinson Eyre Architects
4–6 Metrocable, Caracas (YV) 2010, Urban-Think Tank

4

5

in eine der winzigen Gondeln zwängten (Abb. 2, S. 49), war die Rheinseilbahn noch Europas einzige Seilschwebebahn über einen Fluss. Seit 2011 überquert auch in Koblenz eine 12 Millionen Euro teure, in gerade 14 Monaten zur Bundesgartenschau errichtete Seilbahn den Rhein.

Pünktlich zu den Olympischen Spielen 2012 entstand mit dem Thames Cable Car Londons modernstes Verkehrsmittel. Die nach dem Hauptsponsor benannte Seilbahn »Emirates Air Line« verband während der Spiele unter anderem die O_2 Arena in Greenwich mit dem ExCel Exhibition Centre der Royal Docks in East London. Rund 60 Millionen Pfund kostete das System, das in 34 Gondeln, ausgelegt für je zehn Personen und zwei Fahrräder, bis zu 2500 Fahrgäste pro Stunde befördert und rund 30 Busse ersetzt, wobei weder Brücken noch Tunnel errichtet werden mussten, sondern nur Pylone und Stationen in den Stadtteilen Greenwich und Docklands (Abb. 1 und 3). Diese strahlen mit ihrer Verkleidung aus Industrieglas aus, was an Technik in ihnen steckt: nüchterne Effizienz. Auch wenn die Kosten von ursprünglich 25 Millionen Pfund sich mehr als verdoppelten, wirkte die Seilbahn wie eine Frischzellenkur für das chronisch überlastete Londoner Verkehrssystem, besonders während der Olympischen Spiele, als Millionen zusätzlicher Besucher in Busse und U-Bahnen drängten. Am 28. Juni 2012 bestieg Londons Bürgermeister Boris Johnson die erste städtische Luftseilbahn im Vereinigten Königreich und schwebte 1103 m über die Themse.

Köln und London – zwischen beiden Seilbahnen liegt mehr als ein halbes Jahrhundert, aber sie verbindet eine ähnliche Aufgabe. Wie überbrückt man möglichst schnell und einfach einen Fluss, wie sorgt man dafür, dass Menschen zu Veranstaltungen auf beiden Seiten gelangen? Rhein wie Themse sind eingefasst von Kaimauern und Ufer(schnell)straßen – kein Gedanke also an massenhafte Pendelfähren oder Fußgängerbrücken zur Bewältigung des Verkehrsaufkommens. Die Seilbahn schien eine passable Lösung – und die Menschen lieben sie. Sicher, die Gondeln sind im Laufe der Zeit komfortabler geworden, größer, doch das Prinzip blieb das gleiche: ein sicheres, barrierefreies, schnell planbares und ebenso schnell realisierbares Transportmittel zu schaffen. Ein Kuriosum: Trotz aller Liebe der Kölner zu ihrer Seilbahn schrieb sie erst 2004 schwarze Zahlen.

Zwischen Favelas und moderner Stadtentwicklung
Sie leuchten feuerrot, tragen Solarzellen auf dem Dach und Schlagwörter auf der Blechhaut: Amor (Liebe), Participación (Teilhabe), Libertad (Freiheit). Die Gondeln der Caracas Metrocable stellen mehr als nur einen Teil eines Infrastrukturprojekts dar, sie sind Zeichen des Wandels in der venezolanischen Metropole (Abb. 4). Als Verbindung zwischen den informellen Siedlungen an den terrassenförmig Hängen und der Infrastruktur der geordneten Stadt schwingt sich die Bahn auf stählernen Pylonen über fünf Stationen abwärts ins Tal – oder hinauf zu den ärmeren Stadtvierteln, wenn man die Perspektive wechselt (Abb. 6). Und genau darum geht es: um einen Paradigmenwechsel für Stadtplanung und Verkehrsinfrastruktur. Der Öl- und Autostaat Venezuela setzt auf ein Verkehrsmittel, das kein Verbrennungsmotor antreibt. Caracas, eine Metropole der Ölindustrie, die in den 1950er-Jahren einen wahren Bauboom erlebte, zeigt zwei Gesichter: Wolkenkratzer und repräsentative Bauten wechseln sich ab mit Siedlungen auf den Anhöhen – Häuser für einstige Wanderarbeiter, die sich hier niederließen, mit hoher Dichte, ohne

Zentralheizung, Wasseranschluss und Kanalisation. Manche dieser sogenannten Barrios sind auf keinem Stadtplan verzeichnet und ohne Einhaltung jeglicher Bauvorschriften entstanden. Die wenigen Hundert Meter Gefälle, die sie nicht nur von Elektrizität und Kanalisation, sondern auch von Straßen und öffentlichen Verkehrsmitteln trennten, bedeuteten nicht nur einen zeitraubenden Auf- und Abstieg, sie versinnbildlichten auch die Ausgrenzung ganzer Bevölkerungsschichten. Die Menschen in diesen Siedlungen hatten lange Zeit keine Stimme, keine Repräsentanten. Das hat sich mit einem Projekt des österreichisch-venezolanischen Architekturbüros Urban-Think Tank (U-TT) geändert.

Im April 2007 begann der Bau der ersten Seilbahnlinie, die im Januar 2010 offiziell eröffnet wurde. Vom Bezirk San Agustín aus erreicht sie nach 1,8 km mit der Station Parque Central das kommunale U-Bahn-Netz. Nach Plänen der Architekten von U-TT entstand Metrocable im Auftrag des Ministeriums für Infrastruktur. Dahinter verbirgt sich eine kleine Revolution, gestalterisch wie strukturell.

Die Gründer von U-TT, Alfredo Brillembourg und Hubert Klumpner, waren fasziniert von Strukturen, die mit einem Minimum an Energie völlig autonom funktionieren, wie z.B. die Barrios ihrer südamerikanischen Wahlheimat Caracas. Um ihre Ziele – die Transformation von Städten und die Verbindung der informellen Stadt mit der geplanten – umzusetzen, ging U-TT neue Wege. Statt Architekturwettbewerbe abzuwarten, zogen sie selbst in die Barrios und sprachen mit den dortigen Vertretern über die tatsächlichen Probleme. Erst danach präsentierten die Architektursozialarbeiter ihre Lösungsansätze der Stadtverwaltung und propagierten eine Art Mobilmachung der Slumbewohner durch urbane Seilbahnen. Der ungewöhnliche Ansatz hatte Erfolg. Im Dezember 2009 trat die rund 300 Millionen Dollar teure Caracas Metrocable in die Testphase, heute ist sie vollständig in das Metronetz integriert. Seit seiner Eröffnung im Jahr 2010 befördert das System im Durchschnitt 1200 Personen pro Stunde. Jede Gondel bietet acht Sitz- und zwei Stehplätze. Ausgelegt wurde Caracas Metrocable für 3000 Fahrgäste pro Stunde und Richtung. Als erstes kabelgebundenes Nahverkehrstransportsystem nutzt es Umlenkrollen zu einem Richtungswechsel von bis zu 90°. So entstehen zwei getrennte Linien. An der Mittelstation können Gondeln von einer Linie zur anderen wechseln, also entweder weiterlaufen oder zurückfahren, je nach Bedarf. Das erhöht zudem die Sicherheit des Systems, da nach einem Unfall eine Linie weiterlaufen kann. Die Stationen sind nicht einfach Ein- und Auslässe der Seilbahn. Hubert Klumpner und Alfredo Brillembourg, die an der ETH Zürich am Lehrstuhl für Architektur und Städtebau lehren, inszenierten sie als Stadtteilzentren und schaffen so zugleich Orte der Begegnung. Die Architektur greift internationale Hightech-Zitate auf mit Anklängen an ellipsoide Stahldächer, wie man sie von Flughäfen kennt (Abb. 5). Eine angemessene Assoziation, denn was sind diese Seilbahnhöfe anderes als besondere Ankunftsorte aus der Luft? Die Stadtverwaltung von Caracas setzt diesen Weg inzwischen fort, eine zweite, wesentlich umfangreichere Metrocable-Anlage soll 2013 in Betrieb genommen werden.

Seilbahnen als südamerikanische Erfolgsgeschichte? In gewissem Sinne sind sie das: eine preiswerte Alternative, um die Segregation von Stadtteilen zu überwinden, mit überschaubaren Investitionen den Ausgegrenzten Zugang zur Gesellschaft zu verschaffen und so die Barrios aufzuwerten.

6

Bereits 2004 eröffnete im kolumbianischen Medellín eine Anlage, die fast 400 Höhenmeter überwindet und die Viertel Santo Domingo und San Javier mit der Stadt im Aburrá-Tal sowie dem Hochbahn-Schienennetz verbindet, das jedes Jahr auf insgesamt 42 km rund 100 Millionen Passagiere transportiert (Abb. 7). Haben Bewohner des Barrios Santo Domingo vor dem Bau der Metrocable rund zweieinhalb Stunden auf dem Weg zur Arbeit verloren, gelangen sie nun bequem und ausgesprochen sicher mit immerhin 16 km/h in die Stadt. Die Zahlen sprechen für einen raschen Ausbau urbaner Seilbahnen. »Hätte man in Medellín eine Straße in engen Serpentinen gebaut, hätte man ein Drittel der illegal gebauten Häuser wegreißen müssen«, mutmaßt Guenther Ecker in einem Beitrag zum Blog »Zukunft Mobilität« [2]. Seilbahnen als Teil schneller Infrastrukturentwicklung bei hohem Bestandsschutz, das sollte Politikern und Verkehrsexperten in den westlichen Industrieländern mit ihren unglaublichen Planungsvorläufen und (berechtigten) Einsprüchen von Anwohnern und Betroffenen zu denken geben.

Medellín, die mit 2,2 Millionen Einwohnern zweitgrößte Metropole Kolumbiens, finanziert Betrieb und Ausbau des öffentlichen Personennahverkehrs inzwischen nach dem UN-Konzept zum Klimaschutz durch Emissionshandel, da die Stadt so rund 20 000 Tonnen CO_2 im Jahr einspart und dafür Emissionszertifikate verkauft. Ein (Umwelt-)Gewinn für alle. Seit 2010 verfügt das Metrocable-System in Medellín über drei Linien – und mit den Abgasen ging auch die Kriminalität zurück.

Zwei Metropolen, zwei Erfolgsgeschichten, die zeigen, wie sich ein Transportmittel implementieren und/oder in die Randbereiche der Metropolen führen lässt, ohne gewachsene Siedlungen zu zerstören, wie es Straßen getan hätten. Und das ist der eigentliche Kernpunkt: Seilbahnen zeigen, wie sich Neues in bestehende Infrastruktur einfügt, diese ergänzt und erweitert. Ihr Zuspruch wächst ständig: Auf Medellín folgte Manizales (2009), Caracas (2010) sowie Rio de Janeiro (2011), wo bereits heftig über einen weiteren Ausbau nachgedacht wird, angeblich liegen Pläne für drei weitere Linien vor. Offenbar ein Konzept mit Zukunft.

Ein ganz normales Transportmittel

Wann wird das Besondere zur Normalität? Reicht bereits der Hinweis, dass auch in der sogenannten Ersten Welt an urbanen Seilbahnen geforscht wird, dass scheinbar experimentelle Infrastrukturen und Planungen (wie in den Schwellenländern) auch hierzulande funktionieren könnten? Oder braucht es den Beweis, dass in Vancouver und Montreal bereits an solchen Systemen gearbeitet wird? Und dass Architektur

7

plötzlich eine besondere Rolle spielt, ja ein Zeichen setzt, das sich vermarkten lässt, wie in den USA geschehen? Portland besitzt bereits seit Januar 2007 ein solches System, das bislang über drei Millionen Passagiere selbst bei Windgeschwindigkeiten von bis zu 80 km/h beförderte. Die Portland Aerial Tram – nach der 1976 in New York City errichteten Roosevelt Island Tram die zweite Luftseilbahn der USA für öffentlichen Personennahverkehr – wurde 2003 von Sarah Graham und Marc Angélil von agps.architecture entworfen und von Arup geplant. Sie gehört zu den elegantesten Erscheinungen der jüngeren Seilbahngeschichte. Das mit Preisen überhäufte Transportmittel verbindet die Oregon Health and Science University (OHSU) mit der South Waterfront. 1033 m Seil überbrücken einen Höhenunterschied von 145 m. Die expressive Bergstation (Abb. 8) setzt mit stählernen Kanten und Winkeln auf maximalen Kontrast zu den eiförmigen Zwillingsgondeln für 78 Passagiere, die an Richard Buckminster Fullers »Dymaxion Car« denken lassen. Welchen Gestaltungsspielraum der Bau von Seilbahnen bietet, zeigt sich vor allem an der 60 m hohen Seilbahnstütze, einem geknickten, nach oben auskragenden Stahlkörper mit Betonkern, der auf bis zu 16 m tief gegründeten Pfählen ruht (Abb. 8). Architekturkritiker glauben, die Portland Aerial Tram habe das Potenzial, zu einem neuen Wahrzeichen der Stadt zu werden – neben Michael Graves Portland Building.

In New York City wird die erwähnte Roosevelt Island Tram für rund 17 Millionen Dollar erneuert (Abb. 10), im tschechischen Ústí nad Labem (Aussig) verbindet eine neue Pendelbahn das Einkaufszentrum Forum mit dem Hügel Větruše und in Bolivien wird über eine 10 km lange Seilbahnverbindung zwischen La Paz und El Alto nachgedacht. Was ist daraus zu schließen? Nun, alte Gewissheiten – das Auto als alleiniges Fortbewegungsmittel – werden nach und nach obsolet. Die Zukunft der Bewegung in der Stadt wird eine vielfältige Mischung sein mit Angeboten, die sich ergänzen und aufeinander abgestimmt sind. Die urbane Seilbahn gehört dazu.

Ausblick: In die grüne Zukunft gondeln?

Welche Rolle werden Seilbahnen in der Stadt künftig spielen? Und was spricht wirklich für diese aus europäischer Sicht noch immer recht ungewöhnliche Form urbaner Fortbewegung? Dazu mag ein Vergleich helfen. Wer den Flugverkehrsboom der letzten Jahrzehnte erklären will, kann auf subventioniertes Kerosin und das immer noch fortschrittliche Image des Fliegens verweisen, vielleicht liegt es aber einfach daran, dass niemand Autobahnen zwischen den Kontinenten bauen musste und dass Luftdrehkreuze auf wenige Hubs pro Land beschränkt sind. Fluginfrastruktur ist überschaubar. Gleiches gilt für die Investitionen in Seilbahnen.

Befürworter schwärmen von den Vorzügen eines umweltfreundlichen und sicheren (angeblich: des sichersten) Verkehrssystems. Heiner Monheim, emeritierter Professor für Raumentwicklung und Landesplanung an der Universität Trier, gehört zu diesen Vordenkern. Er prophezeit urbanen Seilbahnsystemen eine große Zukunft: »In diesen Seilbahnen steckt ungeheuer viel Potenzial. Man kann die klassischen, typischen Verkehrsprobleme – nämlich den fehlenden Anschluss [...] – in kürzester Zeit mit einfachen Planungssystemen, mit wenig Bauaufwand minimal invasiv überqueren.« [3] Eine Seilbahn, führt Monheim aus, sei »voraussetzungsarm«, sie habe keinen großen Platzbedarf und schwebe »über dem sonstigen Geschehen«. Auch die Transportkapazität könne sich sehen lassen. Die Koblenzer Seilbahn befördert in ihren 35-Personen-Kabinen bis zu 7600 Personen pro Stunde – Weltrekord (Abb. 9). Eine Stadtseilbahn mag zwar recht langsam fahren (um die 20 km/h), die hohe Frequenz an Gondeln und ihr barrierefreier Einstieg aber übertreffen Bus und Bahn, zumal der Weg durch die Luft keine Rücksicht auf die Verkehrslage nehmen muss. Die Seilbahn in der Stadt liefert zudem etwas, was wenige Verkehrsmittel heute noch von sich sagen können: spektakuläre Aussichten.

Experten loben vergleichsweise niedrige Investitionen in Trassen und Bahnhöfe, den schnellen Aufbau und den wirtschaftlichen Betriebe sowie die gute Energiebilanz von Seilbahnen. Eine Vergleichsuntersuchung von Auto, Bus, Bahn und Seilbahn ergab bei einer Auslastung von mindestens 50 % für eine Seilbahn die niedrigsten CO_2-Emissionen (Benzin-Pkw im Mittel 248 g CO_2 pro Person und Kilometer (g/Pkm), Diesel-Linienbus 38,5 g/Pkm, Bahn mit E-Lokomotive 30 g/Pkm, Seilbahn 27 g/Pkm) [4]. Wer den Strom aus erneuerbaren Energien bezieht, fährt CO_2-neutral (das gilt natürlich auch für andere Verkehrsmittel).

Die zunehmende Verstädterung wirft Probleme auf, die mit den Methoden europäischer Stadtplanung längst nicht mehr gelöst werden können. Wenn sich in weniger als einer Generation der Anteil der Menschen, die in Städten wohnen, auf rund 70 % erhöhen wird, stoßen Schnellstraßen an ihre Grenzen. Etwas grundsätzlich Neues muss her, etwas, das schnell ist, flexibel und effizient – wie urbane Seilbahnen. Sie sind die verkehrsplanerische Antwort auf den Wandel in den urbanen Zentren. Wenn Gondeln Zentrum und Armutsviertel verbinden, verdichtet sich der Zusammenhalt. Und plötzlich erhält Architektur wieder eine zentrale Aufgabe, nämlich die Zeichen dieses Wandels für alle sichtbar zu gestalten.

»Small Scale, Big Change« hieß 2010 eine Ausstellung im Museum of Modern Art (MoMA) in New York, deren Untertitel »New Architectures of Social Engagement« eine Facette des Baugeschehens wieder in den Vordergrund rückte, die seit den späten 1970er-Jahren mehr und mehr in Vergessenheit geraten war: soziales Bauen, gemeinschaftliche Verantwortung, gesellschaftliches Engagement. Warum sollte das, was in Caracas und Medellín so beispielhaft gelang, nicht auch Vorbild sein für Mitteleuropa, die USA und China?

Die angeführten Beispiele zeigen, dass Seilbahnen weder Berge noch Schnee brauchen, sondern in der Regel Probleme mit dem Verkehrsaufkommen oder Defizite in der vorhandenen Erschließungsstruktur zu ihrer Errichtung führen. Die zunehmende Verbreitung von Seilbahnsystemen und ihr erfolgreicher Einsatz überall auf der Welt bestätigt dies. Womöglich stehen wir vor einer Wende bei der städtischen Verkehrsplanung.

Anmerkungen:
[1] Climate Partner Austria: Emissionsermittlung für Seilbahnen. Studie im Auftrag der Doppelmayr Seilbahnen GmbH. Wien 2009
[2] Ecker, Guenther: Luftseilbahnen als innerstädtische Massenverkehrsmittel. Gastbeitrag im Blog »Zukunft Mobilität«, 2011.
www.zukunft-mobilitaet.net/5332/umwelt/luftseilbahnen-als-innerstaedtische-massenverkehrsmittel
[3] Monheim, Heiner: Mobilität in den Städten. Urbane Seilbahnen für alle. Vortrag in Koblenz, 2012. Transkript von Martin Randelhoff.
www.zukunft-mobilitaet.net/11998/konzepte/vortrag-heiner-monheim-zu-urbanen-seilbahnsystemen
[4] Seilbahn hat die Nase vorn. In: Mountain Manager 07/2009, S. 18f.
www.eubuco.de/mm/archiv/pdf/mm_0709.pdf

7 Metrocable, Medellín (CO), seit 2004
8 Bergstation und Pylon, Portland Aerial Tram, Portland (USA) 2007, agps.architecture
9 Gondel der Seilbahn über den Rhein, Koblenz (D) 2011
10 Roosevelt Aerial Tram, New York (USA) 1976

Projektübersicht

Mehrfamilienhaus in Zürich

Architekten: Graber Pulver Architekten, Zürich/Bern

Projektdaten:

Nutzung:	Wohnen
Erschließung:	zentrale Treppe, Aufzug
Anzahl Geschosse:	5 + 1 UG
lichte Raumhöhe:	2,50 m
Bruttorauminhalt:	19 861 m³
Bruttogrundfläche:	5935 m²
Baujahr:	2007
Bauzeit:	18 Monate

Grundrisse
Maßstab 1:750

1 Eingangsatrium
2 offener Wohnbereich
   mit Essbereich/Küche
3 Zimmer
4 Bad
5 Atelier/Gästezimmer
6 Fahrradraum
7 umlaufender Balkon

Herzstück des Wohngebäudes ist die skulpturale Treppenanlage, die sich über fünf Geschosse nach oben Richtung Oberlichter windet.

Das unregelmäßige fünfeckige Gebäudevolumen des Mehrfamilienhauses »Rondo« folgt der Form des Grundstücks inmitten einer heterogenen Bebauungsstruktur im Zürcher Stadtteil Oerlikon. Umlaufende Balkone zeichnen den polygonen Grundriss mit abgerundeten Formen nach und schwingen an den Ecken weiter aus, sodass tiefe, gut nutzbare Balkonflächen entstehen. Für die Brüstungen wurde ein geflochtenes Gewebe aus walzblankem Chromnickelstahl eingesetzt. Elemente aus dem gleichen Material, einem fast stofflich anmutenden Geflecht, lassen sich je nach Bedürfnis individuell verschieben, um Privatsphäre und Sonnenschutz zu schaffen. Kern des Gebäudes bildet die zentrale Halle, deren Grundrissgeometrie die äußere Form des Gebäudes im Inneren nochmals abbildet. Hier entwickelt sich eine, insbesondere für einen Wohnungsbau, beeindruckende Treppenskulptur über die gesamte Gebäudehöhe, die über drei Oberlichter natürlich belichtet wird. Verschiedene Treppenfiguren unter anderem aus dem Barock, aber auch Passstraßen in den Bergen wirkten hierbei inspirierend. Die mehrläufige, abgewinkelte Treppenanlage verbindet die von Geschoss zu Geschoss leicht versetzten Galerien. So ist auch der fünfeckige Luftraum nicht über alle Geschosse gleich, wodurch verschiedene spezifische Raumsituationen entstehen. Der Weg zu jeder Wohnung besitzt dadurch unterschiedliche räumliche Qualitäten, was Adressbildung und Identifikation der Bewohner stärken soll. Die Wohnungstüren befinden sich jeweils in den Galerieecken. Sämtliche Eigentumswohnungen sind übereck angeordnet und erhalten so eine individuelle Ausrichtung. Sie verfügen über mehrere Zimmer sowie einen offenen Wohnbereich.

Geometrieentwicklung anhand von Modellen

Treppenläufe und umlaufende Galerien wurden als eine Raumfigur verstanden und nicht additiv entwickelt. Die Architekten näherten sich der Treppenhausgeometrie zunächst über ein 3-D-Modell am Computer, bevorzugten es dann aber, anhand von ca. 30 Arbeitsmodellen im Maßstab 1:50 die Wirkung des Treppenhausraums sowie mögliche Blickbeziehungen zu überprüfen. Die geschlossenen Treppenbrüstungen bestehen aus vorfabrizierten verputzten Stahlbetonelementen mit einer Handlaufabdeckung aus Eichenholz, die dunklen Winkelstufen aus geschliffenem Hartbeton liegen auf Treppenläufen aus Ortbeton.

Erdgeschoss   2. Obergeschoss   4. Obergeschoss

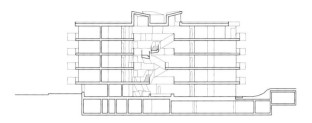

aa

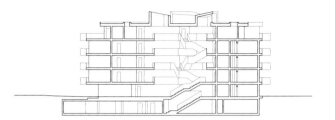

bb

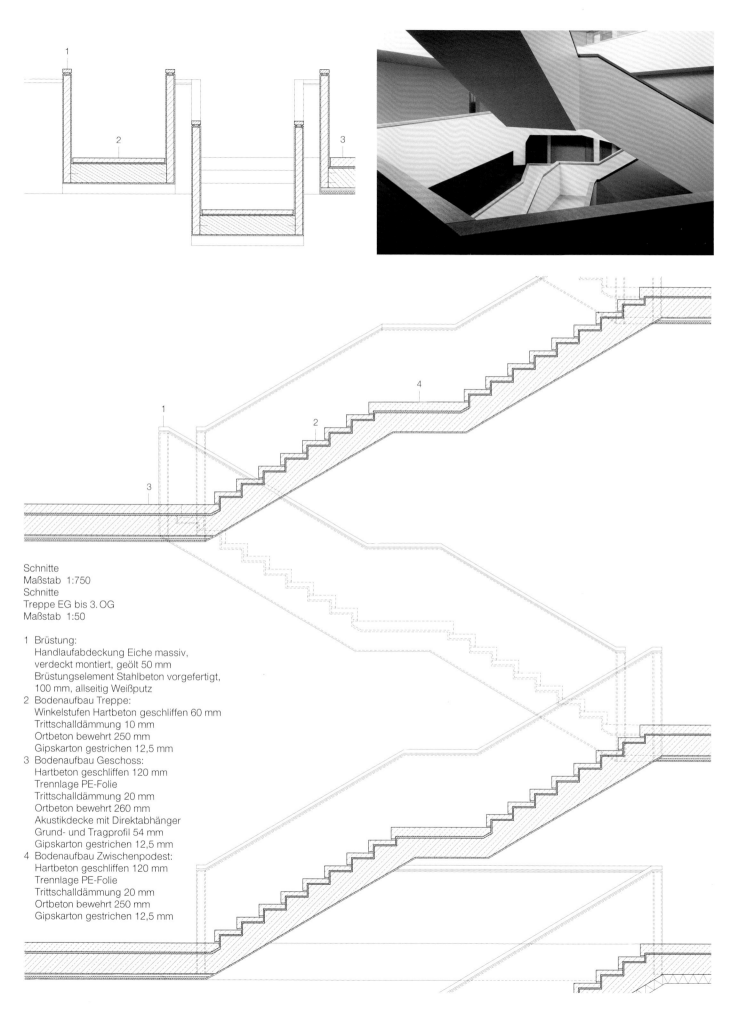

Schnitte
Maßstab 1:750
Schnitte
Treppe EG bis 3. OG
Maßstab 1:50

1 Brüstung:
   Handlaufabdeckung Eiche massiv,
   verdeckt montiert, geölt 50 mm
   Brüstungselement Stahlbeton vorgefertigt,
   100 mm, allseitig Weißputz
2 Bodenaufbau Treppe:
   Winkelstufen Hartbeton geschliffen 60 mm
   Trittschalldämmung 10 mm
   Ortbeton bewehrt 250 mm
   Gipskarton gestrichen 12,5 mm
3 Bodenaufbau Geschoss:
   Hartbeton geschliffen 120 mm
   Trennlage PE-Folie
   Trittschalldämmung 20 mm
   Ortbeton bewehrt 260 mm
   Akustikdecke mit Direktabhänger
   Grund- und Tragprofil 54 mm
   Gipskarton gestrichen 12,5 mm
4 Bodenaufbau Zwischenpodest:
   Hartbeton geschliffen 120 mm
   Trennlage PE-Folie
   Trittschalldämmung 20 mm
   Ortbeton bewehrt 250 mm
   Gipskarton gestrichen 12,5 mm

Wohnanlage in Berlin

Architekten: zanderroth architekten, Berlin

Eine komplexe Erschließungsstruktur ermöglicht individuelle Zugänge zu den unterschiedlichen Wohnungsarten.

Baugruppen sind ein immer beliebteres Modell, um bezahlbaren und individuellen Wohnraum in der Stadt zu schaffen. Zudem ermöglichen sie Kostenersparnisse von bis zu 25 % gegenüber Bauträgerprojekten. Bei dieser Wohnanlage im Berliner Stadtteil Prenzlauer Berg war auch das Grundstück in der geschlossenen Blockrandstruktur erschwinglich. Mit einer Länge von knapp 100 m bei nur 34 m Breite und einer 22 m hohen Brandwand im Südwesten stellte es in planerischer Hinsicht jedoch eine Herausforderung dar. Die Architekten lösten diese schwierige Ausgangssituation mit zwei Riegeln parallel zur Straße, verbunden durch einen ca. 13 m breiten Gartenhof über die gesamte Grundstückslänge.

Verschiedene Wohnungstypen

Für die einzelnen Wohnungen entstanden je nach Lage drei verschiedene Typen. Die 23 »Townhäuser« im vorderen Gebäude werden direkt von der Straße erschlossen und bieten auf der Eingangsebene Räume zur gewerblichen Nutzung. Sie verfügen neben dem Zugang zum Garten im ersten Stock auch über eine direkte Verbindung zur Tiefgarage. Die vier Geschosse dieser Wohnungen sind als offenes Split-Level konzipiert, mit einem kleinen privaten Dachgarten als oberen Abschluss. Zur Straße bilden sie eine städtische, strenge Fassade aus Betonfertigteilen, großen Glasflächen und Öffnungsflügeln aus Lärchenholz. Um einiges heterogener zeigen sich die Fassaden aus Putz und Aluminiumblechschindeln zum gemeinschaftlichen

Innenhof, der die Tiefgarage überdeckt. Um mehr Sonne zu bekommen und einen schluchtartigen Charakter zwischen den beiden Gebäuderiegeln zu vermeiden, liegt der Innenhof um ein Geschoss erhöht über dem Straßenniveau. Er verbindet die beiden Gebäudeteile miteinander, sorgt gleichzeitig aber auch für den notwendigen Abstand. Hier befinden sich differenzierte, gemeinsame halböffentliche Grün- und Spielflächen, die Nischen und Räume bilden, aber bewusst keine Privatgärten markieren.

Direkten Zugang zur Hofebene erlangt man von der Straße aus über den in der Mitte des Straßenriegels gelegenen Erschließungskern mit Treppenaufgang und einem Aufzug oder über zwei weitere Zugänge an den Enden des Gebäudes. Im Innenhof liegen auch die Eingänge der Wohnungen in den unteren Geschossen des Rückgebäudes. Diese zehn »Gartenhäuser« mit je drei Geschossen sind ebenfalls als Split-Level-Typ konzipiert, mit überhohen Räumen, um die ungünstige, nur einseitig mögliche Belichtung zu kompensieren. Die zwölf dreigeschossigen »Penthäuser« darüber werden durch einen innen liegenden Gang im fünften Obergeschoss erschlossen, den die Bewohner über zwei vom Innenhof zugängliche Erschließungskerne oder direkt aus der Tiefgarage erreichen. Vor den Privaträumen im vierten Obergeschoss dient ein zum Hof hin offener Gang als Fluchtweg, der zu zwei dezentral angeordneten Fluchttreppenhäusern führt. Kleine Höfe an der Brandwand und eine Dachterrasse bieten den Penthausbewohnern private Freibereiche.

Durch die komplexe Organisation der vertikalen Erschließung erreicht die Anlage eine GFZ von 2,74. Dichte steht hier nicht nur für urbanes Lebens, sondern auch für das Ergebnis einer auf Wirtschaftlichkeit und Effizienz fokussierten Planung.

Projektdaten:

Nutzung: Wohnen
Erschließung: Lobbys, Aufzüge, Treppen, Innenhof
Anzahl Geschosse: 4 (Vorderhaus) bzw. 6 (Hinterhaus) + 1 UG
lichte Raumhöhe: 2,85/4,20 m
Bruttorauminhalt: 40 522 m³
Bruttogeschossfläche: 9210 m²
Baujahr: 2010
Bauzeit: 19 Monate

aa

3. Obergeschoss

2. Obergeschoss

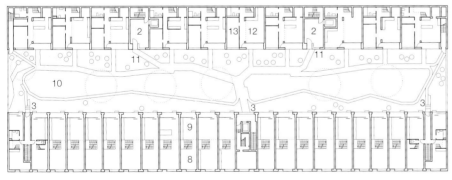

1. Obergeschoss (Hofniveau)

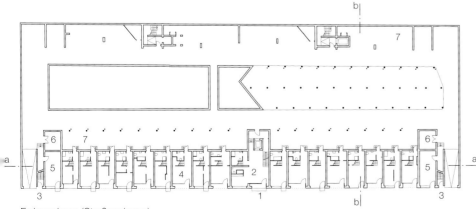

Erdgeschoss (Straßenniveau)

Schnitt Vordergebäude
Grundrisse »Townhäuser« (Vordergebäude)
und »Gartenhäuser« (Rückgebäude)
Schnitt Gesamtanlage
Maßstab 1:800

1 Eingang Vorderhaus
2 Erschließungskern
3 Aufgang zum Hof
4 Raum für Gewerbenutzung/
  Wohnungseingang
5 Fahrradraum
6 Müllraum
7 Garage
8 Wohnen
9 Essen/Küche mit Freisitz
10 gemeinschaftlicher Innenhof
11 Eingang »Penthäuser«
12 Essen/Küche
13 Zimmer
14 Luftraum
15 Gästewohnung
16 Patio mit Aufgang zur Terrasse
17 Wohnen

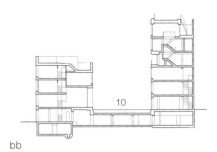

bb

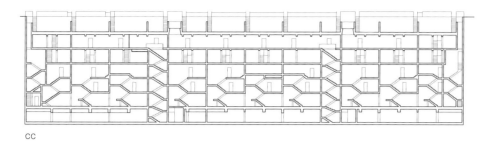

cc

Rückgebäude »Penthäuser«
Schnitt · Grundrisse
Maßstab 1:800

1 Zimmer
2 Gang (Fluchtweg)
3 Fluchttreppenhaus
4 Erschließungsgang
5 Wohnen/Essen
6 Patio mit Aufgang zur Terrasse

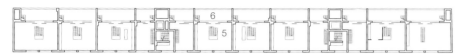

6. Obergeschoss

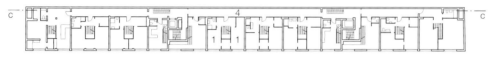

5. Obergeschoss

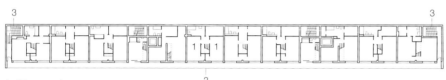

4. Obergeschoss

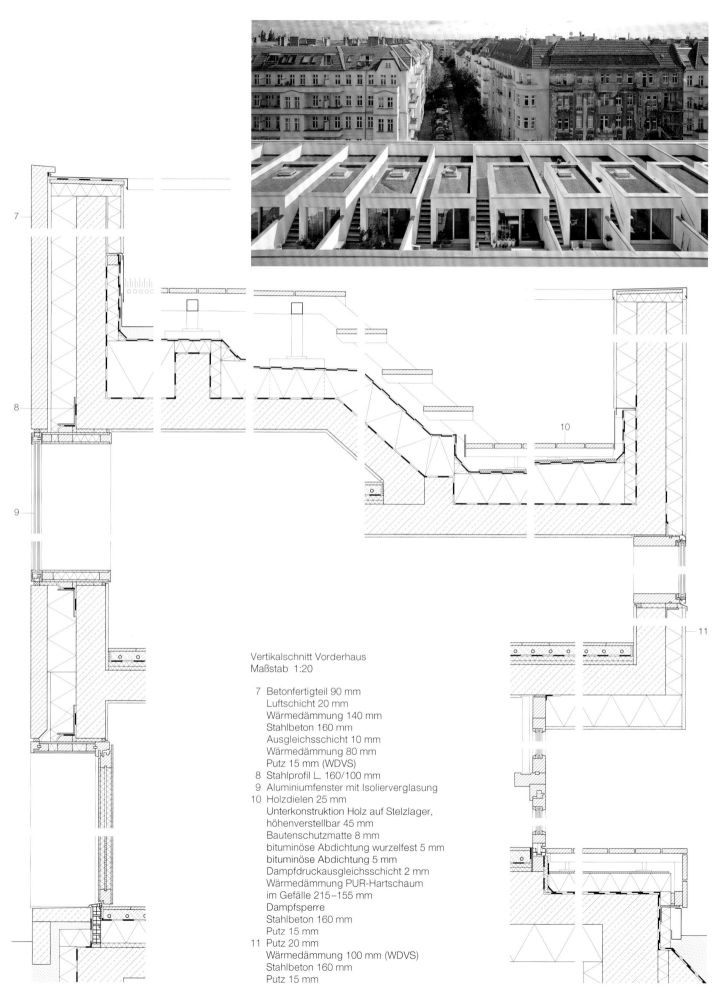

Vertikalschnitt Vorderhaus
Maßstab 1:20

7 Betonfertigteil 90 mm
  Luftschicht 20 mm
  Wärmedämmung 140 mm
  Stahlbeton 160 mm
  Ausgleichsschicht 10 mm
  Wärmedämmung 80 mm
  Putz 15 mm (WDVS)
8 Stahlprofil L 160/100 mm
9 Aluminiumfenster mit Isolierverglasung
10 Holzdielen 25 mm
  Unterkonstruktion Holz auf Stelzlager,
  höhenverstellbar 45 mm
  Bautenschutzmatte 8 mm
  bituminöse Abdichtung wurzelfest 5 mm
  bituminöse Abdichtung 5 mm
  Dampfdruckausgleichsschicht 2 mm
  Wärmedämmung PUR-Hartschaum
  im Gefälle 215–155 mm
  Dampfsperre
  Stahlbeton 160 mm
  Putz 15 mm
11 Putz 20 mm
  Wärmedämmung 100 mm (WDVS)
  Stahlbeton 160 mm
  Putz 15 mm

Schnitte Treppenhaus Vordergebäude und »Gartenhäuser«
im Rückgebäude
Maßstab 1:50

1 Parkett massiv Eiche 16 mm
  Zementestrich mit Fußbodenheizung 59 mm
  Trittschalldämmung 20 mm
  Wärmedämmung 20 mm
2 Treppe Betonfertigteil mit
  angeformten Podesten,
  Wandanschluss mit Tritt-
  schalldämmsystem
3 Treppenanschluss mit Tritt-
  schalldämmsystem
4 Parkett massiv Eiche 16 mm
  Zementestrich mit Fußboden-

  heizung 59 mm
  Wärmedämmung 145 mm
  Stahlbeton 180 mm
5 ISO-Kimmstein
6 Treppe Betonfertigteil mit
  Belag Eiche 16 mm auf
  Trägerplatte
7 Geländer Holzwerkstoffplatte
  38 mm, Befestigung mit
  Schrauben und Betonankern
  an Treppenwange, abge-
  deckt mit Querholzdübeln,
  lackiert

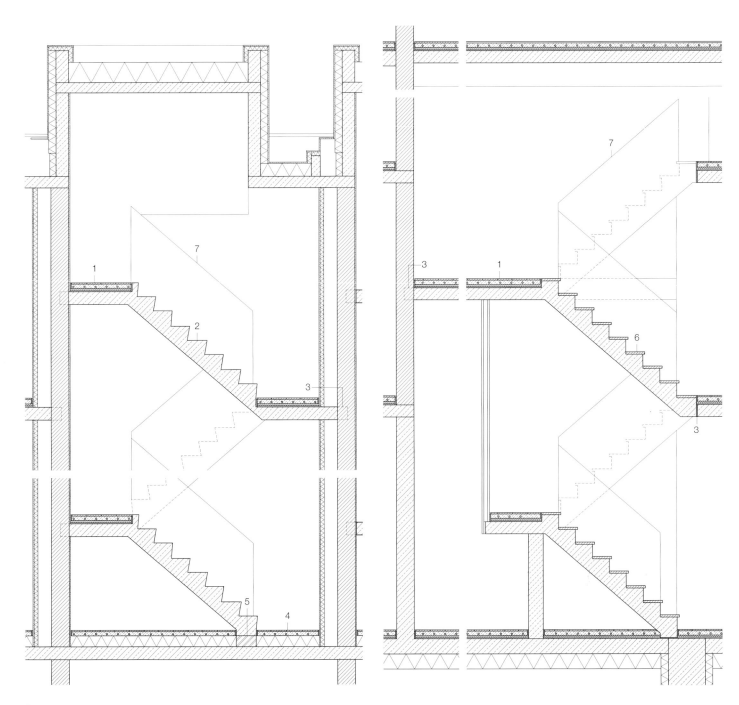

Haus am Weinberg bei Stuttgart

Architekten: UNStudio, Amsterdam

Die geschwungene Treppenskulptur bildet als prägendes Raumelement das Zentrum des von Tageslicht durchfluteten Hauses.

Das Einfamilienhaus am Stadtrand von Stuttgart liegt am Fuße eines terrassierten Weinbergs, in Richtung Süden reicht der Blick weit über die Stadt. Da die tragende Betonstruktur der Villa auf ein Minimum reduziert ist, kann das Tageslicht weit ins Gebäude dringen, durch die stützenfrei verglasten Ecken öffnen sich die Räume zur Umgebung. Die Materialwahl verstärkt die helle und luftige Atmosphäre der Villa: Jura-Marmor, heller Eichenboden und weiß gespachtelte Putzwände.

Ausgangspunkt des Entwurfs war der Wunsch der Bauherren, sich mit der Anordnung der Räume am 24-Stunden-Zyklus der Sonne zu orientieren. Daher ist die Verknüpfung von Struktur, Raum, Zeit und Bewegung zentrales Motiv des Hauses. Man betritt es von Süden über eine Eingangshalle und gelangt über eine diagonal liegende Treppe nach oben, wo sich der Raum zum großzügigen Essbereich öffnet. Der Drehung der aus MDF geformten Treppenskulptur folgend schließt sich der Wohnbereich an, von hier schwingt sich die Treppe als zentrales Erschließungselement weiter auf die Galerie im zweiten Stock mit der Bibliothek.

Die innere Wegeführung, die Anordnung der Ausblicke und die Organisation des Raumprogramms werden von der großzügigen Treppe als prägendem Gestaltungselement bestimmt. Sie zieht sich durch das ganze Haus und schafft dadurch eine fließende Verbindung aller Räume und Ebenen. Durch ihre Richtungsänderungen sorgt sie für Dynamik und lässt wechselnde Perspektiven entstehen, die auf die Umgebung und ihre Veränderungen im Tageslauf abgestimmt sind.

Die Landschaftsarchitektur des Gartens setzt die innere Organisation des Hauses fort, indem die Diagonalen des Grundrisses in den Flächenbegrenzungen für die Pflanzbeete aufgegriffen werden.

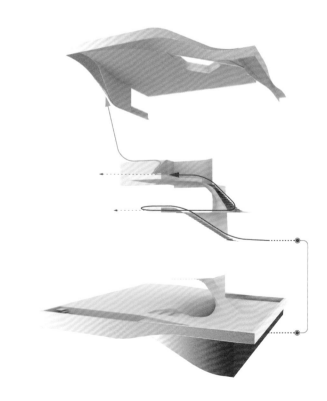

Projektdaten:

Nutzung:	Einfamilienhaus
Erschließung:	Treppe, Aufzug
Anzahl Geschosse:	2 + 1 UG
Bruttorauminhalt:	2839 m³
Bruttogeschossfläche:	920 m²
Baujahr:	2011
Bauzeit:	20 Monate

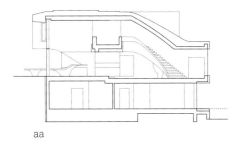

aa

2. Obergeschoss

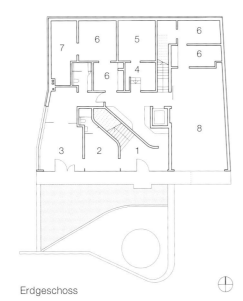

Erdgeschoss

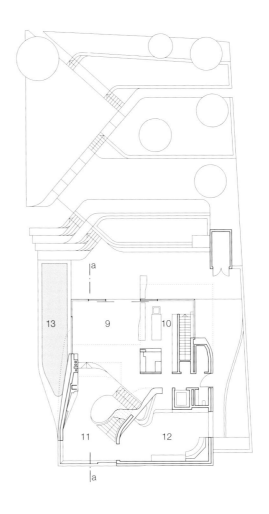

1. Obergeschoss

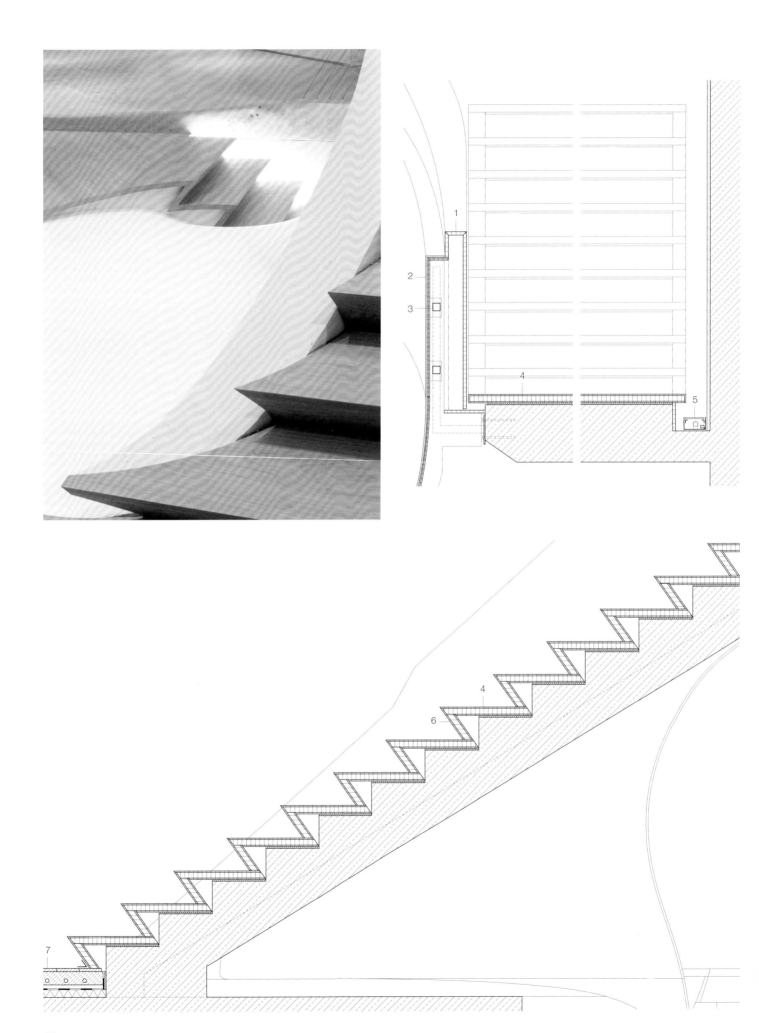

Detailschnitte Treppe
Maßstab 1:20

1 Brüstung MDF lackiert 18 mm
2 Lehmputz 6 mm
  MDF 2× 6 mm
  Unterkonstruktion Mehrschicht-
  holz 18 mm, Abstand variabel
3 Unterkonstruktion Stahlrohr
  ☐ 40/40 mm, mit Treppe
  verschraubt
4 Trittstufe, mit Rohbetonstufe

verschraubt, Sichtkante furniert:
Sägefurnier Eiche natur
weiß geölt 5 mm
Multiplex Birke 30 mm
Sägefurnier Eiche natur 5 mm
Moosgummiauflage zur Schall-
entkopplung
Stahlbeton
5 Beleuchtung fluoreszierend,
  Abdeckung VSG mit opaker
  Folie
6 Setzstufe, über Feder mit
  Trittstufe verbunden:

Sägefurnier Eiche natur
weiß geölt 5 mm
Multiplex Birke 30 mm
Sägefurnier Eiche natur 5 mm
7 Mehrschichtdiele Sägefurnier
  Eiche natur weiß geölt 15 mm
  Anhydritestrich mit Fußboden-
  heizung 70 mm
  Befestigung Fußbodenheizung
  20 mm
  Dampfbremse
  Wärmedämmung 40 mm
  Stahlbeton 350 mm

»House before House« in Utsunomiya

Architekten: Sou Fujimoto Architects, Tokio

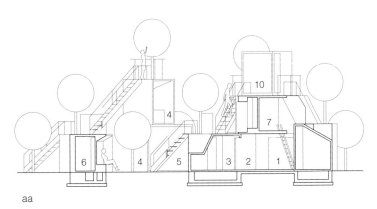

aa

Projektdaten:

Nutzung:	Wohnen
Erschließung:	Stahltreppen, Leitern
Anzahl Geschosse:	3
lichte Raumhöhe:	1,92–3,92 m
Bruttogeschossfläche:	61,31 m²
Baujahr:	2008
Bauzeit:	6 Monate

Stahltreppen und Leitern erschließen und verbinden die scheinbar willkürlich übereinandergestapelten weißen Würfel zu einer Wohnskulptur.

Die Entwurfsidee zum »House before House«, in einem Wohngebiet in Utsunomiya, 100 km nördlich von Tokio, beruht auf der Vorstellung, dass Wohnen nicht nur im Inneren, sondern auch im Außenraum stattfinden kann. Der Architekt begreift Wohnen nicht als begrenzten Raum, sondern entwickelt es im Rahmen einer dörflichen Struktur mit einzelnen Gebäuden, Plätzen und Treppenwegen. Innen und außen – Haus und Garten – bilden ein räumliches Kontinuum. Diese zeitlose wie auch futuristisch anmutende Interpretation trifft auf die traditionelle japanische Wohnvorstellung, die nach Harmonie von Natur und dem vom Menschen Geschaffenen strebt. Das Gebäude ist für zwei bis vier Personen konzipiert. Auf einem Grundstück von nur 163 m² sind zehn gleich hohe Kuben scheinbar willkürlich verteilt und übereinandergestapelt, wodurch sowohl offene als auch geschützte Freiräume entstehen. Einfache Außentreppen und Leitern im Inneren erschließen und verbinden die einzelnen Würfel miteinander. Die weißen Kuben bilden dort, wo sie am dichtesten stehen, eine Schnittmenge, in der sich der Wohnraum befindet, umgeben von Küche, Bad und Schlafzimmer. Weitere Nebenräume sind separat zugänglich. Den Eindruck einer natürlich gewachsenen Siedlung verstärken Bäume, die auf den Dächern aus bereits in die Kuben integrierten Pflanztrögen wachsen. Gleiches gilt für die sich kaskadenartig ausbreitenden Terrassen sowie für die höhlenartigen Außenräume, die sich zwischen den Boxen und Treppen bilden.

Einfache Konstruktion

Der Klarheit der Baukörper entspricht auch die Einfachheit der vorgefertigten Konstruktion. Als äußere Hülle sind Stahlplatten auf einen Stahlrahmen geschweißt. Auf der Baustelle wurden die Boxen mit einem Kran platziert, die Stahlwände innenseitig mit Dämmmaterial ausgesprüht sowie mit Gipskartonplatten bekleidet und die Außenhülle und Stahltreppen mit einem Polyurethan-Anstrich als Witterungsschutz versehen. Die Kuben öffnen sich großflächig verglast nach außen. Mit Ausnahme der Treppe, die zum Kinderzimmer führt, wurde auf Setzstufen und seitliches Füllwerk der Geländer verzichtet. Die zahlreichen filigranen Treppen zwischen den Bäumen zeugen von großer Leichtigkeit und erlauben dem Bewohner, den Freiraum mit seinen vielfältigen Nutzungsmöglichkeiten stets aufs Neue zu entdecken.

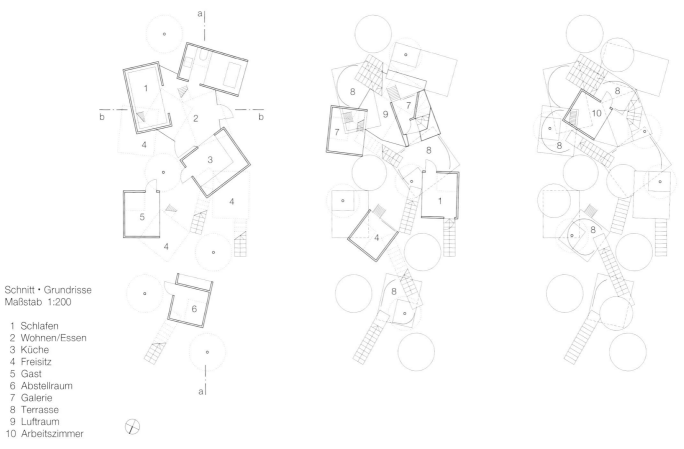

Schnitt · Grundrisse
Maßstab 1:200

1 Schlafen
2 Wohnen/Essen
3 Küche
4 Freisitz
5 Gast
6 Abstellraum
7 Galerie
8 Terrasse
9 Luftraum
10 Arbeitszimmer

Vertikalschnitt
Maßstab 1:20

1 Holzfenster mit Isolierverglasung
  ESG 5 + SZR 15 + ESG 5 mm
2 Beschichtung PU
  Stahlblech 3,2 mm geschweißt auf
  Flachstahl ▱ 5/50 mm dazwischen
  Hartschaumdämmung 30 mm
  Lattung 12/45 mm punktuell mit
  Stahlprofil L 6/50/50 mm befestigt
  Gipskarton 12,5 mm
3 Trittstufe Stahlplatte mit
  Beschichtung PU 4,5 mm
4 Stahlprofil L 7/100/100 mm
5 Beschichtung PU
  Stahlblech 3,2 mm geschweißt auf

Flachstahl ▱ 5/75 mm, dazwischen
Hartschaumdämmung 30 mm
Lattung 15/45 mm punktuell mit
Stahlprofil L 6/50/50 mm befestigt
Gipskarton 9,5 mm
6 Verglasung ESG 5 mm
7 Parkett Fichte gewachst 12 mm
  Sperrholzplatte 12 mm
  Lattung 45/45 mm punktuell mit
  Stahlprofil L 6/50/50 mm befestigt
  dazwischen Dämmung 45 mm
  Flachstahl ▱ 5/75 mm dazwischen
  Hartschaumdämmung 50 mm
  Stahlblech 3,2 mm geschweißt

8 Geländer Stahlprofil ▱ 22/22 mm
9 Pflanztrog:
  Kiesschüttung 50 mm
  Leichtgranulat, Wurzelschutzfolie
  Dränschicht Granulat 100 mm
  Abdichtung, Beschichtung PU
  Stahlblech 3,2 mm geschweißt
10 Ablauf Stahlblech 150/50/2,3 mm
   geschweißt mit PU-Beschichtung
11 Parkett Fichte gewachst 12 mm
   Sperrholz 12 mm
   Lattung 45/45 mm
   dazwischen Dämmung 45 mm
   Stahlbeton 210 mm

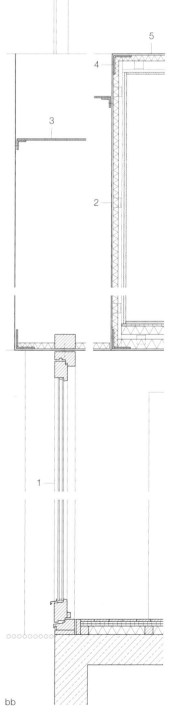

bb

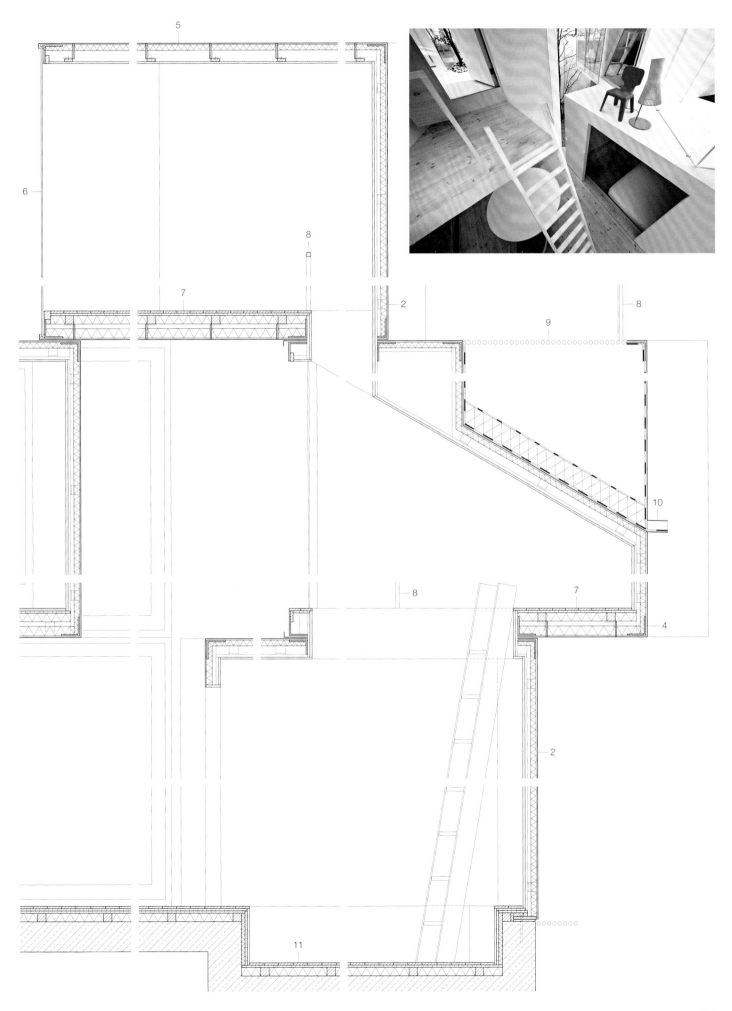

5

6

8

7

2

8

9

10

8

7

4

2

11

Alterszentrum in Maienfeld

Architekten: Arbeitsgemeinschaft Isler Gysel/bhend.klammer architekten, Zürich

Das Atrium als Herzstück des Gebäudes verbindet über Blickbeziehungen die Wohnbereiche und schafft Kontaktmöglichkeiten für die Bewohner.

Das Alterszentrum Bündner Herrschaft bietet in 54 Pflegezimmern und vier Seniorenwohnungen Platz für ca. 60 Bewohner. Es liegt in unmittelbarer Nähe zur Altstadt von Maienfeld, direkt unterhalb des Schlosses Brandis, und öffnet sich nach allen Seiten zur Umgebung. Mit seinen Vor- und Rücksprüngen fügt sich der mehrfach geknickte Baukörper in den Grünraum der Gemeinde im Churer Rheintal ein und sorgt für einen dem Umfeld angemessenen Maßstab. Durch das stark gegliederte Gebäudevolumen entstehen zudem auf allen Geschossen Terrassen für die Bewohner.

Beim Betreten des Alterszentrums gelangt man in die zentrale dreigeschossige Eingangshalle. Dieses polygonale Atrium, das über mehrere große Oberlichter in den Ecken belichtet wird, prägt die innere Organisation des Gebäudes und dient als Hauptorientierungspunkt im Raumgefüge. Hier befindet sich die Cafeteria, die als sozialer Treffpunkt dient, um Kontakte zu knüpfen, aber ebenso für Veranstaltungen genutzt wird sowie für den Tageshort der benachbarten Schule mit Mittagstisch. Auf diese Weise entsteht die Möglichkeit, öffentliches Leben in das Haus zu holen und den Austausch zwischen den Generationen zu fördern. Auf drei Seiten öffnet sich der zentrale Raum über intimere Nischen zum parkartigen Außenbereich. Von der Eingangshalle aus erfolgt die vertikale Erschließung des Gebäudes über zwei zentral gelegene Treppenhäuser mit Aufzug. Da die Entfluchtung des Gebäudes im Brandfall nicht über die zentrale Halle geschieht, kann sie auch Brandlasten aufnehmen, was

ihre volle Nutzbarkeit erst ermöglicht. Im Brandfall trennen Brandschutztüren die Treppenhäuser von der Halle ab und leiten die Fluchtwege so direkt zu den Notausgängen.

Räumliche Vielfalt

Die Pflegestationen erstrecken sich jeweils über ein Geschoss und sind als große »Wohnungen« mit eigener Küche und Essbereich organisiert. Statt langer Gänge gibt es einen rundumlaufenden Korridor als halböffentlichen Erschließungsraum, der sich immer wieder zu Plätzen aufweitet, die als Aufenthaltszonen dienen, aber auch Rückzugsnischen für die Bewohner aufweisen. Von dort bieten sich sowohl Ausblicke in die umgebende Landschaft als auch Einblicke in die zentrale Halle über innere Fenster in unterschiedlichen Formaten. So entstehen spannungsvolle Blickbezüge über den Luftraum der Halle hinweg. Durch die räumliche Vielfalt und die Materialwahl entsteht eine angenehme Atmosphäre, ein Krankenhauscharakter wird so vermieden. Bewohner wie Pflegefachkräfte wissen dieses Ambiente und die lebendige innere Organisation des Alterszentrums zu schätzen.

Lageplan
Maßstab 1:4000

1 Alterszentrum
2 Schulanlage

3 Schloss Brandis
4 Wohnbebauung

Projektdaten:

Nutzung: Alters- und Pflegeheim
Erschließung: zentrale Halle, Treppenhäuser,
                    Aufzüge, umlaufende Korridore
                    mit Aufenthaltsbereichen
Anzahl Geschosse: 4 + 1 UG
lichte Raumhöhe: 2,84 m (EG), 2,54 m (OG)
Bruttorauminhalt: 25 200 m³
Bruttogeschossfläche: 7300 m²
Baujahr: 2011
Bauzeit: 21 Monate

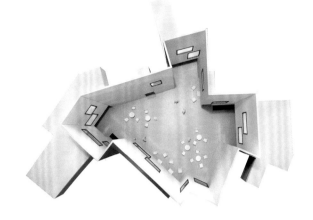

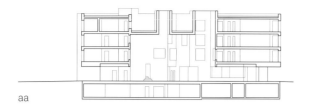

aa

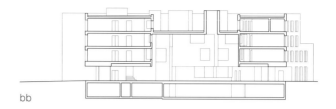

bb

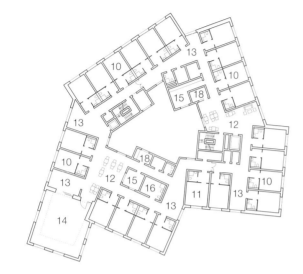

13 10 10 15 18 12 13 10 13 18 12 15 16 11 13 10 13 14

1. Obergeschoss

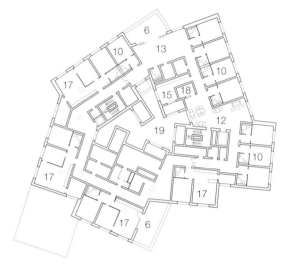

6 10 13 17 10 15 18 12 19 17 10 17 17 6

3. Obergeschoss

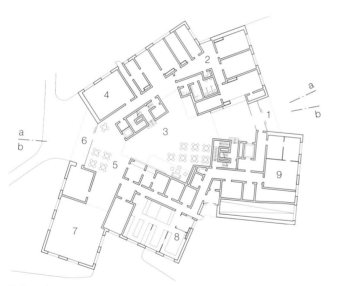

2 4 a b 3 a b 1 6 5 9 7 8

Erdgeschoss

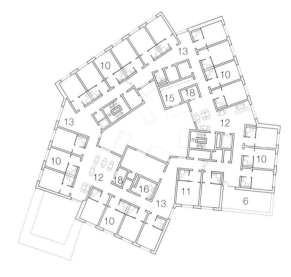

13 10 10 15 18 13 12 10 10 12 18 16 11 6 13 10

2. Obergeschoss

Schnitte · Grundrisse
Maßstab 1:750

1 Eingang
2 Verwaltung/
  »Spitex« Be-
  treuungsstation
3 Halle
4 Therapieraum
5 Cafeteria
6 Terrasse
7 Mehrzwecksaal
8 Küche
9 Wäscherei

10 Einzelzimmer
11 Doppelzimmer
12 Gemeinschafts-
   raum
13 Ruheecke
14 geschützte Garten-
   terrasse für
   »Vergessliche«
15 Stationszimmer
16 Pflegebad
17 Alterswohnung
18 Stationsküche
19 Dachgarten
   (nicht zugänglich)

Wohnhügel in Kopenhagen

Architekten: BIG – Bjarke Ingels Group, Kopenhagen;
JDS Architects, Kopenhagen

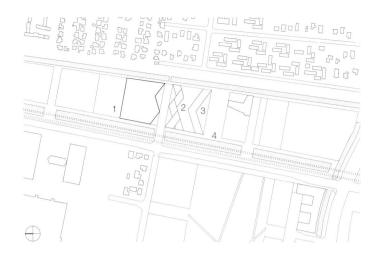

Ein kathedralenartiges farbiges Parkhaus bildet die Basis für die terrassenförmige Wohnanlage, in der ein Schrägaufzug die Geschosse erschließt.

Seit 1992 entsteht zwischen dem Zentrum von Kopenhagen und dem Flughafen der neue Stadtteil Ørestad City. Das Projekt »The Mountain«, das als dritter Bauabschnitt nördlich der sogenannten V- und M-Häuser errichtet wurde, stellt eine unkonventionelle Kombination von Parkhaus und Terrassenhaus dar. Gefordert waren Parkplätze auf zwei Dritteln und Wohnbebauung auf einem Drittel der Grundstücksfläche. Statt dafür zwei Gebäude nebeneinanderzusetzen, verbanden die Architekten beide Funktionen miteinander. So nimmt das Parkhaus mit 480 Stellplätzen die Grundfläche des gesamten Grundstücks ein und dient als Basis für 80 Wohnungen und einige zur Straße hin angeordnete Büros.
In großzügigen Terrassen treppt sich das Gebäude über zehn Stockwerke nach Süden ab und ermöglicht Blickbezüge in die Landschaft. Im Kontrast zu den Wohnfassaden aus Holz sind die Parkebenen außen mit einer Aluminiumbekleidung versehen, die nach einem gerasterten Bild des Mount-Everest-Massivs perforiert ist.
Eine Rampe verbindet die Parkebenen miteinander. Die fußläufige Erschließung der Apartments von den Stellplätzen aus erfolgt über an den Gebäudekanten entlanglaufende Stahltreppen, mehrere Treppenhäuser mit Aufzügen sowie einen zentralen Schrägaufzug. Dieser unterquert auf der Fahrt nach oben die je Geschoss unterschiedlich farbig verglasten innen liegenden Erschließungsgänge, über die die Bewohner zu ihren Wohnungen gelangen. Die mit bis zu 16 m Höhe kathedralenartigen wirkenden Garagenebenen brechen mit allen gewohnten Vorstellungen von Parkhäusern. Die Grenze zwischen privatem und öffentlichem Raum schiebt sich weit in den »Berg« hinein – selbst in den oberen Etagen ist es möglich, vor der Haustür zu parken.

Lageplan
Maßstab 1:8000
Schema Erschließung

1 »The Mountain«
2 M-Haus
3 V-Haus
4 Metro

5 Treppenhaus mit Aufzug
6 Haupttreppenhaus
7 Schrägaufzug
8 Verbindung Schrägaufzug – Korridor
9 Korridor zu den Wohnungen
10 Tiefgarageneinfahrt
11 Hauseingang

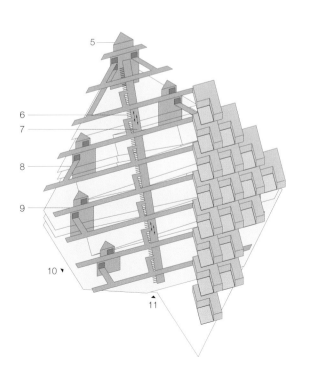

Projektdaten:

Nutzung:	Parken, Wohnen
Erschließung:	Schrägaufzug, Treppenhäuser mit Aufzügen, Verbindungsgänge zu den Wohnungen
Anzahl Geschosse:	10 + 1 UG
lichte Raumhöhe:	3 m
Bruttorauminhalt:	99 000 m³
Bruttogeschossfläche:	33 000 m²
Baujahr:	2007

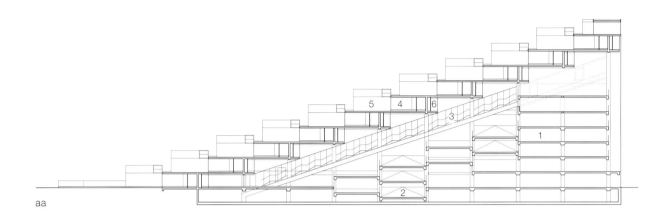

aa

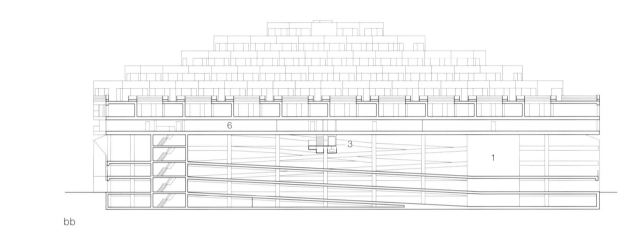

bb

3. Obergeschoss

Schnitte · Grundrisse
Maßstab 1:750

1 Parkhaus
2 Rampe
3 Schrägaufzug
4 Wohnung
5 Terrasse
6 Korridor zu den
  Wohnungen

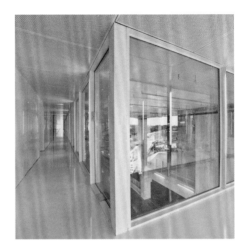

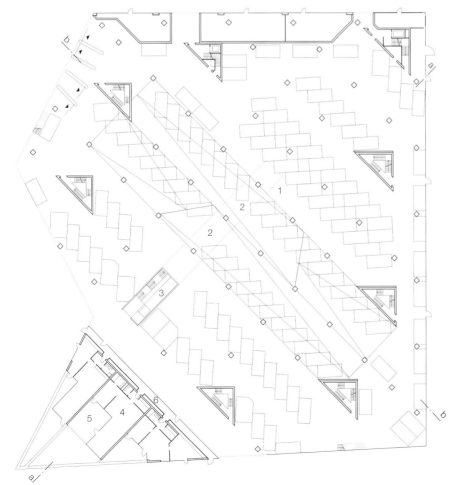

Erdgeschoss

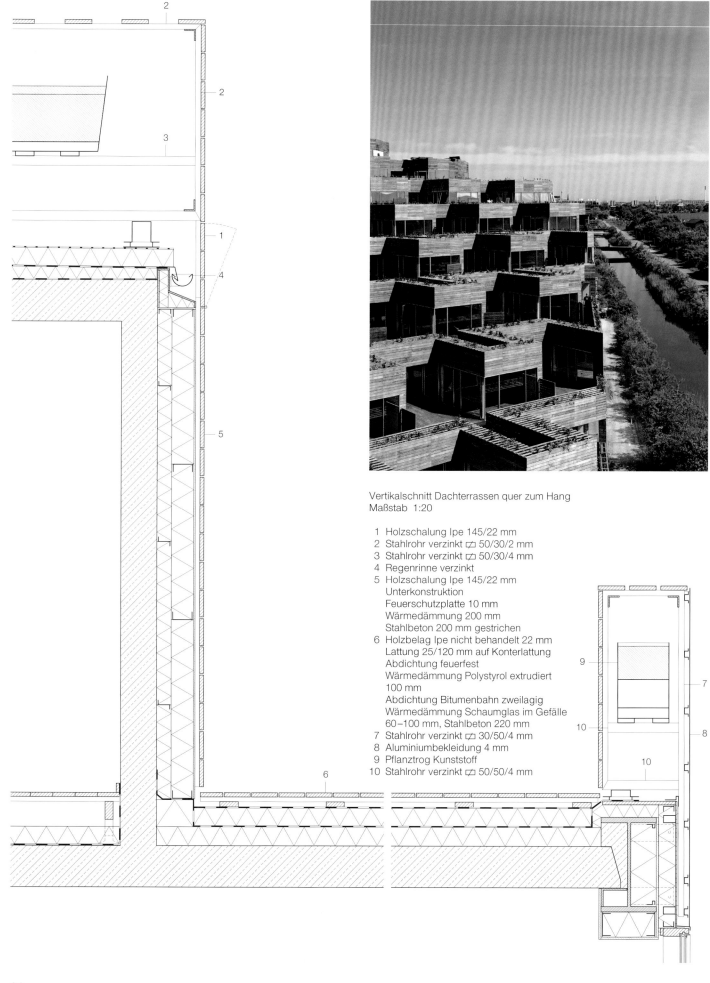

Vertikalschnitt Dachterrassen quer zum Hang
Maßstab 1:20

 1 Holzschalung Ipe 145/22 mm
 2 Stahlrohr verzinkt ⊏⊐ 50/30/2 mm
 3 Stahlrohr verzinkt ⊏⊐ 50/30/4 mm
 4 Regenrinne verzinkt
 5 Holzschalung Ipe 145/22 mm
   Unterkonstruktion
   Feuerschutzplatte 10 mm
   Wärmedämmung 200 mm
   Stahlbeton 200 mm gestrichen
 6 Holzbelag Ipe nicht behandelt 22 mm
   Lattung 25/120 mm auf Konterlattung
   Abdichtung feuerfest
   Wärmedämmung Polystyrol extrudiert
   100 mm
   Abdichtung Bitumenbahn zweilagig
   Wärmedämmung Schaumglas im Gefälle
   60–100 mm, Stahlbeton 220 mm
 7 Stahlrohr verzinkt ⊏⊐ 30/50/4 mm
 8 Aluminiumbekleidung 4 mm
 9 Pflanztrog Kunststoff
10 Stahlrohr verzinkt ⊏⊐ 50/50/4 mm

Hostel in Split

Architekten: STUDIO UP, Zagreb

Knallgelb und einladend leuchten die Fenster des Hostels zum Platz. Gangflächen und Zonierung der Zimmer folgen dem Fassadenraster.

Das Hostel befindet sich in einem dreigeschossigen Stadt-palais in der Altstadt von Split. Das Ende des 19. Jahrhun-derts errichtete Gebäude beherbergte vor der Sanierung zehn Jahre lang ein Kaufhaus. Aus dieser Zeit stammen noch der Panoramaaufzug, die Rolltreppe und das Treppenhaus, die mit einfachen Mitteln zu einem Treffpunkt im Gebäude umgestaltet wurden: Gipskartonplatten verkleiden die Treppenbrüstungen, die Stahlbetondecken wurden mit Epoxidharz beschichtet. Um diesen zentralen Bereich ent-wickelten die Architekten die Inneneinrichtung der drei Ober-geschosse, die den Raum optimal ausnutzt. Die zimmerho-hen Einbauten aus weißen OSB- oder Spanplatten erinnern mit ihren Schlafkojen, integrierten Spinden, Abfalleimern oder Badbereichen an japanische Kapselhotels. Insgesamt 29 Zimmer mit 138 Betten sind in den 3,50 m hohen ehe-maligen Verkaufsräumen untergebracht, die so gut wie keine größeren Einbauten und Trennwände aufwiesen. Der Umbau dauerte lediglich 100 Tage. Während in den ersten beiden Obergeschossen kurze Stichflure die Schlafräume mit bis zu acht Schlafkojen erschließen, gibt es im Dachgeschoss Apartments, deren Schlafgalerien über einfache Leitern zu erreichen sind. Die Räume in der zweiten Etage wurden etwas großzügiger gestaltet, auch die wenigen Zimmer mit nur einem Doppelbett befinden sich in diesem Geschoss.

Piktogramme zur Orientierung

Eine klar verständliche Signaletik auf Fußböden und Wänden erzählt Geschichten über die Stadt und weist den Weg durch das Gebäude. Piktogramme am Boden kennzeichnen die in den Zimmereinbauten untergebrachten Funktionen. Über-große Ziffern im Treppenhaus markieren die Stockwerke. Im Gegensatz zu den weißen Zimmereinbauten erstrahlen das Treppenhaus samt aller Brüstungen, Böden und Decken sowie der Medienraum mit seinen Sitzstufen in einem grell leuchtenden Gelb – einer Remineszenz an die Schwefel-bäder der Stadt. Um eine natürliche Belichtung und Belüf-tung zu gewährleisten, folgen die Zonierung der Zimmer und die Erschließungsflächen dem Fensterraster der klassizisti-schen Bestandsfassade. So zeigt sich das Gebäude nach außen zum Platz mit gelb leuchtenden einladenden Fenster-öffnungen. Im Erdgeschoss empfängt ein ovaler schwarzer Tresen den Gast, der als Rezeption, Raumteiler und rück-seitig gleichzeitig als Bar des hauseigenen Restaurants dient.

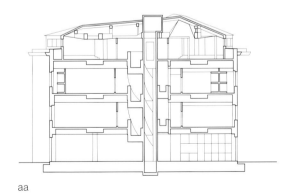

aa

Schnitt Maßstab 1:500

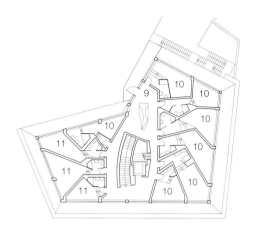

Dachgeschoss

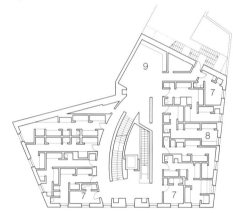

2. Obergeschoss

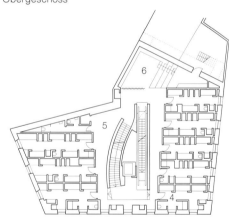

1. Obergeschoss

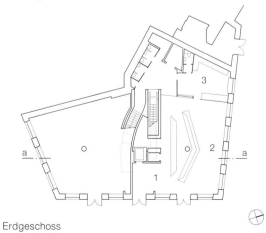

Erdgeschoss

Grundrisse
Maßstab 1:500

 1 Rezeption
 2 Bar/Restaurant
 3 Küche
 4 6er-Schlafräume
 5 Sitzbereich
 6 Medienraum mit Sitzstufen
 7 Einzel-/Doppelzimmer
 8 Mehrbettzimmer
 9 Gruppenküche/Essbereich
10 Apartment (mit Galerie)
11 Apartment (ohne Galerie)

Vertikalschnitt Zimmereinbauten
Bettnischen und Waschbereich
Maßstab 1:20

12 Wandaufbau:
   OSB weiß lackiert 2× 12 mm
   Stahlprofil ⊔ 50/50 mm
   Hohlraum ausgedämmt 100 mm
   OSB weiß lackiert 12 mm
13 abgehängte Decke:
   OSB 2× 12 mm, gelb lackiert
   Kantholz 50/50 mm, Stahlprofil ⊔ 50/50 mm
14 MDF als Spindfront weiß lackiert,
   mit Schnappverschluss 19 mm

   Spindeinbauten aus Spanplatten 18 mm
15 Lattenrost für Matratze
16 Vorhangschiene für Stoffvorhang
17 Leuchtstoffröhre an OSB-Platte montiert
18 OSB im Waschbereich und
   Sideboards weiß lackiert, gummi-
   beschichtet 12 mm
19 Abfalleimer an MDF-Frontplatte montiert
20 Epoxidharzbeschichtung gelb eingefärbt,
   auf Stahlbetondecke (Bestand) appliziert

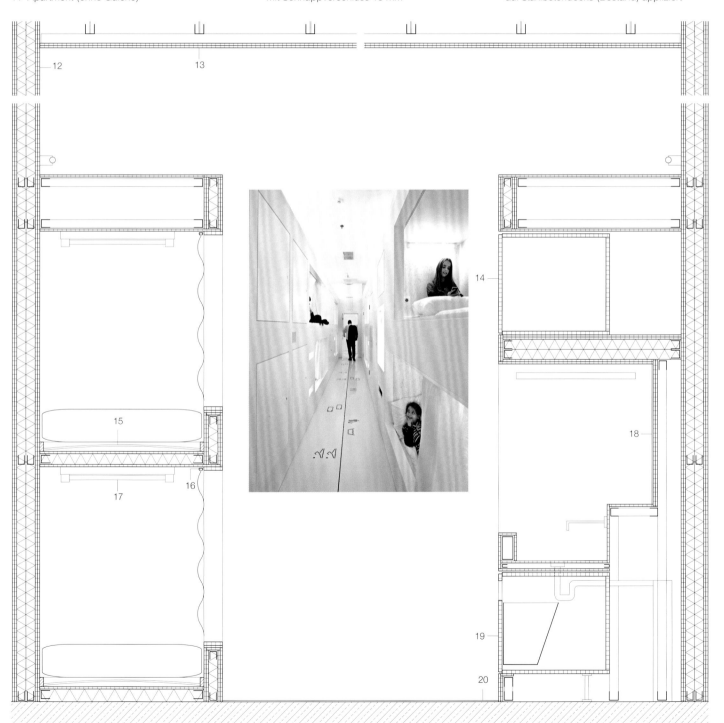

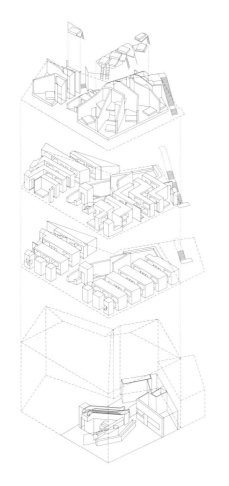

Projektdaten:

Nutzung: Hostel
Erschließung: Panoramaaufzug, Rolltreppe,
                                Treppen (Bestand)
Anzahl Geschosse: 4 + Galerieebene
lichte Raumhöhe: 3,50 m
Bruttorauminhalt: 5050 m³
Bruttogeschossfläche: 1360 m²
Baujahr: 2010
Bauzeit: 100 Tage

Vertikalschnitt Treppenbrüstung
Maßstab 1:20

1 Gipskarton gelb lackiert 12,5 mm
2 Unterkonstruktion:
  Stahlprofil ⌐ 50/25 mm
3 Handlauf, auf 85 mm Höhe eingelassen, beleuchtet durch LED-Leuchte

4 MDF schwarz lackiert 10 mm
5 Geländer (Bestand) 70 mm
6 Beschichtung Epoxidharz gelb,
  auf Stahlbetondecke (Bestand)
  appliziert

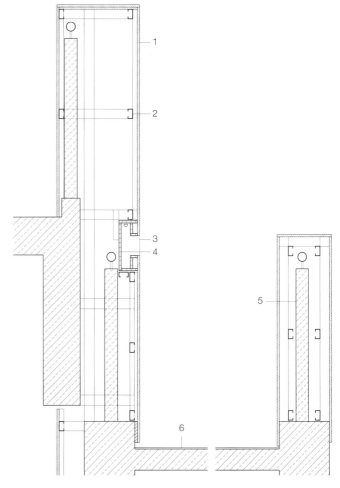

Hotel am Domplatz in Linz

Architekten: hohensinn architektur, Graz

Den Kern des Hotels bildet das gebäudehohe, lichtdurchflutete Atrium, um das sich die Laubengänge zur Erschließung der Hotelzimmer reihen.

Das Hotel am Domplatz befindet sich direkt neben dem neugotischen Mariendom, der größten Kirche Österreichs im Zentrum von Linz. Die puristische neue Platzgestaltung gehörte ebenso wie der Bau einer Tiefgarage und die Revitalisierung zweier barocker Bestandsgebäude zur Entwurfsaufgabe der Architekten. Durch eine Schattenfuge von 16 cm scheint der kubisch klar geschnittene Baukörper über dem Platz zu schweben. Im Gegensatz zum nachgedunkelten Naturstein des Doms und seinen bleiverglasten Fensteröffnungen besteht der fünfgeschossige Skelettrahmenbau des Hotels aus hellbeigem Sichtbeton und geschosshohen Verglasungen mit schmalen Lärchenholzrahmen. Das Gebäude reagiert mit leichten Knicken in der Fassade, die sich nach oben hin verjüngt, auf seine umgebenden Bauten.

Innenraum und Materialwahl

Ein über alle Geschosse reichendes Atrium bestimmt den Innenraum des Hotels und versorgt über Oberlichter die Gebäudemitte mit Tageslicht. Die leichte Keilform des Luftraums verhindert enge, dunkle Flure und verleiht dem Erschließungsbereich Großzügigkeit und Übersichtlichkeit. In den oberen Stockwerken legen sich Laubengänge um diesen Luftraum und führen zu den insgesamt 72 Zimmern. Die Brüstungselemente, die in der Höhe variieren, sind mit weißem Stoff bespannt. In die hinter der Bespannung liegenden Spanplatten integrierte Leuchtdioden lassen zeitweise eine Kunstinstallation mit Schriftzügen auf den Brüstungen erscheinen. Nur an den kurzen Stirnseiten befinden sich Glasgeländer. Eines der Brüstungselemente ist bis ca. 1 m über den Fußboden im Erdgeschoss geführt und dient als Sichtschutz zwischen Lobby und Rezeption sowie dem Frühstücksbereich, ohne jedoch die Einheit des von Fassade zu Fassade durchlaufenden Raums zu stören. Eine reduzierte, warme Farbpalette mit hellen Beige- und Brauntönen beim Mobiliar sowie edle Materialien wie Eichenholz für die Wandbekleidungen und Bodenbeläge bestimmen das Erscheinungsbild des Vier-Sterne-Hotels. Die raumhohen Fenster und sogar die teilverglasten Badbereiche in den Hotelzimmern stellen stets einen Kontakt zur unmittelbaren Umgebung her – aus vielen Hotelzimmern ist der Dom aus nächster Nähe zu betrachten. Der zurückversetzte Eingang, Lift, Treppenhaus sowie Serviceräume befinden sich im südlichen Teil des Gebäudes.

Schnitt · Grundrisse
Maßstab 1:500

1 Rezeption/Eingangslobby
2 Bar
3 Frühstücksbereich
4 Küche
5 Personal
6 Verwaltung
7 Hotelzimmer
8 Luftraum

Projektdaten:

Nutzung:	Hotel
Erschließung:	Foyer/Atrium, Laubengänge
Anzahl Geschosse:	5 + 3 UG
lichte Raumhöhe:	2,68 m
Bruttorauminhalt:	14 871 m³
Bruttogeschossfläche:	4191 m²
Baujahr:	2009
Bauzeit:	24 Monate

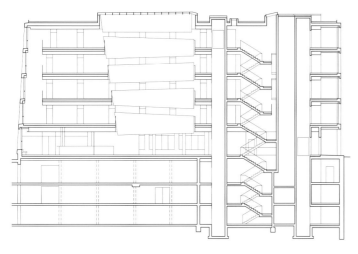

aa

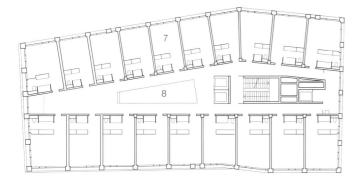

1. Obergeschoss

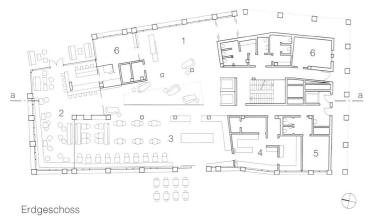

Erdgeschoss

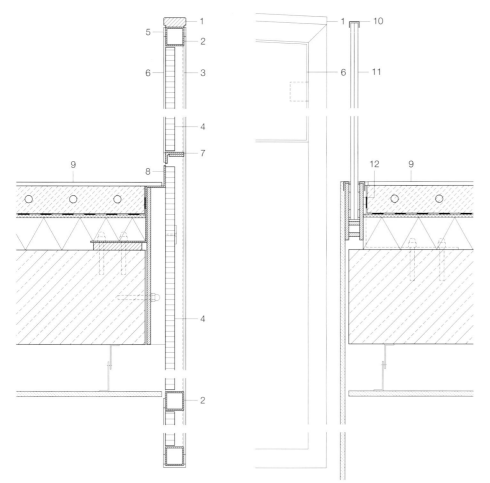

Vertikalschnitt Geländer · Glasgeländer
Maßstab 1:10

1 Handlauf Holz 25/58 mm, weiß lackiert
2 Stahlrohr ⊘ 50/50/2 mm
3 Stahlrohr ⊘ 50/50/3 mm
4 Spanplatte beschichtet 25 mm, teilweise
  Leuchtdioden für Kunstprojekt aufgeklemmt
5 Kunststoffkeder 5/25 mm umlaufend
6 Stoffbespannung weiß, bauseits geklemmt
7 Stahlprofil L 50/30/5 mm,
  Flachstahl ⊡ 40/6 mm
8 Stahlblech 4 mm, verschraubt
9 Teppich 10 mm
  Heizestrich 70 mm
  Trennlage PE-Folie
  Trittschalldämmung PE druckfest 8 mm
  Schüttung Styropor 107 mm
  Stahlbeton 250 mm
  Gipskarton mit Kantenschutz, gelocht,
  abgehängt 17 mm
10 U-Profil Edelstahl 1 mm
11 VSG 20 mm aus 2× ESG 10 mm
12 Flachstahl ⊡ 2× 150/10 mm, grundiert,
  dazwischen VSG

Kinderspital in Basel

Architekten: Stump & Schibli Architekten, Basel

Die zentral gelegene vertikale Erschließung mit Aufzügen und Treppen erleichtert Patienten und Besuchern die Orientierung im Gebäude.

Der Krankenhausneubau vereint die bisher auf verschiedene Standorte verteilten Einrichtungen des Kinderspitals in einem Gebäude. Dafür galt es, einen prägnanten Baukörper zu schaffen, der sich gegen die umliegenden Solitärbauten behauptet. Dies gelang mit einer markanten Fassadengestaltung, für die farbig changierende Brüstungsbänder entwickelt wurden, die je nach Blickwinkel und Lichtstimmung im Farbverlauf von Grün über Gelb bis zu intensiv leuchtendem Rot erscheinen und so für einen überraschenden Effekt sorgen. Die farbigen Brüstungen setzen sich zum begrünten Hof fort, zu dem sich alle Patientenzimmer orientieren. An der von der Straßenflucht zurückgesetzten, leicht geknickten Fassade zur Spitalstraße entstand mittels einer großzügigen Auskragung die Eingangszone, über die sowohl der Zugang zur Klinik als auch zur Notaufnahme erfolgt.

Im Inneren ermöglicht der Baukörper je nach Abteilung verschiedene Raumtypologien, die auf die spezifischen Funktionsabläufe und deren sehr unterschiedliche Anforderungen zugeschnitten sind. Der Besucher betritt das Kinderspital über eine helle und übersichtliche Eingangshalle, in der sich neben der Informationstheke auch die Zugänge zum lichtdurchfluteten Treppenhaus und den Besucheraufzügen befinden. Dieser zentrale Erschließungsbereich ermöglicht ein schnelles Zurechtfinden und erleichtert die Orientierung im Gebäude. Im offen gestalteten Erdgeschoss befinden sich die Abteilungen mit hohem Publikumsverkehr wie Notaufnahme, Poliklinik, Therapieeinrichtungen, aber auch die zum

Innenhof orientierte Cafeteria. Zentrale Aufgaben wie Küche, Wäscherei etc. werden von einem benachbarten Klinikum übernommen, mit dem das neue Gebäude im ersten Untergeschoss über einen bestehenden Versorgungstunnel und einen neuen Passantentunnel verbunden ist.

Das Leitsystem differenziert über Material, Größe und Farbigkeit die Informationen für die verschiedenen Adressaten – Besucher, Patienten, Personal. Die Beschriftungen treten entweder aus Kautschuk gefräst plastisch in Erscheinung oder sind mit Farbe auf die Wand aufgebracht. Alle Informationen stehen direkt auf den vorhandenen Oberflächen, sodass die Signaletik zum Bestandteil der Architektur wird.

Korridore imitieren kleinstädtische Strukturen

Die Herausforderung in den Pflegeabteilungen bestand darin, ein kindgerechtes, wohnliches Ambiente mit der Funktionstüchtigkeit einer modernen medizinischen Versorgung zu verbinden. Dafür wurden im ganzen Haus reduzierte Materialien, Oberflächen und Farbigkeiten eingesetzt. In den Korridorzonen der stationären Pflege beispielsweise schaffen rotbraune Kautschukböden, holzfurnierte Türen und Wandbekleidungen sowie weiße Wände, die mit großflächigen Illustrationen und Bildergeschichten geschmückt sind, eine angenehme Atmosphäre. Die Flure bieten ähnlich einer kleinstädtischen Struktur Durchgangs- und Flanierzonen sowie dort, wo diese sich zu Plätzen aufweiten, Aufenthaltsbereiche, in denen bunte Sitzlandschaften zum Verweilen einladen. Die tief eingeschnittenen Loggien ermöglichen Sichtbezüge zur Stadt, darüber hinaus versorgen sie die Verkehrszonen mit natürlichem Licht. Den kleinen Patienten dienen sie als Spielplätze, Aufenthaltsorte und Rückzugsmöglichkeit.

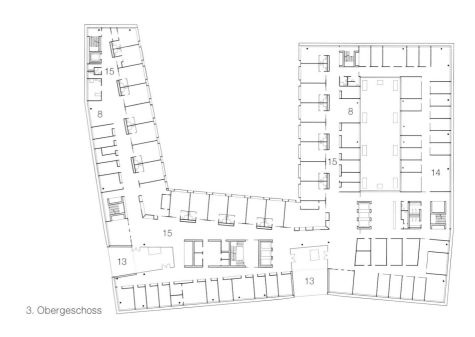

3. Obergeschoss

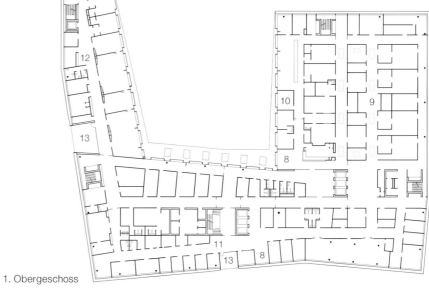

1. Obergeschoss

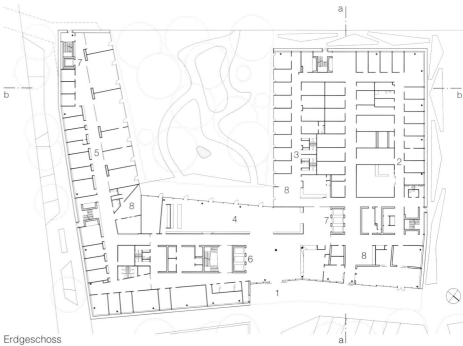

Erdgeschoss

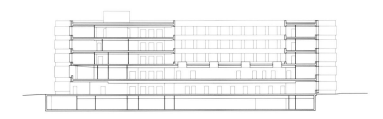

aa

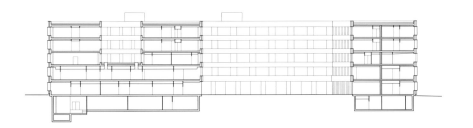

bb

Grundrisse · Schnitte
Maßstab 1:1000

1 Haupteingang
2 Notfallstation
3 Therapie
4 Cafeteria
5 Poliklinik
6 Aufzug Besucher
7 Aufzug Personal
8 Wartebereich

9 OP-Station
10 Radiologie
11 Tagesklinik
12 Intensivpflege-
   abteilung
13 Loggia
14 Arztdienst
15 Pflegeabteilung

Projektdaten:

Nutzung:	Krankenhaus
Erschließung:	Treppenhäuser, Aufzüge, Korridore als Aufenthalts- bereiche
Anzahl Geschosse:	5 + 1 UG
lichte Raumhöhe:	2,60–3,00 m
Bruttorauminhalt:	116 000 m³
Bruttogeschossfläche:	29 400 m²
Baujahr:	2009
Bauzeit:	36 Monate

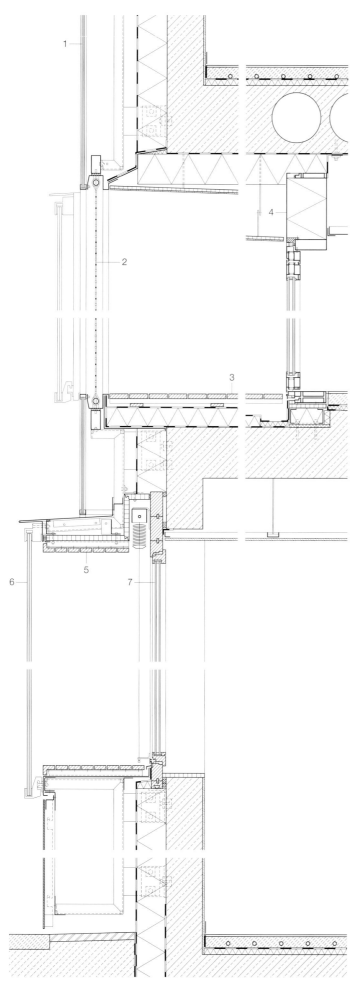

Vertikalschnitt Straßenfassade
Maßstab 1:20

1 VSG 2× 6 mm TVG mit Farbfolie
  mehrschichtig
  Polyester silikonisiert, einlaminiert
  Hinterlüftung 142–465 mm
  Vlies dunkel
  Wärmedämmung Mineralwolle
  160 mm
  Stahlbeton 200 mm, Putz 15 mm
2 Absturzsicherung Loggia Edel-
  stahlnetz
3 Holzrost Esche 140/25 mm
  Lattung 25 mm
  Trennlage Gummischrot-
  matte 6 mm
  Abdichtung Bitumenbahn

zweilagig
  Wärmedämmung 60–100 mm
  Dampfsperre
  Stahlbeton 270 mm
4 Paneel gedämmt aus:
  Aluminiumblech 2 mm
  Wärmedämmung 200 mm
  Stahlblech 1,5 mm
5 Holzrost 62/22 mm
  Aluminiumprofil L 39/39 mm
  Holzzementplatte 30 mm
6 VSG aus Float 2× 10 mm
7 Holzfenster mit Isolierverglasung:
  ESG 8 mm + SZR 18 mm Argon +
  ESG 12 mm, U_g = 1,1 W/m²K

Cooper Union in New York

Architekten: Morphosis Architects, Culver City

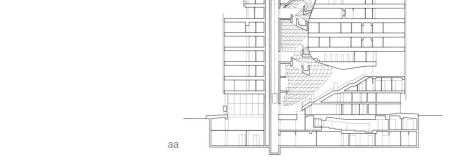

aa

Eine vielfältig gestaltete Treppenanlage bildet das kommunikative Zentrum des Hochschulgebäudes.

In den etwa 150 Jahren ihres Bestehens hat sich die Cooper Union zu einem wichtigen intellektuellen und kulturellen Zentrum New Yorks entwickelt. Der Neubau fasst die bisher in verschiedenen Bauten untergebrachte Fakultäten Kunst, Architektur und Ingenieurwissenschaften in einem Gebäude zusammen. Mit seiner skulpturalen Form soll es den Anspruch des Colleges als innovatives Lehrinstitut ausdrücken sowie den interdisziplinären Austausch zwischen den Fachrichtungen fördern. Die aufgebrochene Hülle des Baukörpers aus perforierten Edelstahlblechen spielt mit Licht, Schatten und Transparenz und lässt die Aktivitäten im Inneren nach außen durchschimmern. Ein optisch verzerrter Schriftzug an der Fassade mit dem Name des Colleges markiert den Eingang des Gebäudes.

Gebäudehohes Atrium

Im Gebäudeinneren erstreckt sich ein zentrales Atrium über die gesamte Höhe. Diese »vertikale Piazza« stellt als Kommunikationszentrum das Herz des Gebäudes dar. Von der zweigeschossigen Eingangslobby mit Empfangstresen führt eine 6 m breite Treppe über vier Geschosse nach oben zu einer Studentenlounge mit Ausblick auf die Stadt. Ein wellenförmiges Gitterwerk schwebt über der Treppe und zieht sich hinauf bis zum Oberlicht, das für eine natürliche Belichtung des Treppenraums sorgt. Vom vierten bis zum achten Stockwerk sind Skylobbys mit Sitzmöglichkeiten angeordnet, die von den Studenten für spontane Treffen und auch als Arbeitsplätze genutzt werden, sowie Versammlungs- und Seminarräume, die sich rund um das Atrium gruppieren. Verbindungsbrücken verknüpfen diese Bereiche miteinander. Um Studenten und Lehrende dazu anzuregen, sich zu Fuß im Gebäude zu bewegen und so zufälliges Aufeinandertreffen sowie informellen Austausch zu fördern, sind für den Hauptaufzug lediglich Stopps im Erdgeschoss, im vierten und im siebten Stock vorgesehen. Zwei Treppen mit schräg stehenden und teilweise hinterleuchteten Brüstungen winden sich vom vierten und siebten Geschoss durch das Atrium jeweils ein Stockwerk nach oben und nach unten. Weitere Aufzüge halten auf allen Stockwerken, um die barrierefreie Erschließung der Hochschule zu gewährleisten und auch Lasten problemlos transportieren zu können. Im Untergeschoss finden sich öffentliche Bereiche wie Ausstellungsräume und ein Auditorium, die über eine breite Treppe erreichbar sind.

bb

Schnitte   Maßstab 1:1000

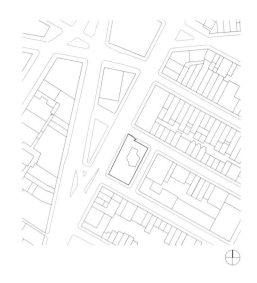

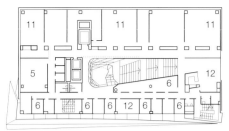

3. Obergeschoss

8. Obergeschoss

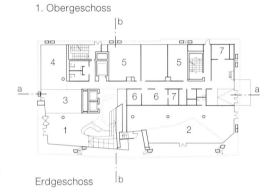

1. Obergeschoss

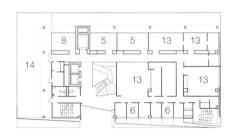

7. Obergeschoss

Lageplan
Maßstab 1:5000
Grundrisse
Maßstab 1:1000

1 Eingangshalle
2 Laden
3 Luftraum
4 Seminarraum
5 Klassenraum
6 Büro
7 Lager
8 Besprechungsraum

9 Dekan
10 Technik
11 Labor
12 Studentenlounge
13 EDV-Räume
14 Dachterrasse
15 Werksaal Studenten
16 Kunstsaal

Erdgeschoss

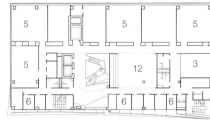

4. Obergeschoss

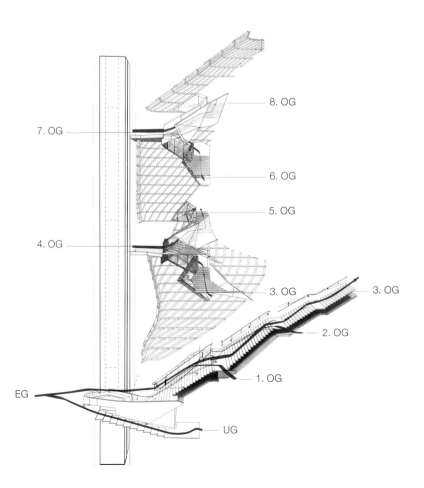

8. OG
7. OG
6. OG
5. OG
4. OG
3. OG
3. OG
2. OG
1. OG
EG
UG

Detailschnitte Treppe
Maßstab 1:20
Axonometrie Treppe

1 Stahlrohr ⌀ 76/76 mm
2 Paneel Kunstharz 6,5 mm, auf
  Unterkonstruktion geschraubt
3 Unterkonstruktion
  Winkelrahmen 25/25 mm
4 Handlauf Edelstahl ⌀ 38 mm
5 Leuchtstoffröhre
6 Gipskarton glasfaserverstärkt
  6,5 mm

7 Stahlblech gestrichen
  6,5 mm
8 Podest Betonfertigteil
9 Sprinkler
10 Stahlblech 6,5 mm, an
   Treppenwange geschweißt
11 Trittstufe Beton auf
   Stahlblech gekantet 6,5 mm
12 Gipskarton 6,5 mm

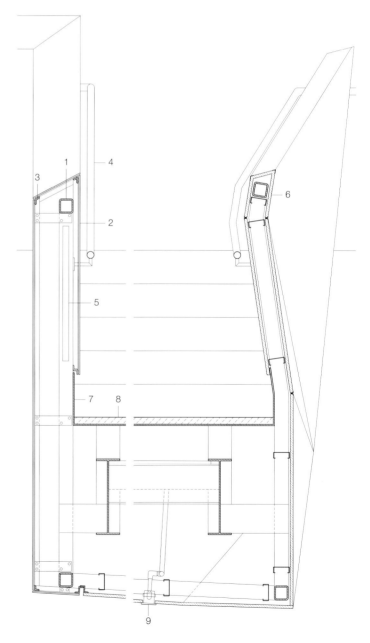

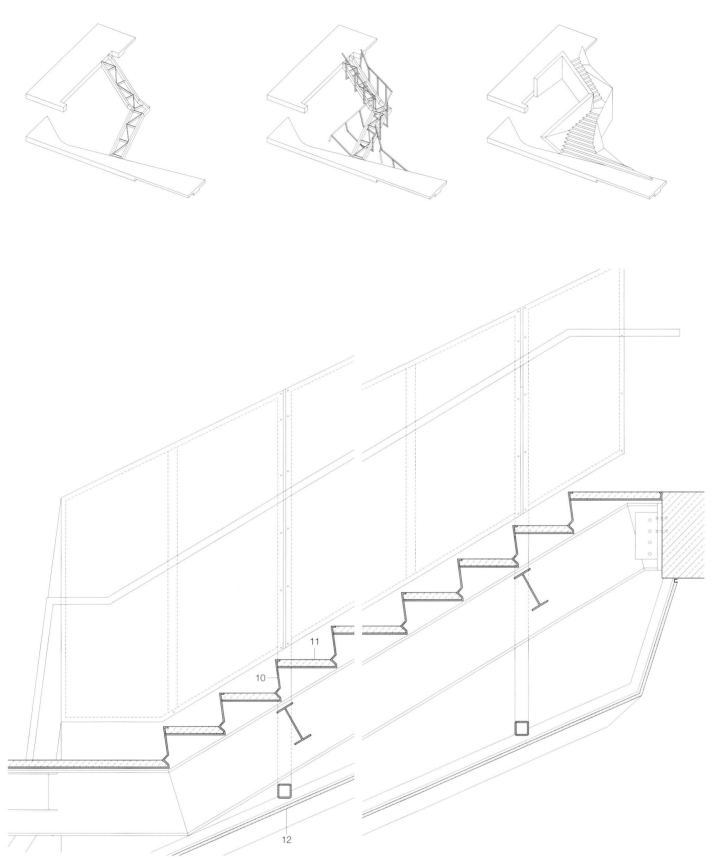

10

11

12

Projektdaten:

Nutzung: Bildung / Forschung
Erschließung: Treppenanlage im Atrium,
Aufzüge
Anzahl Geschosse: 9 + 2 UG
lichte Raumhöhe: 2,90 m (Regelgeschoss)
Bruttogeschossfläche: 16 256 m²
Baujahr: 2009
Bauzeit: 35 Monate

Gymnasium in Kopenhagen

Architekten: 3XN, Kopenhagen

Mit ihren fließenden Räumen und geschwungenen Treppen ist die Schule eine räumliche Interpretation der dänischen Gymnasialreform.

Von außen verrät die Schule zwischen Bürogebäuden und einem Parkhaus im neuen Kopenhagener Stadtteil Ørestad zunächst wenig über ihre ungewöhnliche Gestaltung im Inneren, in der sich die Offenheit und Transparenz der dänischen Lernformen widerspiegelt. Bei näherem Hinsehen lassen am ehesten die farbigen, halbtransparenten Sonnenblenden mit aufgedruckten Zahlen und Buchstaben an der Fassade des quadratischen Kubus etwas über die Funktion des Gebäudes als Bildungseinrichtung erahnen, in dem Erschließungs- und Nutzflächen über alle Ebenen hinweg zu einem fließenden, kommunikativen Raum verschmelzen. Um die zentrale Wendeltreppe herum – sie führt vom Untergeschoss bis ins vierte Stockwerk – sind aus den Geschossdecken Segmente unterschiedlicher Größe und Richtung ausgeschnitten, sodass sich die Ebenen fast wie erweiterte Podeste um die Treppe gruppieren. Der Luftraum reicht, pro Geschoss leicht versetzt, über die gesamte Gebäudehöhe. Oberlichter und die raumhohen Verglasungen sorgen für eine ausreichende Durchflutung den Gebäudes mit Tageslicht.

Räumliche Verbindungen und Sichtbeziehungen

Horizontale und vertikale räumliche Verbindungen und Überschneidungen sowie vielfältige Sichtbeziehungen spiegeln den interdisziplinären Ansatz des Lehrkonzepts wider. Jeder offenen, bumerangförmigen Geschossebene ist ein eigener Wissensbereich zugeordnet. Hier finden sich die Schüler im Alter von 16 bis 19 zu Lernteams zusammen oder nutzen individuelle Zonen in den Gebäudeecken. Nur wenige abgeschlossene, klassenzimmerartige Bereiche wie konventionelle Fachräume, Verwaltung und Musikzimmer reihen sich entlang der Fassaden. Stattdessen prägen über eigene kurze Treppen erschlossene, runde Lerninseln mit Sitzsäcken für Gruppenbesprechungen und Ruhepausen das Bild. Darunter liegen kleine, geschlossene Besprechungsräume. Spindschränke sowie verschiebbare Wandregalelemente bieten Stauraum für Lernmittel und Privates. In diesem Raumkontinuum stellen die drei runden Zylinder, die Nottreppen, Sanitärräume und Aufzüge aufnehmen, auch konstruktiv notwendige Raumkonstanten und damit Orientierungspunkte dar. Akustikdecken und -wände sowie schallschluckende Oberflächen an den Ausbauten verhindern eine unangenehme Geräuschkulisse. So wurde auch die Unterseite der zentralen Treppe mit einem Akustikputz versehen.

Projektdaten:

Nutzung:	Schule
Erschließung:	zentrale Wendeltreppe, Treppenkerne, Aufzüge
Anzahl Geschosse:	5 + 1 UG
Bruttogeschossfläche:	12 000 m²
Baujahr:	2007
Bauzeit:	22 Monate

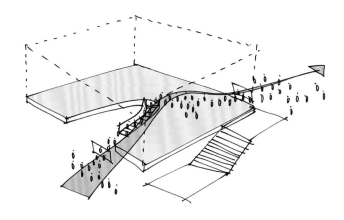

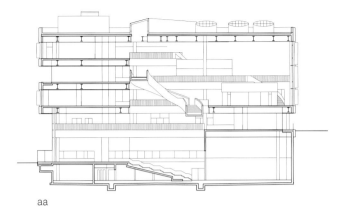

aa

Schnitt · Grundrisse
Maßstab 1:750

1 Foyer
2 Kantine
3 Verwaltung
4 Luftraum
5 Musikraum
6 Bibliothek
7 Atrium
8 Gruppenraum
9 Besprechungsbereich
10 Lehrerzimmer

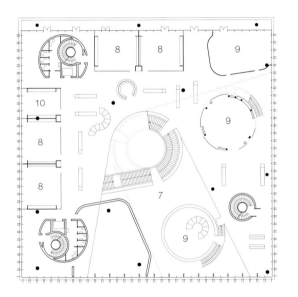

2. Obergeschoss

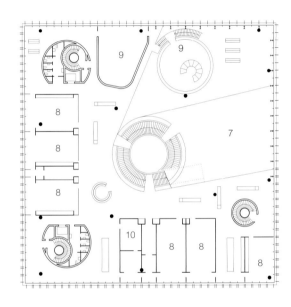

4. Obergeschoss

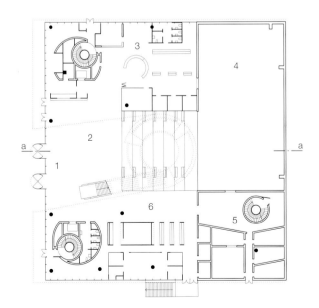

Erdgeschoss

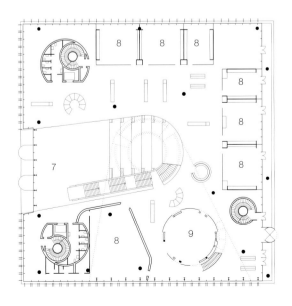

1. Obergeschoss

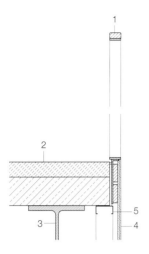

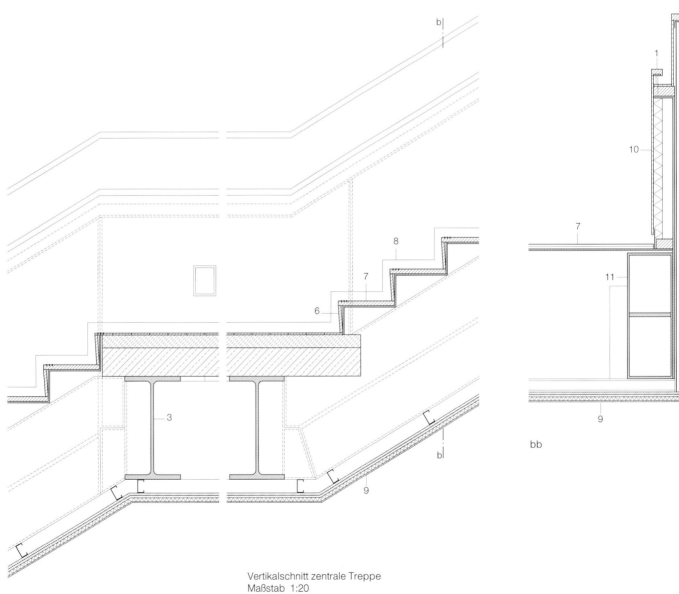

Vertikalschnitt zentrale Treppe
Maßstab 1:20

1 Handlauf Esche 34/60 mm
2 Magnesitestrich 50 mm
  Stahlbeton 120 mm
3 Stahlprofil HEB 550
  mit Brandschutzanstrich
4 Gipskarton 2× 13 mm
5 Stahlprofil ∟ 20/95 mm
6 Setzstufe Esche 15–22 mm
7 Trittstufe Esche 22 mm
  Korkment 2 mm, Stahlblech 6 mm

8 Flachstahl Edelstahl gebürstet ▱ 2/80 mm
9 Akustikputz auf Trägerplatte 25 mm
  Gipskarton 2× 13 mm
  Stahlprofil ∟ 20/70 mm
10 Holzwerkstoffplatte Esche 10,5 mm
  Mineralwolle 45 mm, Luftraum 55 mm
  Stahlblech gekantet 10 mm
  Stahltrapezblech 20 mm
  Gipskarton 2× 13 mm
11 Tragholm Stahlblech 560/250/10 mm

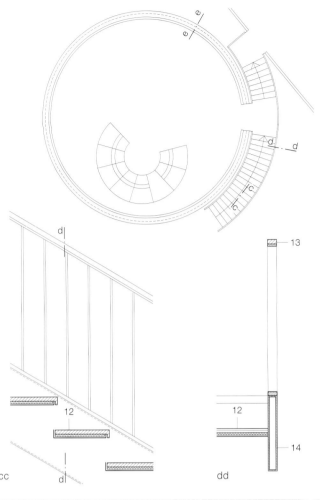

cc

dd

Ruheinsel mit Treppe
Grundriss Maßstab 1:200
Vertikalschnitte Maßstab 1:20

12 Belag Esche 22 mm
   Trittschalldämmung 12 mm
   Stahlblech 6 mm
13 Handlauf Esche 25/50 mm
14 Wange Stahlrohr ▱ 50/400/6 mm
15 MDF 28 mm
16 Stahlblech verschweißt 6 mm
17 Gipskarton 2× 13 mm
   Stahlprofil 2× ⊔ 27/60 mm
   Gipskarton 2× 13 mm
18 Teppich
   Stahlbeton 120 mm
19 Träger Stahlprofil IPE 240 mit
   Brandschutzverkleidung
20 abgehängte Decke
   Gipskarton 13 mm
21 Schiebetür Stahlprofilrahmen mit
   druckfester Dämmung, beidseitig
   Sperrholz gelocht 13 mm
   mit Brandschutzbeschichtung

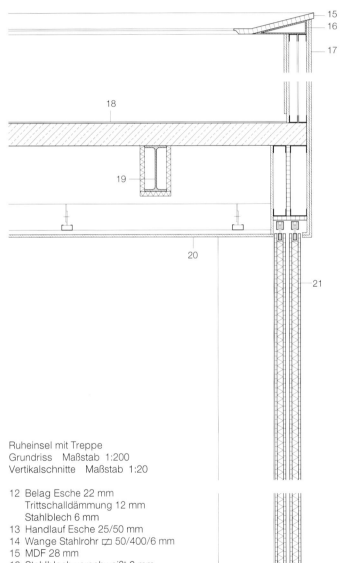

Stadtbibliothek in Stuttgart

Architekt: Eun Young Yi, Köln

Einläufige Treppen prägen den Lesesaal, der sich beeindruckend nach oben aufweitet und vielfältige Sichtbeziehungen ermöglicht.

Die neue Stadtbibliothek liegt inmitten des Planungsgebiets »Europaviertel« in der Nähe des Stuttgarter Hauptbahnhofs. Auch wenn sich mittlerweile die Westseite als Haupteingang etabliert hat, wurde das Gebäude in Würfelform mit vier gleichwertigen Zugängen in der Mittelachse konzipiert. Ein Foyer mit Medienrückgabeautomaten, einsehbarer Sortieranlage, Infotheke und Aufzügen umschließt allseitig das sogenannte Herz, einen 14 m hohen »negativen Monolithen«. Dieser soll laut Architekt, angelehnt an den antiken Raumtyp des Pantheon, einen »Ort der inneren Einkehr« darstellen. Den würfelförmigen leeren Raum mit zentralem Oberlicht flankieren Treppenräume, die den Besucher bis ins vierte Obergeschoss bringen. Ab hier öffnet sich der Geschoss für Geschoss nach oben aufweitende Lesesaal, der vorwiegend Belletristik und Literaturwissenschaften beherbergt. Die um den Luftraum angeordneten Treppen setzen räumliche Akzente und erschließen die verschiedenen Lesegalerieebenen. Weitgehend stützenfrei gehaltene, weitere Medienbereiche mit Regalzonen und Arbeitsplätzen legen sich um »Herz« und Lesesaal. Jede Ebene umfasst ein anderes Themengebiet, unter anderem die Musik- und Kinderbibliothek, aber auch Lernateliers und Verwaltung sind hier untergebracht. Mit ihren bunten Rücken heben sich die Bücher von den weißen Regaleinbauten, Treppen, Böden und Wänden deutlich ab. An digitalen Informationsstelen auf jeder Etage können die Besucher nach Medien sowie ihrem Standort im Gebäude suchen und sich diesen auf einem vergrößerten

Grundriss genau anzeigen lassen. Zusätzlich kennzeichnen Markierungen auf dem Fußboden die Regalplätze. Das achte Obergeschoss beherbergt eine Graphothek sowie eine Cafeteria. Von hier erreicht man auch die Aussichtsplateaus auf dem Dach. Im Untergeschoss befinden sich Räumlichkeiten für Veranstaltungen.

Eine einzigartige vertikale Sortieranlage mit 70 elektromotorbetriebenen Wägelchen transportiert alle zurückgegebenen Medien auf die entsprechende Ebene. Die Bibliothek hat an sechs Tagen der Woche zwölf Stunden lang geöffnet und bietet außerdem eine 24-Stunden-Rückgabe sowie die »Bibliothek für Schlaflose« an – ein kleines wechselndes Medienangebot im Windfang des östlichen Eingangs, das auch außerhalb der Öffnungszeiten entleihbar ist. Sicherungsgates an den vier Ausgängen verhindern, dass Medien ohne Verbuchung das Haus verlassen.

Begehbarer Fassadenzwischenraum

Die Gebäudehülle ist als Doppelfassade konzipiert: Hinter den 9 × 9 m großen quadratischen Fassadenfeldern aus hellgrauem Sichtbeton und ausfachenden mattierten Glasbausteinen liegt die innere thermische Hülle, eine Pfosten-Riegel-Konstruktion. Der umlaufende Fassadenzwischenraum ist begehbar und bietet ebenso wie die Dachterrasse Ausblicke auf die Stadt. Das gesamte Gebäude ist barrierefrei konzipiert. Da es mit seiner Höhe von 40 m als Hochhaus zählt, mussten bei Konstruktion und Oberflächen in den Fluchttreppenhäusern besondere Brandschutzanforderungen beachtet werden. Die Sichtbetonstufen verfügen mit im Anstrich enthaltenen, abstumpfenden Zuschlägen über die Rutschsicherheit R 10.

Projektdaten:

Nutzung:	Bibliothek
Erschließung:	Treppen, Aufzüge
Anzahl Geschosse:	9 + 2 UG + Dachterrasse
lichte Raumhöhe:	3,00 m
Bruttorauminhalt:	98 249 m³
Bruttogeschossfläche:	20 225 m²
Baujahr:	2011
Bauzeit:	24 Monate

Schnitt · Grundrisse
Maßstab 1:1000

1 Eingang
2 Foyer
3 »Herz«
4 Büro
5 Sortierraum
6 Medienpräsentation
7 Arbeitsplätze
8 Gruppenraum
9 Lesesaal
10 Graphothek
11 Cafeteria

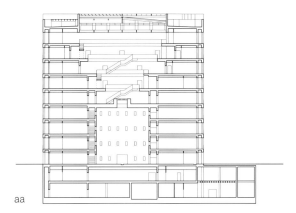

aa

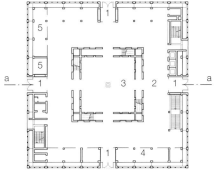

Erdgeschoss

3. Obergeschoss

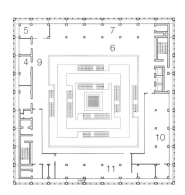

8. Obergeschoss

Vertikalschnitte
Treppe Lesesaal
Maßstab 1:20

1 Bodenaufbau:
Linoleum 6 mm, Ausgleichsspachtel,
Heizestrich 89 mm, Trennlage PE-Folie
Trittschalldämmung 20 mm, Abdichtung,
Ausgleichsschicht Mörtel 85 mm
Stahlbeton 300 mm
2 abgehängte Decke:
Akustikplatte Gipskarton gespachtelt,
weiß gestrichen 10 mm
Dämmung 40 mm
3 Stahlprofil ∟ 180/40/10 mm, befestigt
an Stahlprofil ∟ 200/150/15 mm
4 Geländer feuerverzinkt, scharfkantig:
Obergurt Flachstahl 40/15 mm
Geländerstäbe vertikal Flachstahl 40/10 mm
Untergurt Flachstahl 40/10 mm
Handlauf Edelstahl ⌀ 35 mm
(auf 85 mm Höhe)
5 Stahlbetontreppe vorgefertigt, weiß verputzt
6 Linoleum rutschfest (R10), Klebe-
schicht 10 mm
Ankerplatte Stahl, einbetoniert 12 mm
7 Treppenauflager Weichschaumstoff
mit tragenden Elastokernen zur Schall-
entkopplung 20 mm

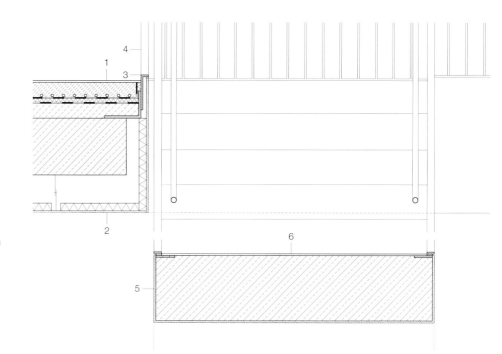

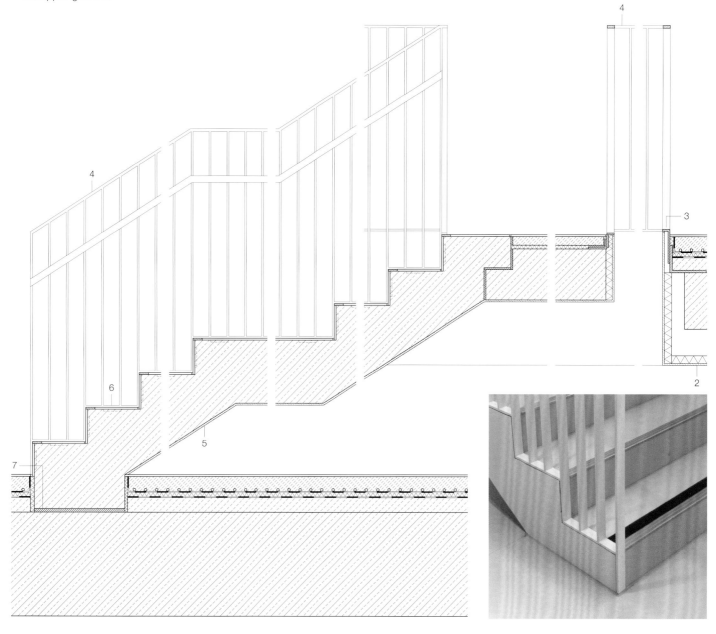

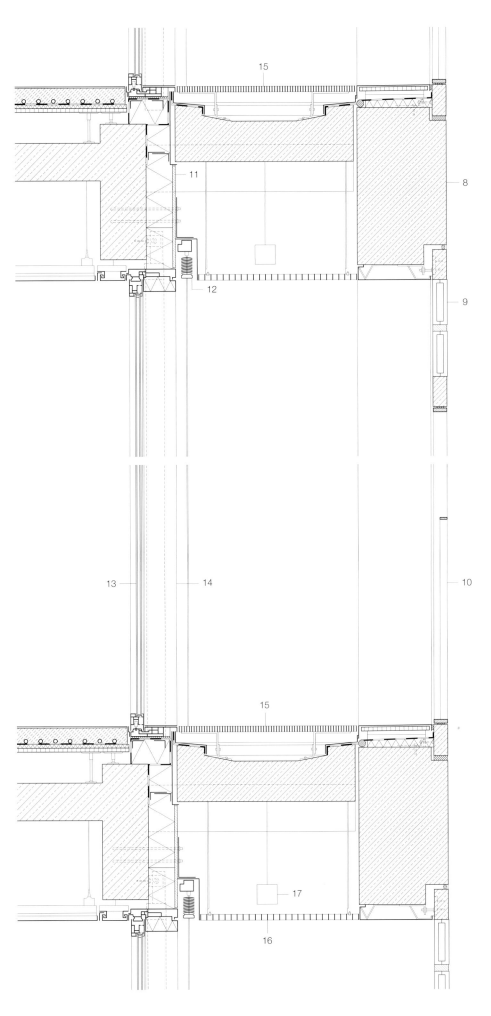

Vertikalschnitt Fassadengang
Maßstab 1:20

8 Fertigteilstützen und -balken:
 Beton bewehrt, hoher Weißzementanteil
 480 mm
 Fugendichtband vorkomprimiert, anthrazitgrau, UV-beständig 20 mm
9 Wandelement Glasbaustein vorgefertigt:
 insgesamt 4140/3320/80 mm
 Beton bewehrt, hoher Weißzementanteil
 Glasbaustein aus Weißglas eisenoxydarm,
 außen durch Ätzung satiniert 240/240/80 mm
 Fugendichtband umlaufend, vorkomprimiert,
 anthrazitgrau, UV-beständig 20 mm
 Baukörperanschluss über thermisch
 getrennte Betonkonsolen
10 Geländer (Höhe 1370 mm):
 Flachstahl 20/10 mm, Duplexbeschichtung
 aus Nasslack und Feuerverzinkung, grau
11 Wärmedämmverbundsystem:
 Armierungsputz 18 mm
 Dämmplatte Mineralfaser geklebt 140 mm
12 Sonnenschutz außen:
 Lamellenraffstores Aluminium seilgeführt,
 grau beschichtet, 1280/3000/60 mm
13 Aluminiumfenster mit Isolierverglasung:
 ESG-H 8 mm + SRZ 18 mm Argon + ESG-H
 mit Wärmeschutzbeschichtung 6 mm
14 Pfosten-Riegel-Konstruktion, im mittleren der
 drei nebeneinanderliegenden Felder mit
 Hebeschiebetür, sonst Festverglasung:
 Stahlpfosten tragend 180 mm
 Hebeschiebeelement: Aluminiumprofile
 thermisch getrennt, beschichtet mit grauem
 Nasslack 70 mm, teilweise mit elektrischem
 Antrieb
15 Gitterrostboden:
 Pressrost R10, feuerverzinkt 32 mm
 Maschenweite 11/33 mm, verschraubt mit
 fest montierten, in der Höhe nivellierbaren
 Füßen
 Fertigteilplatte Beton wasserundurchlässig,
 Gefälleneigung 5 %, nach innen entwässernd
16 Gitterrostdecke:
 Pressrost 30 mm, Maschenweite 33/33 mm,
 feuerverzinkt, mit Gewindestäben abgehängt,
 in der Höhe nivellierbar
17 Deckenleuchte

Werbeagentur in Tokio

Architekten: Klein Dytham architecture, Tokio

Parallel verlaufende weiße Wege ziehen sich schnurgerade durch das offen organisierte Großraumbüro mit parkähnlicher Atmosphäre.

Das Joint Venture aus einer der größten internationalen und einer der größten japanischen Werbeagenturen fand seine neuen Geschäftsräume in einem achtstöckigen Freizeitkomplex in Downtown Tokio. Die früher als Bowlingbahn genutzte Fläche erstreckt sich über ein komplettes Stockwerk, das nach dem Entfernen der Zwischendecke zu einem zweigeschossigen Raum wurde. Durch seine Stützenfreiheit war es möglich, die Bürobereiche völlig frei einzuteilen, was die Architekten dazu inspirierte, eine Landschaft zu gestalten, die an ein kleines Dorf erinnert. Die Möblierung und der Verlauf der Erschließungszonen orientieren sich am Rhythmus

der dominanten Deckenträger, parallele weiße »Gehwege« ziehen sich durch den Raum, an denen entlang sich die Arbeitsplätze aufreihen. Zwischen die eingestellten Boxen, die als Besprechungsräume und Einzelbüros genutzt werden und auf deren Dächer die Mitarbeiter sich entspannen oder austauschen können, sind kleine Grünflächen mit echten Pflanzen und rasenartigem Teppich eingestreut.
Betreten wird die Bürolandschaft über die höher gelegene Eingangsebene, auf der sich der Empfangsbereich und Besprechungsräume befinden. Eine breite Freitreppe führt von dort nach unten, direkt auf den kleinen »Dorfplatz« mit einem Café, dem kommunikativen Zentrum des Großraumbüros. Auf der anderen Seite ist die Treppe so ausgebildet, dass sie auch als Sitzmöglichkeit dienen kann. Zudem ist es möglich, den Treppenbereich für Präsentationen und Events zu nutzen.

Schnitte · Grundrisse
Maßstab 1:800

1 Verwaltung
2 Empfang
3 Besprechungsraum
4 Café
5 Freitreppe
6 Einzelbüro
7 Serverraum

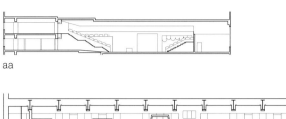

aa

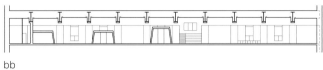

bb

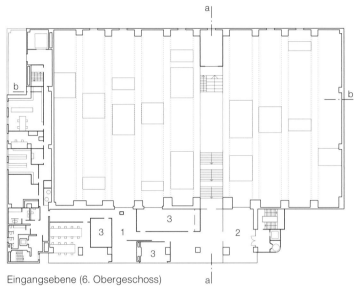

Eingangsebene (6. Obergeschoss)

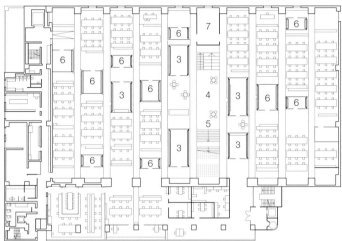

Büroebene (5. Obergeschoss)

Projektdaten:

Nutzung:	Büro
Erschließung:	Freitreppe, farblich hervor-gehobene »Gehwege«
Anzahl Geschosse:	2
lichte Raumhöhe:	5,50 m
Bruttogeschossfläche:	4215 m²
Baujahr:	2007
Bauzeit:	4 Monate

Bürogebäude in Bozen

Architekt: Markus Scherer, Meran

In dem denkmalgeschützten ehemaligen Gasthof erschließt nach dem Umbau eine zentrale, frei stehende Treppe die Büros.

Anstatt den Firmensitz an die Peripherie zu verlegen, entschied sich das im Bereich der alternativen Energie tätige Unternehmen Fri-El Green Power für ein denkmalgeschütztes Gebäude mit langer Geschichte im Zentrum von Bozen. Von den historischen Elementen war jedoch nur noch wenig vorhanden, daher wurden beim Umbau neben den Kellergeschossen nur die Außenfassade und die Mittelwand in den oberen Stockwerken erhalten. Auch die Treppenführung und damit die einstige Erschließung war nicht mehr nachvollziehbar. Eindeutig feststellen ließ sich hingegen, dass das Gebäude auf dem Dach eine große zentrale Lichthaube besessen hatte, ein typisches Element für Bozener Stadthäuser zur Belichtung der Treppenbereiche. In Anlehnung an diese historische Bauform entwickelte der Architekt sein Erschließungskonzept in Form einer zentralen, frei stehenden Treppe mit natürlicher Belichtung über die wieder eingefügte Lichthaube.

Trennung von Alt und Neu

Der neue Zugang zum Gebäude erfolgt über die bestehenden Arkaden. Von der zweigeschossigen Eingangshalle führt die neue Treppe zunächst drei-, dann dazu versetzt zweiläufig nach oben. Sie wird von Wandscheiben begleitet, die entweder als transparente Glasflächen ausgebildet sind und Einblicke in die dahinterliegenden Räume zulassen, oder dort, wo die Räume nicht einsichtig sein sollen, als hinterleuchtete Glaskonstruktionen mit aufkaschierten Fotomotiven, die Windparks der Firma zeigen.

Um die neuen Einbauten klar von der bestehenden Bausubstanz zu trennen, steht die Treppe frei im Raum, ihre Position ist der vermuteten Lage der historischen Erschließung nachempfunden. Sie ist als leichte Metallkonstruktion ausgeführt, ihre Glasbrüstungen sorgen für Offenheit und Transparenz. Die einzelnen Treppenläufe mit ihrer Unterkonstruktion aus Quadrathohlprofilen wurden alle vollständig in der Werkstatt vorgefertigt und dann im Gebäude zusammengesetzt. Auch das Glasgeländer wurde vor Ort montiert. Sämtliche sichtbare Teile sind mit Baubronze verkleidet, deren Oberfläche im Laufe der Zeit durch die Benutzung eine gewisse Patina mit leichten Farbnuancen entwickelt und einen wohnlichen Charakter entstehen lässt. Seitlich neben der Treppe ist ein Aufzug angeordnet, der vom Keller bis ins Dachgeschoss führt und die barrierefreie Erschließung der Büroräume gewährleistet.

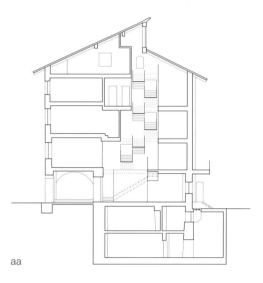

aa

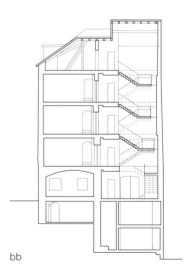

bb

Projektdaten:

Nutzung:	Büro
Erschließung:	zentrale Treppe, Aufzug
Anzahl Geschosse:	5 + 2 UG
lichte Raumhöhe:	2,53–3,30 m
Bruttorauminhalt:	3500 m³
Bruttogeschossfläche:	815 m²
Baujahr:	2007
Bauzeit:	12 Monate

110

1. Obergeschoss

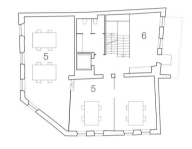

4. Obergeschoss

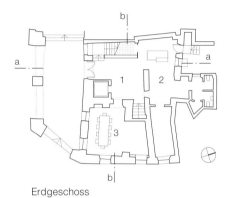

Erdgeschoss

3. Obergeschoss

Schnitte • Grundrisse
Maßstab 1:400

1 Eingangshalle
2 Rezeption
3 Besprechung
4 Büro Chef
5 Büro Mitarbeiter
6 Aufenthaltsraum

Detailschnitte Treppe
Maßstab 1:20

1 Geländer VSG aus TVG
2× 10 mm, dazwischen PVB-Folie
1,5 mm
2 äußere Presswange Baubronze
Tombak 8 mm, an Stahlprofil
geschraubt, Glasbrüstung einge-
spannt
3 Spachtelmasse 5–7 mm
Kalziumsulfatplatten 20 mm
Korkmatte 1–2 mm
Stahlblech 4 mm
Stahlrohr ⌀ 60/60 mm
Blech Baubronze Tombak 2 mm
4 Zementestrich 6 mm

Kalziumsulfatplatte 32 mm
Trittschalldämmung 12 mm
Betonestrich 80 mm
Stahlbeton 250 mm
abgehängte Decke Gipskarton
12,5 mm
5 Flachstahl verschweißt 15 mm,
durchlaufend mit drei Schwer-
tern zur Aussteifung
6 Verblendung Baubronze
Tombak 8 mm, verdeckt von
hinten befestigt
7 verdeckte Lichtleiste
8 2× Flachstahl 15 mm, zu Winkel
verschweißt, durchlaufend
9 Baubronze Tombak 8 mm
10 Treppenauflager Stahlrohr
⌀ 80/80 mm

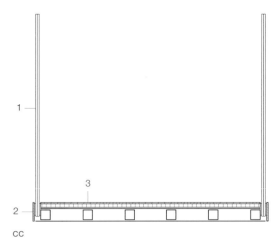

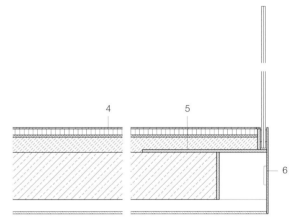

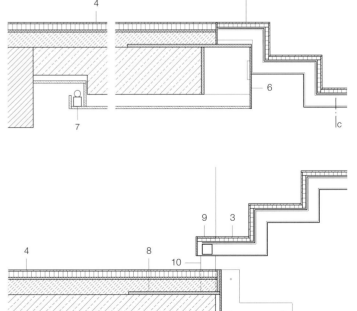

AachenMünchener Direktionsgebäude in Aachen

Architekten: kadawittfeldarchitektur, Aachen

Bestandsgebäude und Neubauten fügen sich durch einen zentralen Boulevard zu einer Einheit und sind in die gewachsene Stadt eingebunden.

Das Versicherungsunternehmen AachenMünchener wollte seine Geschäftsbereiche, die bisher auf verschiedene Standorte in der Stadt verteilt waren, in einem zusammenhängenden Gebäudekomplex bündeln. Die Herausforderung bestand darin, eine Bürolandschaft mit 30 000 m² in ein bestehendes städtisches Gefüge unter Berücksichtigung des vorhandenen Bestands einzubinden, ohne das Areal von der Öffentlichkeit abzuschirmen. Den Architekten gelang es, sowohl den Ansprüchen des Bauherrn nach einem repräsentativen, zentralen Firmensitz zu entsprechen als auch die Belange der Stadt und ihrer Bewohner zu erfüllen. Diese wünschten sich eine Verbindung zwischen dem umgestalteten Bahnhof und der Aachener Altstadt, die lange Zeit durch die beiden zehngeschossigen Büroscheiben der Versicherung aus den 1970er-Jahren und diverse Anbauten verbaut war. Deshalb wurden auf dem an sich privaten Grundstück an den entscheidenden Stellen öffentliche Wege angelegt und so die fußläufige Verbindung »Via Culturalis« zwischen Hauptbahnhof und Innenstadt geschaffen. Differenzierte Räume auf dem Grundstück, zu denen kleinere Plätze und eine großzügige Freitreppe zählen, stehen den Bürgern als öffentlicher Raum zur Verfügung.

Boulevard als Raum für Kommunikation

Es entstanden insgesamt vier Häuser, die die Büroräume der Versicherung aufnehmen, und ein fünftes Gebäude, in dem fremdvermietet Funktionen des täglichen Bedarfs wie Post,

Läden und Gastronomie untergebracht sind, die zur Belebung des Areals beitragen. Um dem Wunsch nach einem kommunikativen Viertel mit Transparenz und Durchlässigkeit zu entsprechen, wurde das Volumen auf unterschiedlich geknickte Baukörper verteilt, die über einen verglasten Steg, den sogenannten Boulevard, zusammengeschlossen sind. Im Inneren der Bauten steht diese Verbindung den Nutzern mit seinen Aufweitungen und Verengungen als Raum für zufällige Begegnungen und Kommunikation zur Verfügung. Hier befinden sich zudem alle Gemeinschaftsbereiche wie Mitarbeiterrestaurant, Cafeteria, Konferenz-, Schulungs- und Seminarräume. Alle notwendigen haustechnischen Einbauten wie z. B. Sprinkler und Rauchmelder sind hinter einer abgehängten Decke aus weiß lackiertem Streckmetall verborgen. Für großzügige Ausblicke in die urbane Umgebung sorgt die geschosshohe Verglasung des Stegs, die über die Dachränder weitergeführt ist.

Großzügige Treppenanlage

Durch den neu entstandenen, offenen AachenMünchener-Platz erhält die Firmenzentrale eine adäquate Adresse an der Borngasse. Hier ist der Boulevard über eine ausladende, 20 m breite Freitreppe an das Straßenniveau angebunden und öffnet sich mit einem repräsentativen zweigeschossigen Foyer zum Stadtraum. Mit der Entscheidung, den Hauptzugang in die Mitte des Quartiers zu legen, wurde die Platzfolge um einen wertvollen städtischen Freiraum ergänzt. Die großzügige Treppenanlage mit Zwischenpodesten durchzieht serpentinenartig eine Rampenstruktur, die die Durchwegung des Areals auch mit Fahrrädern und Kinderwägen problemlos ermöglicht.

»Via Culturalis«
1 Dom
2 Münsterplatz
3 Elisenbrunnen
4 Theater
5 Alexianergraben
6 Kapuzinerkarree
7 AachenMünchener-Platz
8 Treppenanlage
9 Pocketpark
10 St. Marien
11 Hauptbahnhof

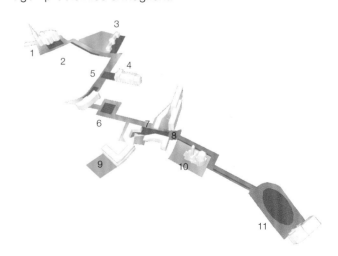

Projektdaten:

Nutzung:	Büro
Erschließung:	Hauptzugang in der Mitte des Quartiers, Foyer mit skulpturaler Treppe, interne Verbindung über »Boulevard«
Anzahl Geschosse:	7 + 1 UG
lichte Raumhöhe:	2,75 m (Büro), 2,90 m (Boulevard)
Bruttorauminhalt:	122 100 m³
Bruttogeschossfläche:	34 900 m²
Baujahr:	2010
Bauzeit:	35 Monate

Grundrissausschnitt
Erdgeschoss
Maßstab 1:1250
Lageplan
Maßstab 1:4000

12 AachenMünchener-Platz
13 Haupteingang
14 Foyer
15 Zufahrt Tiefgarage
16 Bestandsgebäude
17–19 Neubauten
20 fremdvermieteter Neubau

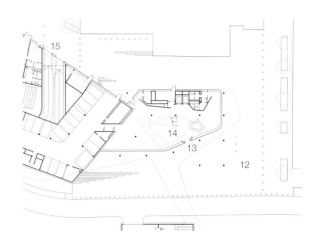

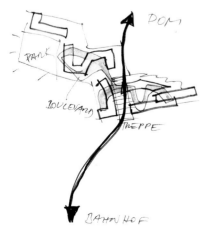

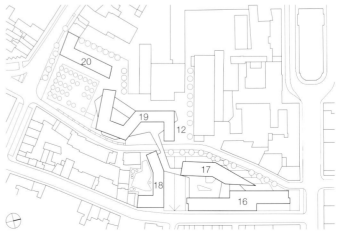

115

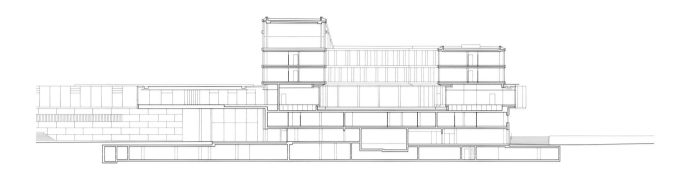

aa

116

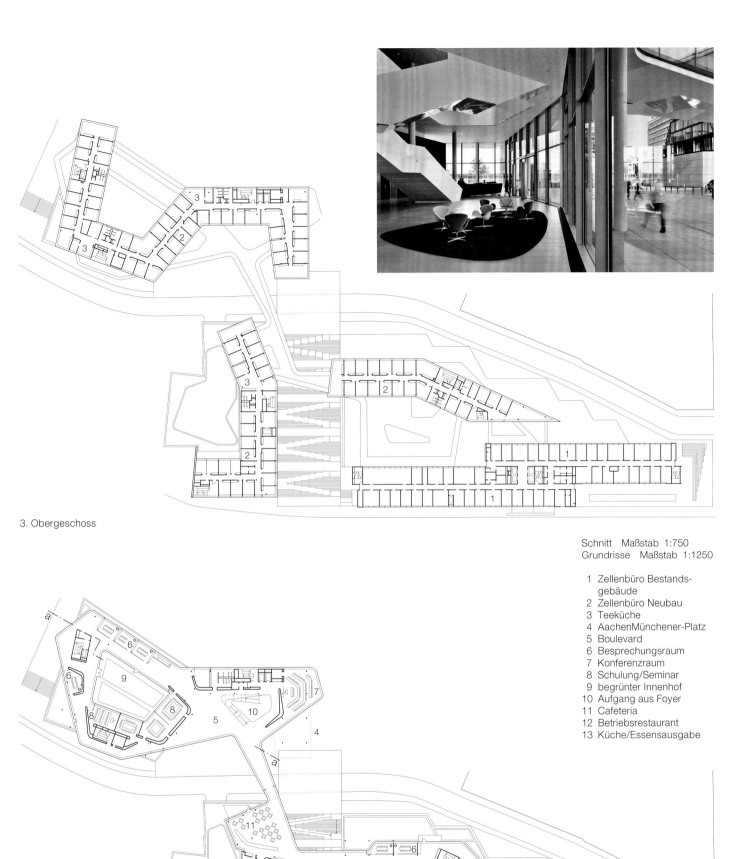

3. Obergeschoss

Schnitt   Maßstab 1:750
Grundrisse   Maßstab 1:1250

1 Zellenbüro Bestands-
   gebäude
2 Zellenbüro Neubau
3 Teeküche
4 AachenMünchener-Platz
5 Boulevard
6 Besprechungsraum
7 Konferenzraum
8 Schulung/Seminar
9 begrünter Innenhof
10 Aufgang aus Foyer
11 Cafeteria
12 Betriebsrestaurant
13 Küche/Essensausgabe

2. Obergeschoss

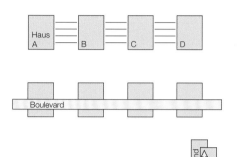

1 Besprechungsraum
2 Konferenzraum
3 Schulung/Seminar
4 begrünter Innenhof
5 Aufgang aus Foyer
6 Cafeteria
7 Betriebsrestaurant

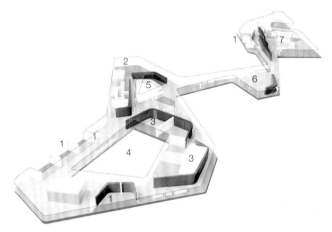

A

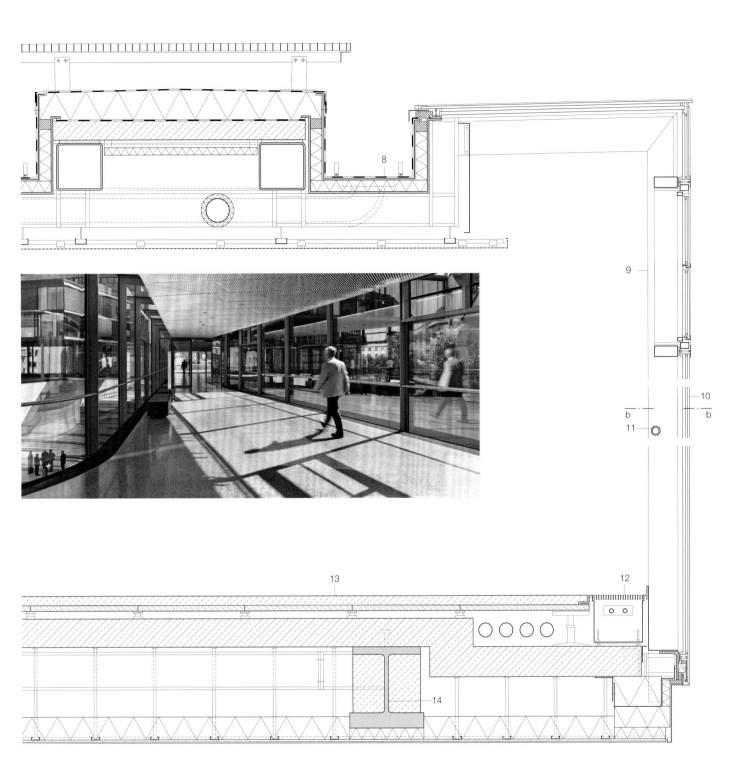

Vertikalschnitt
Horizontalschnitt
Boulevard
Maßstab 1:20

A typologische Entwicklung des Boulevards:
Anstelle geschossweise angeordneter Flure
und Verbindungsgänge bündelt der Boulevard
diese auf einer Ebene. Alle gemeinsam
genutzten Funktionen wie Cafeteria und
Meetingbereiche gliedern sich an diese
Haupterschließungsachse an.

8 Flüssigkunststoffabdichtung auf Stahlblech
   Vlieseinlage 2 mm, Wärmedämmung 60 mm
   Stahlblech 5 mm
9 Stahlprofil T 200/70/20 mm
10 Sonnenschutzverglasung ESG-H 10 mm +
   SZR 12 mm + VSG 15 mm, U = 1,1 W/m²K
11 Edelstahlprofil gebürstet Ø 57 mm
12 Bodenkonvektor
13 Terrazzo 50 mm, Trägerplatte zementgebunden 20 mm, Hohlraum 36 mm
   Stahlbeton 160 mm, Hohlraum Abhangdecke
   Wärmedämmung Mineralwolle 120 mm
   Gipskarton imprägniert 12,5 mm
   Spachtelung und Anstrich
14 Stahlprofil I 400/430/80/40/20 mm

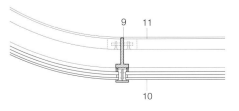

bb

Restaurant und Bar in Zürich

Architekten: Burkhalter Sumi Architekten, Zürich

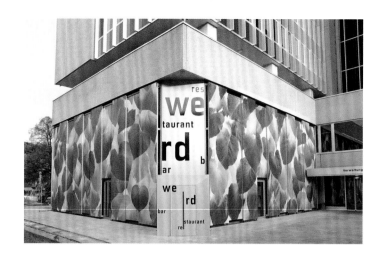

**Die geschwungene Treppe zur Galerieebene stellt
ein bestimmendes Element in der dynamischen
Raumgestaltung mit kräftigen Farben dar.**

Im Zuge der Sanierung des Hochhausensembles aus den
frühen 1970er-Jahren wurde das ehemals offene Erdgeschoss geschlossen. Es beherbergt nun ein Restaurant mit
Bar. Als Eingangsbereich wurde ein niedriger, über Eck
angeordneter Windfang ergänzt. An der Fassade des Sockel-
geschosses fallen besonders die Sonnenschutzbehänge ins
Auge, die mit großen Blattmotiven bedruckt sind und den
Innenraum vor zu großer Sonneneinstrahlung schützen.
Beim Betreten des Lokals wird der Besucher sofort von der
räumlichen Dynamik und der unkonventionellen Farbigkeit
vereinnahmt, die sich durch alle Räume zieht und die Ebenen
differenziert. Neben den Fußböden sind auch der kreisrunde
Treppenaufgang, der sich um eine zentrale Säule windet,
und die Galerieebene in das Farbkonzept integriert und in
kräftigem Rot und Grün gestrichen. Die rechteckigen Stützen,
die noch vom Bestand herrühren, treten durch ihre schwarze
Farbe eher in den Hintergrund. Um die Treppe ist eine Theke
aus dunkel gebeizter Eiche angeordnet.
Die Spindeltreppe schwingt sich als zentrales, den Raum
bestimmendes Element nach oben und erschließt die zweite
Ebene. Mit ihrer geschlossenen Brüstung gliedert sie den
Raum in einen vorderen, überhohen Eingangs-, Lounge- und
Barbereich und den hinteren, niedrigen Essbereich unter
bzw. auf der Galerie, wo sich weitere Sitzplätze des Restau-
rants befinden. Aus der geschwungenen Treppenbrüstung
entwickelt sich auf der Galerie eine ergonomisch geformten
Sitzbank, die die ganze Ebene umläuft.

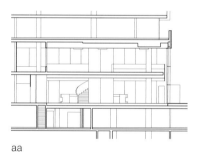

aa

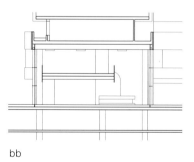

bb

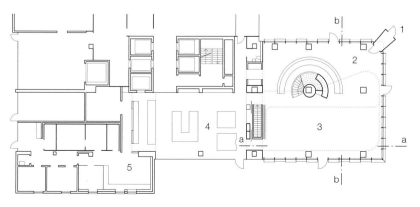

Erdgeschoss

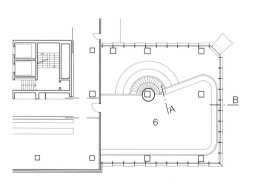

Galerieebene

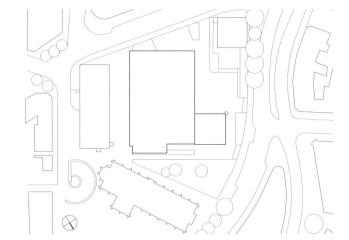

Lageplan
Maßstab 1:2000
Schnitte · Grundrisse
Maßstab 1:500

1 Eingang
2 Bar
3 Restaurant
4 SB-Bereich
5 Küche
6 Galerie

Projektdaten:

Nutzung: Gastronomie
Erschließung: Windfang, Spindeltreppe
Anzahl Geschosse: 2
lichte Raumhöhe: 3 m (Restaurant, Galerie),
                        7,50 m (Bar)
Bruttorauminhalt: 3800 m³
Bruttogrundfläche: 880 m²
Baujahr: 2006
Bauzeit: 7 Monate

Vertikalschnitte
Maßstab 1:20

1 Fassade Bestand
2 Paneel gedämmt 178 mm
3 Wärmedämmung Schaumglas
   140 mm
4 Metalldecke Zinkblech
   pulverbeschichtet,

Lochung Ø 40 mm
Akustikeinlage 20 mm
5 Sonnenschutzrollo Gewebe
   bedruckt
6 Pfosten-Riegel-Konstruktion
   mit Isolierverglasung
   4 + 16 + 4 + 16 + 4 mm
7 Bank aus Spanplatte 19 mm,
   farbig lackiert
8 Handlauf Flachstahl 40/5 mm

9 Bodenbelag PU-Fließharz
   3 mm
   Trittschalldämmung 4 mm
   Anhydritestrich 43 mm
   Stahlbeton 320 mm
10 Zuluftauslass
11 Bodenkanal 25/12 mm
12 Zuluftkanal
13 Einbaumöbel MDF-Platte
    30 mm

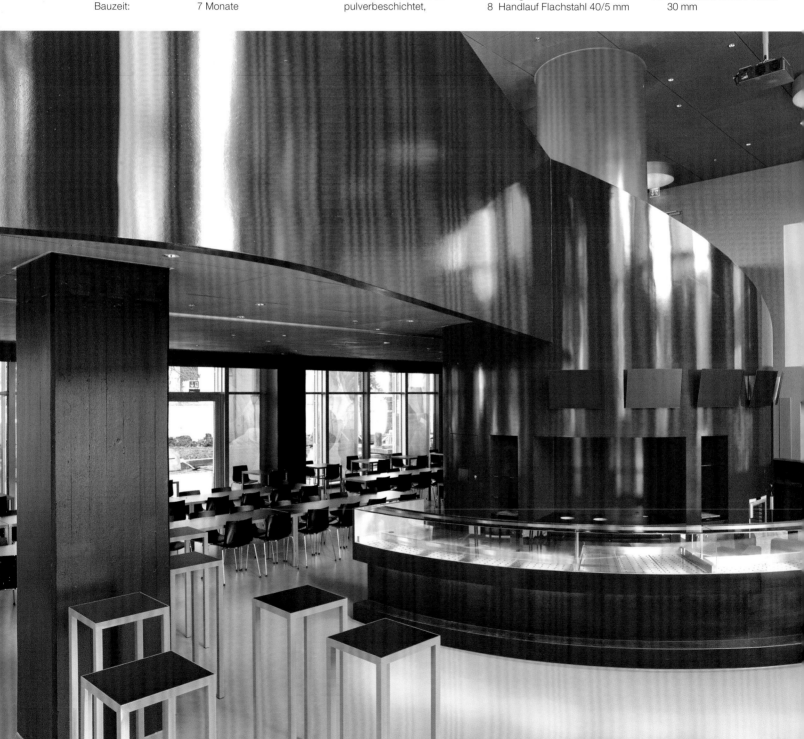

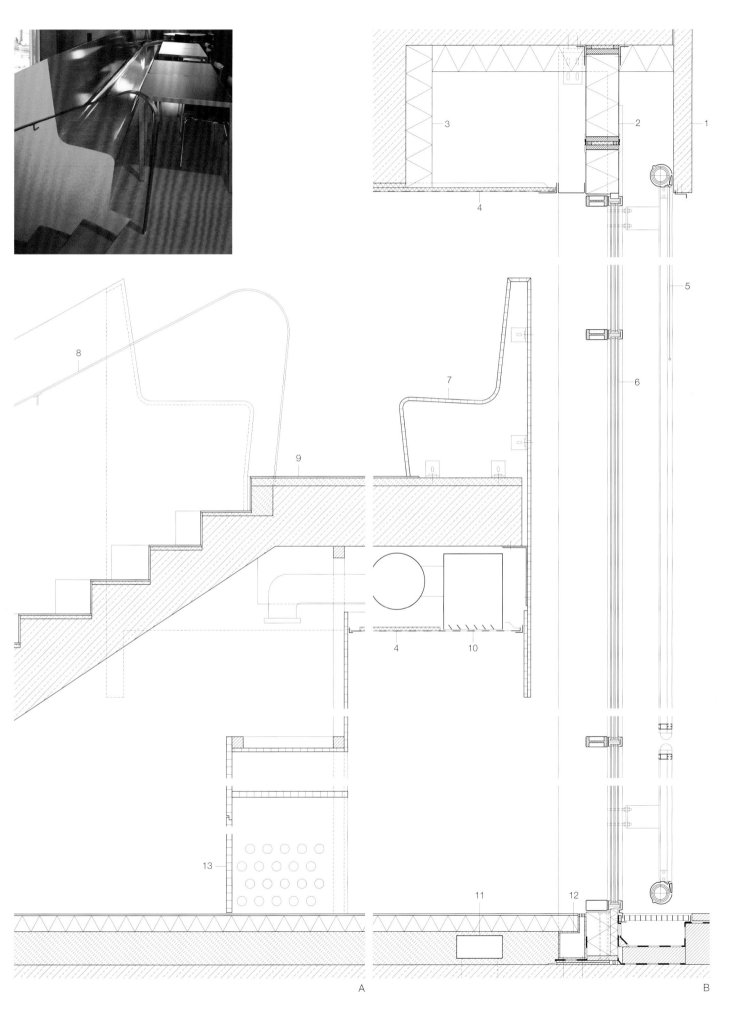

A

B

Apotheke in Athen

Architekten: KLab architecture, Athen / London

Lichteffekte der Fassade und eine frei stehende Rampe im Innenraum machen den Apothekenbesuch zum Shoppingerlebnis.

Die Placebo Pharmacy liegt an einer der geschäftigsten Straßen des Stadtteils Glyfada, einem noblen Vorort von Athen. Um das frei stehende Gebäude, das durch den Umbau eines achteckigen Autopavillons entstanden ist, legt sich spiralförmig ein weißes Metallband, dessen Perforation einer stark vergrößerten Brailleschrift entspricht – eine Referenz an die Blindenschrift auf Medikamentenverpackungen. Nach oben schließt eine Bambusverkleidung das Gebäude ab.
Im Innenraum herrscht die Farbe Weiß vor, die Pflanzen zwischen der Glasfassade und dem gelochten Band setzen einen grünen Farbakzent, zudem entstehen durch die ver-

schiedenen Strukturen interessante Lichteffekte. Im Zentrum der Apotheke steht ein runder Tresen, um den die Regale mit den frei verkäuflichen Produkten und die Ausgabe für rezeptpflichtige Medikamente konzentrisch angeordnet sind. Diese runden und ellipsenförmigen Produktdisplays, zwischen denen die Kunden frei hindurchschlendern können, gliedern den offenen, sehr großzügigen Raum.
Eine geschwungene Rampe, die frei im Raum stehend der Rundung der Fassade folgt, führt ins Obergeschoss, das wie eine Brücke über dem Mittelteil des Gebäudes liegt. Dort sorgen Glastrennwände für Transparenz, mit ihrer grünen Färbung beleben sie die Galerie farblich. Deren Brüstung sowie die Wände der oberen Räume nehmen mit ihrer wellenförmigen Ausführung den dynamischen Charakter der Fassade und der Rampe wieder auf.

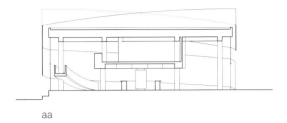

aa

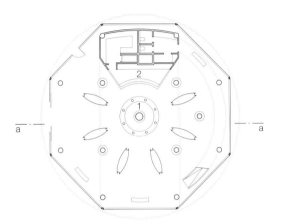

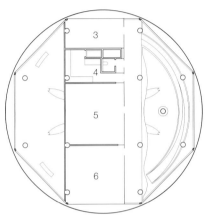

Schnitt · Grundrisse
Maßstab 1:400

1 zentraler Verkaufs-
  tresen
2 Medikamenten-
  ausgabe

3 Büro
4 Lager
5 Shop-in-Shop-Fläche
6 Veranstaltungsraum

Projektdaten:

Nutzung:	Verkauf
Erschließung:	Rampe
Anzahl Geschosse:	2
lichte Raumhöhe:	2,30–5,60 m
Bruttorauminhalt:	1685 m³
Bruttogeschossfläche:	600 m²
Baujahr:	2010
Bauzeit:	4 Monate

Schnitt Rampe
Maßstab 1:20

8 Expoxydharz 3 mm
  Betonestrich 30 mm
  Stahlbeton 170 mm
9 Gipskarton 12,5 mm

Stahlrohr Ø 65/65 mm
Gipskarton 2× 12,5 mm
10 Aluminiumblech
   gekantet 2 mm

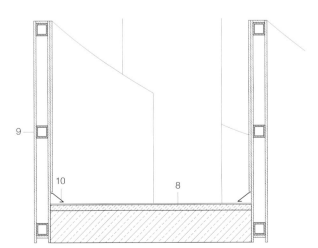

Rathaus in Bad Aibling

Architekten: Behnisch Architekten, München

Der helle Granit des Platzes vor dem Rathaus setzt sich als öffentlicher Weg im Gebäude fort, gesäumt von Läden, Bürgerbüro und einem Café.

Im Zuge mehrerer baulicher Veränderungen erhielt das oberbayerische Bad Aibling ein neues Rathaus. Das alte Gebäude aus den 1970er-Jahren wurde bis auf Bodenniveau abgerissen und durch einen Neubau ersetzt, der sich kommunikationsfördernd auf das städtische Leben auswirken soll. Die Architekten entschieden sich aufgrund des erhaltenen Kellers samt Gründung für einen leichten Betonskelettbau mit Holzwänden. Zur Bauaufgabe gehörte es ebenfalls, den benachbarten Marienplatz samt angrenzender Straßenzüge umzugestalten. Das Rathaus selbst ist als offenes Haus angelegt: Drei öffentlich zugängliche Terrassen an verschiedenen Fassadenseiten ermöglichen Ausblicke auf Stadt und Umgebung. Außerdem führt ein von Läden, Bürgerbüro und einem Café flankierter Weg vom Platz durch das Gebäude hindurch bis zum dahinter vorbeifließenden Bach. Weg und Eingangsbereich gehen über in ein mehrgeschossiges Atrium, das als fließender Begegnungsraum Stadtbücherei, Trauzimmer, Büroräume und Sitzungssäle erschließt. Die nördliche Atriumswand reflektiert das über Oberlichtbänder einfallende Licht durch die fast skulpturale Form ihrer Bekleidung aus gespachtelten Holzwerkstoffplatten. Die Wandelemente setzen sich als Brüstungen, Sitzbänke und Theken im Atriumraum fort. Stahlwalzprofile bilden die Grundkonstruktion der zentralen Treppe, die Geländerbrüstung besteht aus Furniersperrholz, die Winkelstufen aus Betonwerkstein. Das Energiekonzept beinhaltet eine Heizung mit Holzpellets, gekühlt wird mit Wasser aus dem Bach.

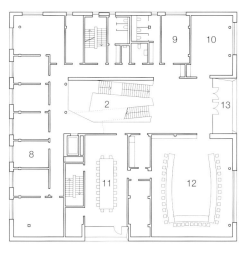

2. Obergeschoss

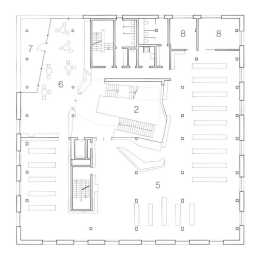

1. Obergeschoss

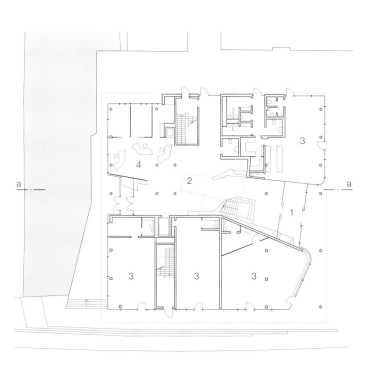

Erdgeschoss

aa

Grundrisse · Schnitt
Maßstab 1:500

Projektdaten:

Nutzung:	Rathaus, Läden, Café, Bücherei
Erschließung:	Treppe, Atrium, Lift
Anzahl Geschosse:	4 + 1 UG
lichte Raumhöhe:	3,30 m (Bücherei), 2,80 m (Büros)
Bruttorauminhalt:	15 000 m³
Bruttogrundfläche:	4300 m²
Baujahr:	2012
Bauzeit:	18 Monate

1 Windfang
2 Eingangsbereich / Atrium
3 Laden
4 Bürgerbüro
5 Bücherei
6 Lesecafé
7 Leseterrasse
8 Büro
9 Bürgermeister
10 Trauzimmer
11 kleiner Sitzungssaal
12 großer Sitzungssaal
13 Stadtterrasse

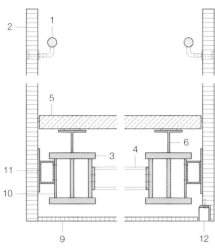

Detailschnitte
Treppe Foyer/Atrium
Maßstab 1:20

1 Handlauf Eiche massiv klar lackiert ⌀ 50 mm
   befestigt an Stahlrohr ⌀ 20 mm
2 Holzwerkstoffplatte 63 mm
3 Hauptträger Strahlprofil HEM 220, mit
   aufgeschweißten T-Profilen
4 Nebenträger Strahlprofil HEB 120 mit Kopf-
   platten 10 mm umlaufend verschweißt
5 Winkelstufen Betonwerkstein bewehrt 70 mm
   Epoxidharzkleber auf Neoprenauflager 5 mm
6 Treppenstufenauflager Stahlprofil T
   aufgeschweißt 150/120/10 mm, 2× je Stufe
7 Betonwerkstein 70 mm
   Stahlplatte 10 mm auf Stahlstegen 10 mm
   Trittschalldämmung Kompressionslager

Elastomer, beidseitig trapezprofiliert 10 mm
8 Bodenaufbau:
   Betonwerkstein 30 mm
   Mörtelbett 15 mm
   Heizestrich 70 mm
   Trennlage
   Dämmung 70 mm
   Stahlbetondecke 250 mm, Untersicht
   gespachtelt, weiß gestrichen
9 Holzwerkstoffplatte Oberfläche gespachtelt
   und lackiert 19 mm
10 Flachstahl 10 mm
11 Stahlrohr ⌑ 120/80/5 mm
12 LED-Lichtband

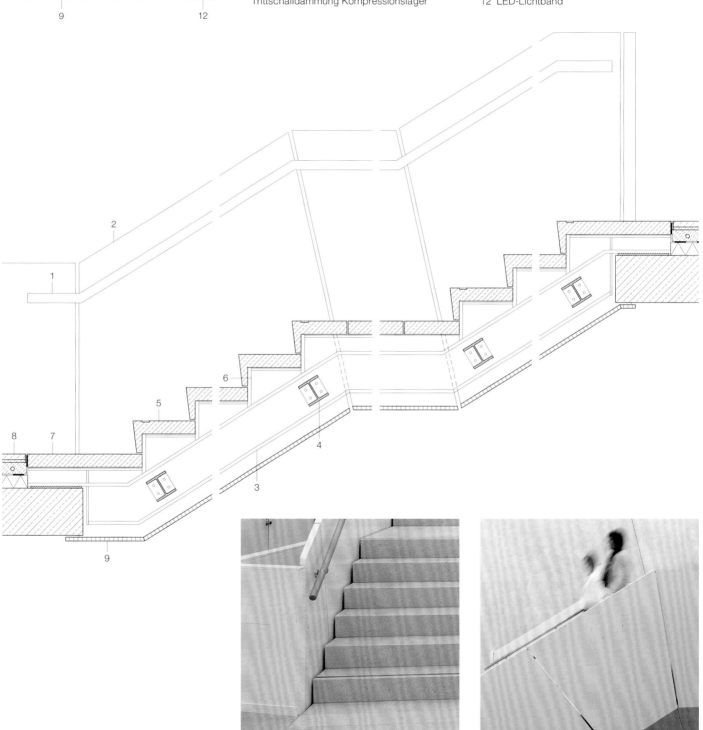

Café und Ausstellungsräume in Bragança

Architekt: Giulia De Appolonia, Brescia

Lageplan   Maßstab 1:6000

Eine Abfolge von Rampen auf dem Gebäudedach verbindet das historische Stadtzentrum mit dem tiefer gelegenen Flussniveau.

Die begehbare Dachfläche des Ausstellungspavillons dient in erster Linie als öffentlicher Fußweg. Sanft geneigte Rampen und abkürzenden Stichtreppen verbinden das historische Zentrum der nordportugiesischen Stadt Bragança mit dem tiefer gelegenen Flussniveau, Ausblicke auf die Umgebung laden zudem zum kontemplativen Verweilen ein. Sowohl der Boden als auch die Brüstungen sind durchgängig mit Kunstharz beschichtet, in den feinkörniger Quarzsand eingestreut wurde. Hat man, von oben kommend, die Dachlandschaft entlang der gegenläufig dynamisch ansteigenden Fassadenbrüstung schon fast wieder verlassen, kann man den Weg entweder weiter Richtung Flußbettlandschaft einschlagen, oder nach einer Kehrtwende den Gebäudeeingang ansteuern, der sich am Ende des von Betonwangen eingefassten Rampengangs befindet. Denn fast nebenbei ist das Dach auch oberer Abschluss eines Gebäudes, in dem Objekte und Videoinstallationen zum Thema Umwelt und erneuerbare Energien präsentiert werden. Das Innere des Gebäudes ist bestimmt von zwei Haupträumen sowie einer verbindenden Servicezone inklusive Café, das auch über Sitzplätze auf der vorgelagerten Terrasse verfügt. Hinter der Südverglasung angeordnete raumhohe voroxidierte Stahltafeln absorbieren die durch die Verglasung einfallenden Sonnenstrahlen. Die solar erwärmte Luft im Zwischenraum kann dann über motorisch gesteuerte Lüftungsklappen je nach Bedarf dem Innenraum zugeführt oder nach außen abgelüftet werden.

129

Projektdaten:

Nutzung:	Ausstellung, Café
Erschließung:	Rampen und Treppen auf dem Dach
Anzahl Geschosse:	1 + begehbares Dach
lichte Raumhöhe:	2,50–4,55 m
Bruttorauminhalt:	2026 m³
Bruttogeschossfläche:	579 m²
Baujahr:	2007
Bauzeit	21 Monate

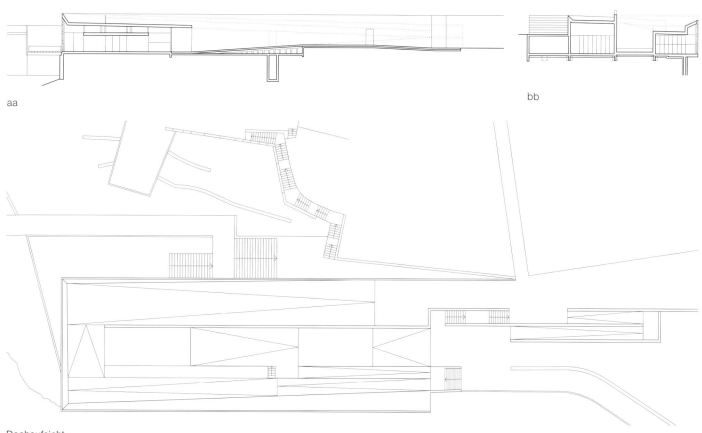

aa

bb

Dachaufsicht

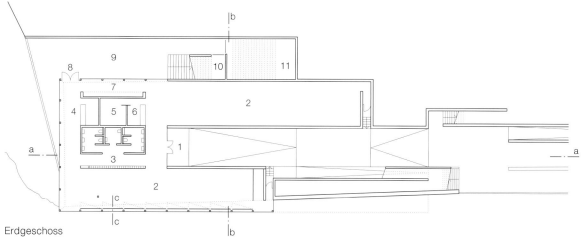

Erdgeschoss

Schnitte
Dachaufsicht · Grundriss
Maßstab 1:500

1 Eingang
2 Ausstellungshalle
3 Schließfächer
4 Bar/Café
5 Büro
6 Ticketverkauf
7 Computerplätze
8 Nordeingang
9 Terrasse
10 Technikraum
11 Turbinenraum

Vertikalschnitt Dach/Fassade
Maßstab 1:10

12 Sonnenschutzverglasung
   Float 6 + SZR 12 + ESG 6 mm
13 Lüftungsöffnung
   motorisch gesteuert
14 Stahlprofil ⌷ 140/140/7 mm
15 Befestigungselement Edelstahl
16 Glashalteprofil Edelstahl 2 mm
17 Absorberblech
   Stahl voroxidiert 3 mm
18 Holzfaserplatte zementgebunden
   auf MDF-Platte, je 12 mm
19 Kunstharzbeschichtung mit
   Quarzsandeinstreuung 2 mm
   Zweikomponenten-Zement-

dichtmasse 3 mm
Zementestrich armiert 50 mm
EPS-Hartschaumplatte 60 mm
Stahlbeton im Gefälle
20 Kunstharzbeschichtung mit
   Quarzsandeinstreuung 2 mm
   Zweikomponenten-Zementdicht-
   masse 3 mm, Glasfaserarmierung
   Kalziumsilikatplatte geklebt 7 mm
   EPS-Hartschaum geklebt 60 mm
   Stahlbeton 250 mm
21 LED-Leuchte
22 Kunstharzbeschichtung 2 mm
   auf Flachstahlprofil 3 mm

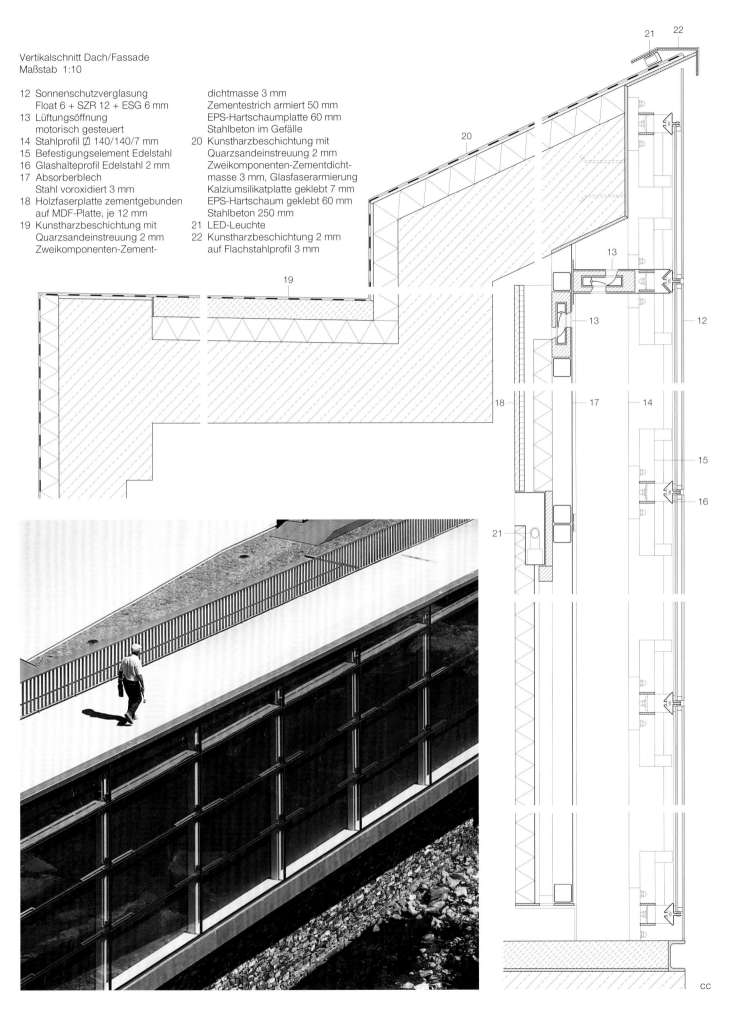

Strandpromenade in Benidorm

Architekten: OAB – Office of Architecture in Barcelona

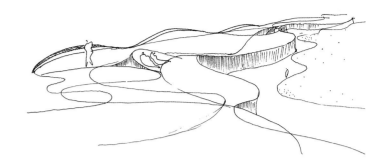

Mit Treppen, Rampen und wellenförmigen Aus-buchtungen wird die Strandpromenade zur gebau-ten Landschaft und bietet Zugang zum Wasser.

Benidorm, 45 km nordöstlich von Alicante an der spanischen Costa Blanca gelegen, erhielt 2009 eine neu gestaltete Uferpromenade. Der Erlass eines revolutionären Bebauungsplans in den 1950er-Jahren und die Erlaubnis zum Tragen von Bikinis verwandelten das Fischerdorf rasch zu einem Touristendomizil mit Hochhaussilhouette aus dicht beieinanderstehenden Hotels. Zur Hochsaison steigt die Bevölkerungszahl zeitweise auf über 1,5 Millionen Menschen. Die 1,5 km lange Promenade schlängelt sich in organischen Linien mit wellenförmigen Aus- und Einbuchtungen den Strand entlang und belebt mit ihrer Farbigkeit den Übergang von der harten urbanen Kante zum Wasser. Die Breite der Promenade variiert zwischen 8 und 30 m. Der »Paseo de Poniente« ruht auf einer weißen Betonmauer als Sockelzone, die im Profil mal konkav, mal konvex geformt ist. Durch die nach innen gewölbten Schwünge konnten insgesamt 3000 m² Strandfläche hinzugewonnen werden. Hier kann man auch Zuflucht vor der Sonne bzw. dem Regen suchen oder sich zum Umziehen zurückziehen. Die Promenade verbessert als Scharnier zwischen Stadt und Meer den Zugang zum Strand und bietet dem Urlauber gleichzeitig einen gewissen »Schutz« vor den Häusermassen.

Glasierte Keramikplatten

Geschwungene Treppen und Rampen als Auf- und Abgänge überbrücken einen Höhenunterschied von 4,50 m. Auf Straßenniveau entstand ein neuer öffentlicher Raum mit Aufenthaltsqualität durch Aussichtsplattformen mit Sitzbänken sowie bepflanzte Inseln und der Möglichkeit zum Spazierengehen, Joggen oder Rollerskaten. Die ehemals vierspurige Straße wurde im Zuge der Baumaßnahme rückgebaut und ist nur noch für Anlieger befahrbar. Den Boden des Paseos bilden glasierte Keramikplatten in 22 verschiedenen Farbtönen – von Dunkelblau und Lila über Gelb, Orange und Rot bis hin zu Grüntönen. Diese helfen den Urlaubern bei der Orientierung, ihr Hotel unter den uniformen Bettenburgen wiederzufinden. Die runden, stranggepressten Platten mit einem Durchmesser von 43 cm wurden eng verlegt, die Zwischenräumen füllen kleine abgerundete Dreiecksplatten und LED-Spots, sodass eine homogene wabenförmige Oberfläche entsteht. Randstreifen, Treppen und Rampen sind aus weiß gestrichenem Beton. Vor dem Sockel verläuft ein 4 m breites Band aus imprägnierten Holzplanken, auch hier sind Leuchten zur besseren Orientierung bei Dunkelheit eingelassen.

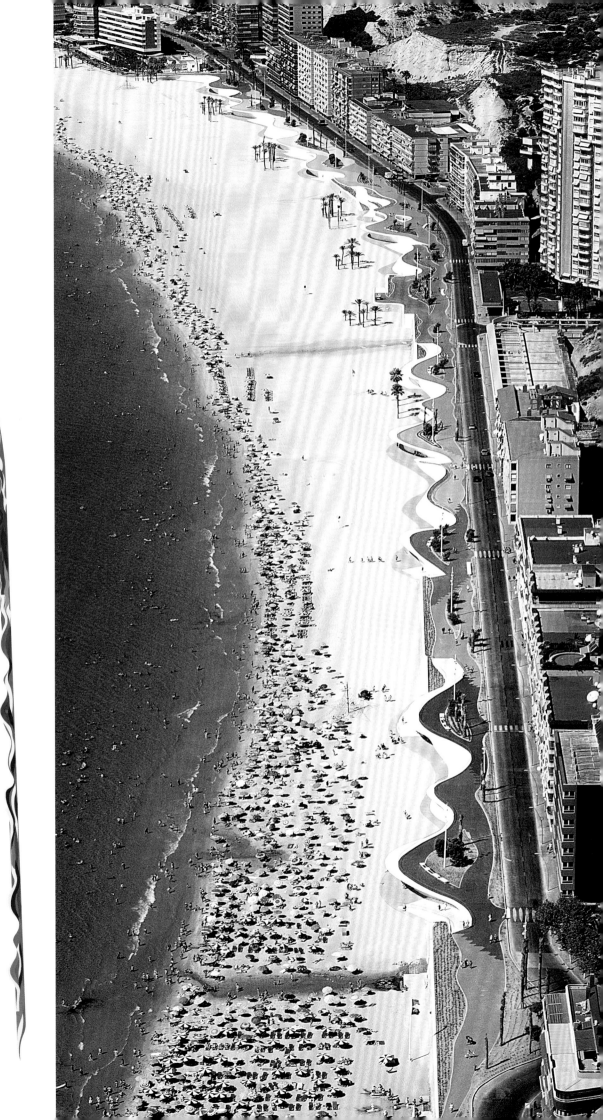

Projektdaten:

Nutzung:	Strandpromenade
Erschließung:	Treppen, Rampen
Länge:	1500 m
Fläche:	ca. 45 000 m²
Baujahr:	2009
Bauzeit:	36 Monate

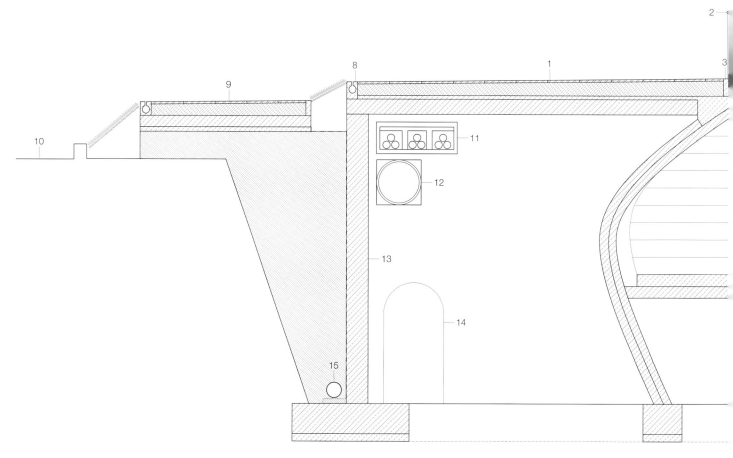

Grundriss Maßstab 1:500
Schnitt Promenade / Treppenabgang zum Strand
Maßstab 1:50

1 Keramikplatten glasiert 25 mm
   Ausgleichsschicht 150 mm
   Beton 50 mm, Hohlbetonplatte 200 mm
2 Handlauf Edelstahl Ø 10 mm, Höhe: 900 mm
   Geländerstab Ø 7 mm
3 Sockelabschlusselement Beton, vorgefertigt
   70/230 mm
4 Hohlplatte Leichtbeton
5 Spritzbeton bewehrt, weiß gestrichen
   mit Lösung auf Silikatbasis 120 mm
6 Stufe Beton unbewehrt
   Stahlbetonplatte, beides weiß gestrichen
   mit Lösung auf Silikatbasis
7 Boden (Strandniveau):
   Lattung Kiefer mit Kupfersalz behandelt
   30 mm, Konterlattung 30 mm punktuell auf
   mit Mörtel verdichtetem Sand gelagert
8 Betonfertigteil zur Entwässerung:
   Drainagerohr Ø 100 mm
9 Keramikplatten glasiert 25 mm
   Ausgleichsschicht 150 mm
   Betonplatte 150 mm
   Ausgleichsschicht Beton 75 mm
   Unterkiesschicht 200/300 mm
10 Fahrbahn
11 Elektroinstallationen
12 Entwässerungsrohr Ø 600 mm
13 Rückmauer Hohlbetonelement 300 mm
   Abdichtung, Feinkies
14 Wartungsgang
15 Drainagerohr porös Ø 200 mm
   Mörtelauflager für Rohr

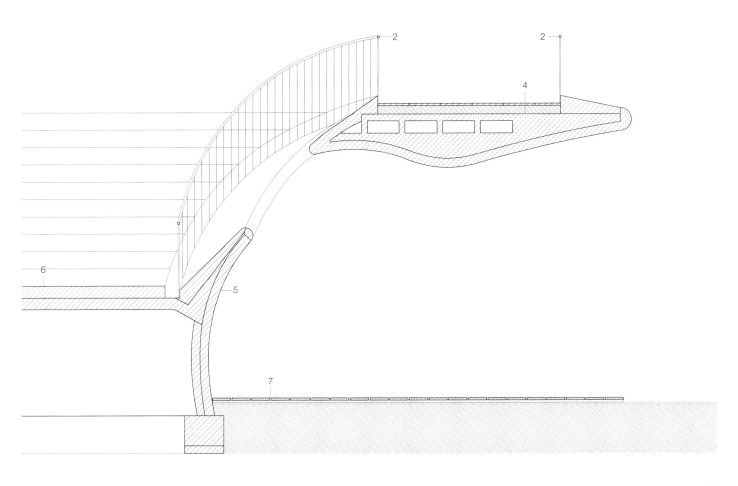

Festspielgelände im Römersteinbruch in St. Margarethen

Architekten: AllesWirdGut Architektur, Wien

Theaterarchitektur, Erschließungselemente und die umliegende Felslandschaft verschmelzen zu einem räumlichen Schauspiel.

Der Römersteinbruch St. Margarethen am Neusiedler See gehört zu den ältesten Steinbrüchen Europas. Bereits vor 2000 Jahren wurden mit dem hier abgebauten Kalksandstein römische Siedlungen errichtet sowie später beispielsweise der Stephansdom und einige Wiener Ringstraßenbauten. Seit den 1960er-Jahren finden auf dem Gelände ein wichtiges europäisches Bildhauersymposium sowie Passionsspiele im Fünfjahresturnus statt. Die steigenden Zuschauerzahlen der außerdem seit 1996 jährlich veranstalteten Opernfestspiele – bis zu 6000 Personen pro Abend – erforderten eine Erneuerung und Erweiterung der Infrastruktur. Mit einer klaren Formensprache sollten die Erschließung, die Aufenthaltsbereiche sowie die umgebenden Felsen bei sämtlichen Phasen des Theaterbesuchs miteinbezogen werden.

Barrierefreie Rampe

Vom Parkplatz führt der Weg den Besucher direkt hinab zum Eingangsgebäude und zur Ticketkontrolle. Nach Passieren des kurzen Verbindungstunnels eröffnet sich ein erster Ausblick über das Areal. Von hier aus leitet das Hauptelement des Entwurfs, die 330 m lange, barrierefreie Rampe im großzügigen Zickzackkurs den Besucher weiter über Felsen, Einschnitte und das Dach des Servicegebäudes hinab zum 19 m tiefer gelegenen Festspielgelände. Der Steg lädt dabei besonders in den Kehren zum Verweilen ein, von hier aus lässt sich die skulpturale Qualität des Projekts am besten überblicken. 20 mm dicke Bleche aus wetterfestem Baustahl umhüllen die Rampe und die Fassade des Eingangsgebäudes. Sie erinnern nicht nur an die industrielle Vergangenheit des Steinbruchs, sondern bieten mit ihrer vorkorrodierten Oberfläche Schutz vor Witterungseinflüssen während der Wintermonate. Überall dort, wo der Besucher in direktem Kontakt mit den Oberflächen steht – bei Ticketschaltern, Cateringtheken und Toiletteneingängen – werden weiß eingefärbte Faserzementplatten eingesetzt, die inmitten des rauen Sandsteins und des rostigen Stahls einen edlen Akzent setzen. Für die Oberflächen der Freibereiche verwendete man vorwiegend steinbrucheigene und -verwandte Materialien. Im Foyerpark wurden verschiedene Kiessorten zu einer wassergebundenen Decke verarbeitet, die notwendige Versickerungsflächen garantiert und Staubentwicklung während der trockenen Sommermonate vermeidet. Wo es die Gegebenheiten ermöglichen, wird der Fels selbst zum Baumaterial: VIP-Bereich und Backstagegebäude nutzen den umgebenden Stein als raumbildendes Element. Letzteres versteckt sich hinter dem Felsen der Naturbühne; ein eigener separater Zugang führt für Künstler und Personal vom Parkplatz aus über eine Freitreppe direkt in einen hofartigen Vorplatz. Um den freien Blick in den nächtlichen Sternenhimmel nicht zu beeinträchtigen und das Geschehen auf der Bühne nicht zu stören, wurde auf Laternen oder Strahler verzichtet. Die Grundbeleuchtung des Areals erfolgt über verschiedene Beleuchtungstechniken, die die einzelnen Bereiche bewusst akzentuieren und bei der Orientierung helfen: Balkenleuchten an Geländekanten, integriert in Rampenbrüstungen oder Sitzbänke im Picknickbereich breiten Streiflicht auf dem Boden aus, Punktnotbeleuchtungen in den Wegen ermöglichen ein stolperfreies Fortbewegen während der Vorstellung.

Projektdaten:

Nutzung:	Festspielgelände
Erschließung:	barrierefreie Rampen, Treppen
Anzahl Geschosse:	1 (Eingangsgebäude)
Bruttogrundfläche:	5580 m²
Baujahr:	2009
Bauzeit:	30 Monate

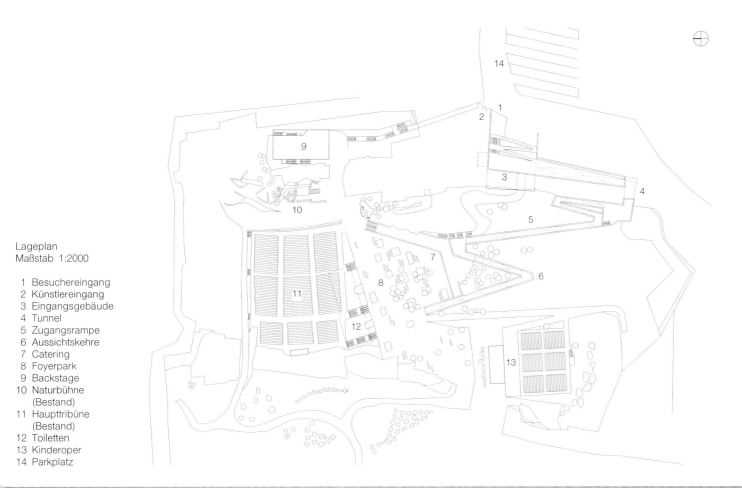

Lageplan
Maßstab 1:2000

1 Besuchereingang
2 Künstlereingang
3 Eingangsgebäude
4 Tunnel
5 Zugangsrampe
6 Aussichtskehre
7 Catering
8 Foyerpark
9 Backstage
10 Naturbühne
   (Bestand)
11 Haupttribüne
   (Bestand)
12 Toiletten
13 Kinderoper
14 Parkplatz

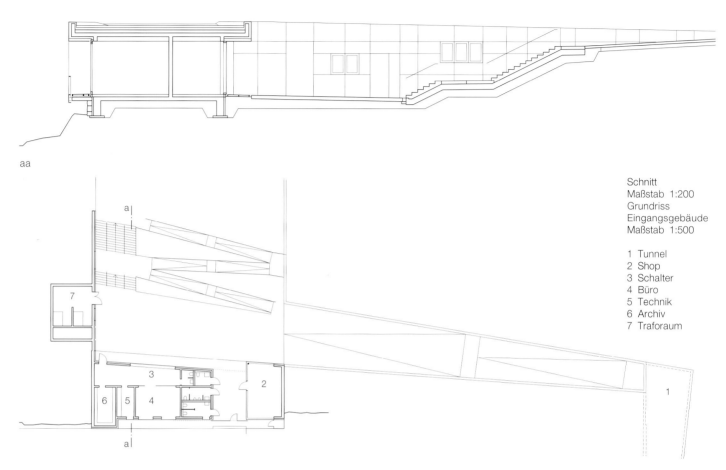

aa

Schnitt
Maßstab 1:200
Grundriss
Eingangsgebäude
Maßstab 1:500

1 Tunnel
2 Shop
3 Schalter
4 Büro
5 Technik
6 Archiv
7 Traforaum

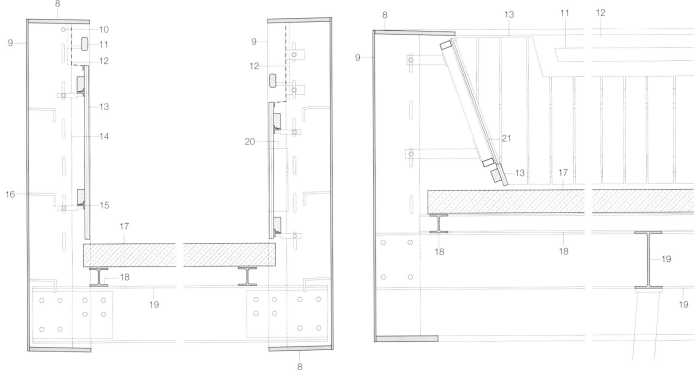

Schnitt Rampe · Schnitt Kehre
Maßstab 1:20

8 Stahlblech voroxidiert 20 mm
9 Tragkonstruktion Stahlblech
   voroxidiert 10 mm
10 Kaltkathodenröhre (bergseitig)
11 Handlauf Lärche 35/70 mm
12 Blende Lochblech pulverbeschichtet

13 Lattung Lärche 24 mm
14 Querausssteifung Stahlblech
   voroxidiert 10 mm
15 Stahlprofil T 40/40/5 mm
   mittels Lasche an 14 befestigt
16 Längsaussteifung Stahlprofil L 150/70/10 mm

17 Stahlbetonfertigteil 120 mm
18 Stahlprofil HEA 100
19 Stahlprofil IPE 300
20 Einbauleuchte (talseitig)
21 Einbauschaukasten rahmenlos aus
   Aluminiumprofilen 775/1120/76 mm

Opernhaus in Oslo

Architekten: Snøhetta, Oslo

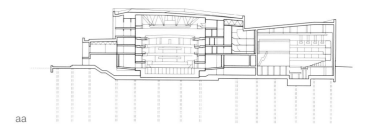

aa

Die begehbare Dachlandschaft etabliert sich als neuer öffentlicher Stadtraum, der Spaziergängern Ausblicke über Stadt und Fjord bietet.

Dank seiner geneigten, aus dem Fjordwasser ragenden Gebäudeflächen geizt das Osloer Opernhaus nicht mit Assoziationen, Vergleiche mit übereinandergeschobenen Eisschollen, Gletscherzungen oder Schneehügeln drängen sich auf. Die Oper war das erste Projekt der Revitalisierung des Hafenareals in der Bjørvika-Bucht, einem lange Zeit brachliegenden Stadtteil Oslos, der aufgewertet werden sollte. Ein neuer Tunnel unter dem Fjord hat das Gebiet bereits weitgehend von Durchgangsverkehr befreit. Als Solitär im Hafenbecken vermittelt das Gebäude zwischen Fjord und Innenstadt.

Außenraum und Dach

Die Architekten schufen nicht nur ein neues Haus für die Norwegische Staatsoper, sondern mit der für alle zugänglichen Dachlandschaft zugleich einen öffentlichen Stadtraum. Dieser ist ein beliebter Spazierweg, Bestandteil von Joggingstrecken und Aussichtspunkt mit Blick über Stadt und Fjord. Die begehbare Bauskulptur steigt spiralartig über breite Rampen vom Wasserniveau bis auf den höchsten Punkt des Dachs an. Im Winter bilden sich schmale Pfade auf dem schneebedeckten Dach, wenn die Fußbodenheizung einige Laufrouten und die Terrasse vor dem Haupteingang erwärmt, da Streusalz dem Marmor schaden würde. Die gesamte Grundstücksfläche ausnutzend kaschierten die Architekten unter den Dachflächen geschickt das große Bauvolumen mit seinen zwei Bühnen, Foyer und einem riesigen Backstage- und Werkstättenbereich. Café und Restaurant im Foyer sind nicht nur den

Opernbesuchern vorbehalten und werden von der Bevölkerung gut besucht. Hinter dieser Geste steht auch die skandinavische Vorstellung von großen öffentlichen Bereichen, die wie die Natur für alle frei zugänglich sind.

Verwendete Materialien und Innenraum

Innen wie außen fiel die Wahl auf Carrara-Marmor als Bodenbelag. Der Stein behält seinen Glanz und die gewünschte hellweiße Farbe, auch wenn er nass ist, und erwies sich in Tests als wetterbeständig. Die 18000 m² große, begehbare Dachfläche besteht aus insgesamt 36000 individuell zugeschnittenen 10–20 cm dicken Platten. In Zusammenarbeit mit Künstlern wurde ein sich nicht wiederholendes Muster mit Höhenversprüngen und geschliffenen, rauen sowie geriffelten und damit relativ rutschsicheren Oberflächenstrukturen entwickelt, die das Licht unterschiedlich reflektieren, aber auch gewisse Unebenheiten aufweisen – einen solchen öffentlichen Weg hätten Richtlinien anderer Länder wohl nicht zugelassen. Im Gegensatz zum hellen Marmor und den spiegelnden Glasflächen der Gebäudehülle ist Eichenholz das vorherrschende Material im Innenraum. Das lichtdurchflutete Foyer wird durch die geschwungene, mit CNC-gefrästen Holzstäben verkleidete Wand geprägt. Sie ist aus kleineren Elementen zusammengesetzt, um einerseits die komplexe Geometrie aus miteinander verbundenen konischen Segmenten zu bewältigen und um andererseits eine schalldämpfende Wirkung im Foyer zu erzielen. In dieser sogenannten Wellenwand führen Rampen und Treppen zum Balkon und den Rängen des großen Saals. Auf dem Weg dorthin ergeben sich für den Besucher, gerahmt von schrägen Stützen, verschiedene Ausblicke auf Stadt und Wasser. Einbauleuchten im unteren Brüstungsbereich sowie in der Schattenfuge zwischen Decke und Wand sorgen für eine stimmungsvolle Beleuchtung. Auch der hufeisenförmige Opernraum wurde mit Eiche vertäfelt, da diese haptisch angenehm, leicht zu formen und doch stabil ist. Außerdem kann sie Schallwellen reflektieren, ohne selbst in Schwingung zu geraten. Das Holz wurde mit Ammoniak bedampft, was es dunkler und noch fester macht. Farben und Belichtung werden immer wärmer und intimer, je weiter man ins Gebäude vordringt. Nach dem lichtdurchfluteten Foyer erscheint der große Saal wie eine heimelige dunkle Höhle. Die fließende, nach akustischen Gesichtspunkten geformte geschwungene Holzverkleidung realisierte eine norwegische Bootsbaufirma. Der relativ kleine Zuschauerraum verfügt über einen sehr guten Raumklang, der in enger Zusammenarbeit mit Akustikplanern entwickelt wurde. Sogar der LED-Kronleuchter besitzt eine Funktion als Akustikreflektor.

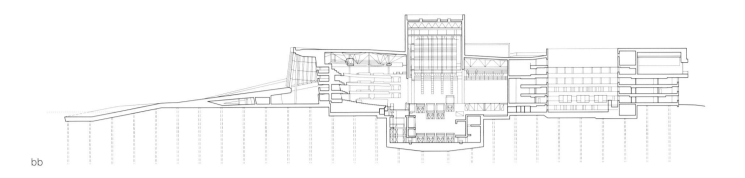

bb

Projektdaten:

Nutzung: Opernhaus
Erschließung: begehbares Dach, Foyer,
                     Rampen, Treppen
Anzahl Geschosse: 5 + 3 UG
Bruttogeschossfläche: 38 500 m²
Baujahr: 2008
Bauzeit: 74 Monate

Schnitte
Maßstab 1:1500
Lageplan
Maßstab 1:13 000

1 Oper
2 Hauptbahnhof
3 Neubebauung
  mit Büros und
  Wohnungen
4 Tunnel der
  Stadtautobahn

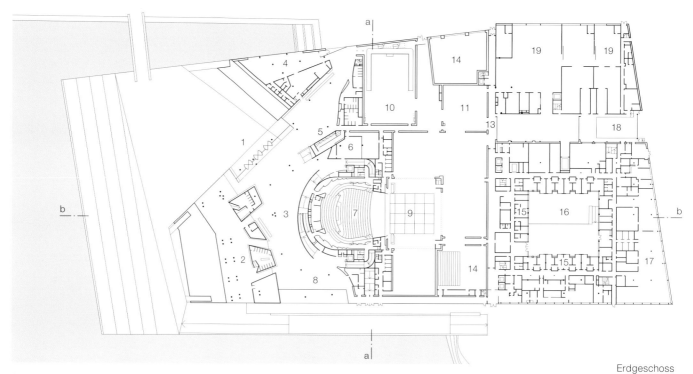

Grundrisse
Maßstab 1:1500

Erdgeschoss

1 Haupteingang	5 Kartenverkauf	9 Bühne	13 »Opernstraße«	17 Kostümwerkstatt	21 Rang
2 Garderobe	6 Leseraum	10 kleiner Saal	14 Probenraum	18 Anlieferung	22 Technik
3 Foyer	7 großer Saal	11 Montagehalle	15 Künstlergarderobe	19 Kulissenwerkstatt	23 Verwaltung
4 Restaurant	8 Bistro	12 Luftraum	16 Innenhof	20 Galerie	24 Probenraum Ballett

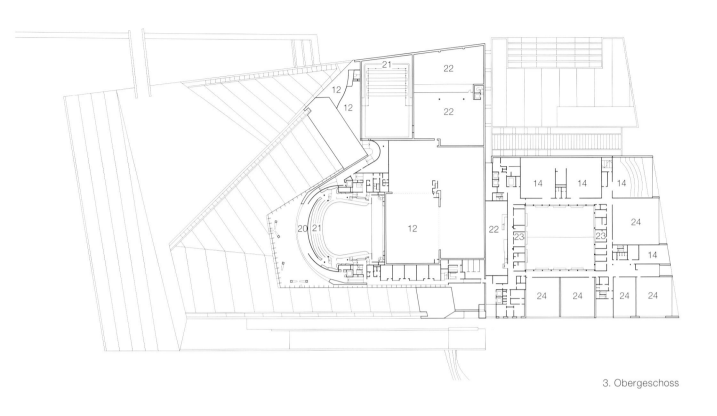

3. Obergeschoss

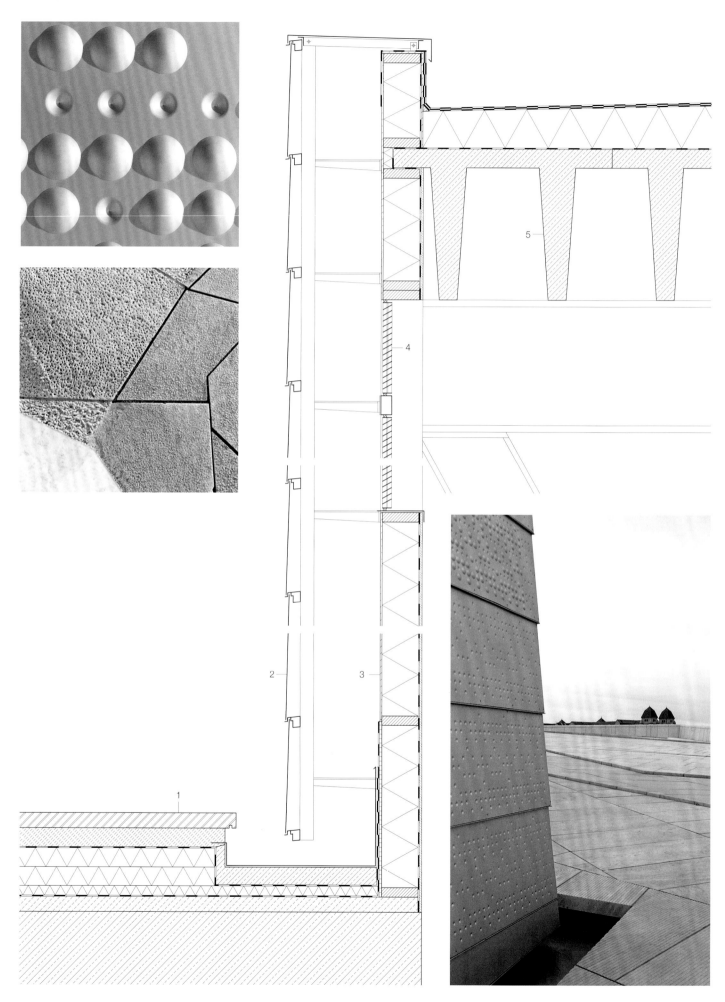

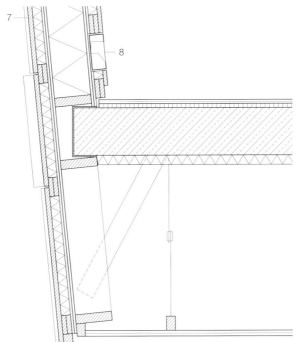

Fassade Technikturm / begehbares Dach
Vertikalschnitt Rampe in »Wellenwand«
Maßstab 1:20

1 Marmor weiß 80 mm
   Estrich 100 mm
   Vlies 3 mm
   Dämmung XPS 2× 100 mm
   Dämmung Mineralwolle 50 mm
   Bitumenbahn dreilagig
   Aufbeton 80 mm
   Stahlbetonfertigteil 400 mm
   Dämmung 50 mm
2 Aluminiumblech eloxiert 3 mm
   auf Aluminiumrohren 2× 90 mm
3 Faserzement 9 mm
   Dämmung Mineralwolle 200 mm
   Holzständerwerk 200/100 mm
   Dampfsperre
   Gipskarton 12,5 mm
4 Lüftungsgitter
5 Stahlbetonfertigteil
   2× T-Profil 800 mm
6 Edelstahlstab Ø 12 mm
7 Lamellen Eiche geölt,
   im Wechsel 20/45 mm, 40/45 mm,
   60/45 mm, 80/45 mm
   Akustikdämmung Mineralwolle 50 mm
   Gipskarton 13 mm
   Ausgleich Holzstreifen
   Holzständerwerk gedämmt 48/198 mm
   mit Stahlkonstruktion verschraubt
   Ausgleich Holzstreifen
   Gipskarton 13 mm
   Akustikdämmung Mineralwolle 50 mm
   Schalung Eiche geölt 20/40 mm
8 Einbauleuchte
9 Parkett Eiche geölt 22 mm
   Spanplatte 22 mm
   Stahlbeton 250 mm
   Akustikdämmung 50 mm
10 Abhängdecke Lamellen
   Eiche geölt 20/28 mm
   Fuge 17 mm
11 Schalung Eiche geölt 14/45 mm
   Lattung 48/98 mm
   Stahlbeton 200 mm
12 Eichenfurnier 4 mm, geräuchert, geölt
   Spanplatte 50 mm
   Holzständer 48/98 mm

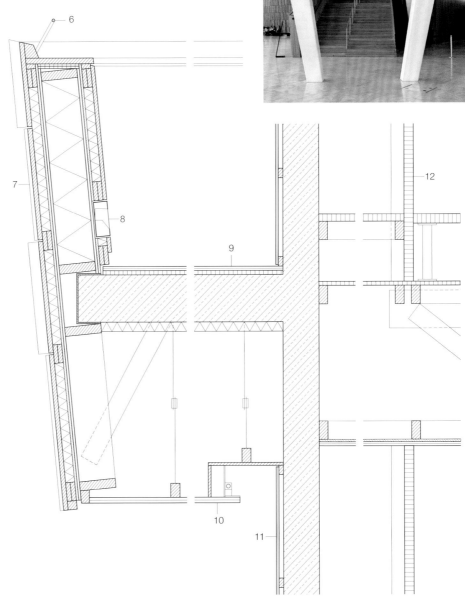

Porsche Museum in Stuttgart

Architekten: Delugan Meissl Associated Architects, Wien

Zwei Rolltreppenstränge mit mittiger Kaskaden-treppe führen die Besucher durch den teils ver-glasten Erschließungsstrang in die Ausstellung.

Das Porsche Museum setzt inmitten der heterogenen, indus-triell geprägten Umgebung in Stuttgart-Zuffenhausen zwischen Werkshallen und Verwaltung, Ausfallstraße und S-Bahnstation einen architektonischen Akzent. Der polygonal geformte Bau-körper, der die Ausstellung aufnimmt, ist mit weiß beschichte-ten Aluminiumrauten bekleidet und hebt sich über den flachen Sockelbau, der Foyer und Restaurant sowie die einsehbare Museumswerkstatt beherbergt. Der leicht abschüssige Vor-platz leitet den Besucher zum niedriger gelegenen Eingang, der vom weit auskragenden Ausstellungsteil großflächig überdacht wird. Dessen mit hochpolierten Edelstahlblech-elementen bekleidete Untersicht nimmt dem monolithischen Baukörper die Schwere und erzeugt vielfältige Spiegelungen von Vorplatz, Sockel und Treppenschacht. Blickt man im hellen Foyer durch die spinnennetzartige Überkopfverglasung nach oben, setzt sich dieser Effekt fort und weckt Interesse auf den Weg zur Ausstellung. Eine zentrale Treppenanlage aus zwei Rolltreppensträngen mit dazwischenliegender Kaskadentreppe führt durch die spiegelnde, teils verglaste Zwischenzone in die Museumslandschaft. Der Erschließungs-strang ist aufgrund möglicher Differenzverformungen von ca. 80 mm und einer Art Rühreffekt der Rolltreppen nur zwei-mal, in der Mitte und auf der Galerie, gelenkig gelagert. Die Anschlüsse dieses Bauteils, das mehrere, sich unterschiedlich verformende Ebenen durchdringt, stellten eine Herausforde-rung dar – insbesondere die Bewegungsfuge der Glasfassade um die Fahrtreppen.

Ausstellungsraum und Wegeführung

Der weite, helle Ausstellungsraum mit insgesamt 5600 m² Fläche gleicht einer verzerrten Spirale, die in die polygonale Grundfläche gesetzt wurde. Die Länge von insgesamt 550 m erlaubte es, den Rundgang als sehr flache Rampe mit weni-ger als 2 % Steigung anzulegen. Auf dieser fast ebenen Fläche überwindet der Besucher auf seinem Weg durch die Ausstellung unmerklich mehr als 6 m Höhendifferenz und erreicht am Ende die Galerieebene, über die er wieder zur hinabführenden Rolltreppe gelangt. Die weißen Böden und Wände, die mit fugenlos miteinander verschweißten minerali-schen Werkstoffplatten bekleidet sind, bilden einen neutralen Hintergrund für die Präsentation der Exponate – darunter ins-gesamt 83 Fahrzeuge. Die umlaufende, 3 m tiefe schwarze Fuge entlang der Außenwand dokumentiert als Präsentati-

onsfläche für die Fahrzeuge die Produktgeschichte ab 1948. Diese Zeitachse wird durch Ideenbereiche rhythmisiert, die markentypische Eigenschaften um ein Leitexponat herum vielfältig darstellen. Ein Themenarrangement ordnet dem jeweiligen Begriff den entsprechenden Wagen und Proto-typen ergänzend zu. Als inhaltlicher Auftakt der Ausstellung beschreibt der »Prolog«, der sich bereits um den Erschlie-ßungsstrang wickelt, das Wirken Ferdinand Porsches vor Gründung der Marke im Jahr 1948 mit frühen Exponaten auf Podesten aus grünem Glasrecycling-Werkstoff. Die Besucher können den chronologischen Rundgang in Form der abstra-hierten Spirale wählen, oder sich frei durch die weite Ausstel-lung bewegen und individuell über flache Treppen abkürzen, um gegebenenfalls ungeplante inhaltliche und räumliche Ver-bindungen herzustellen. Von fast jeder Position im fließenden Raum ergibt sich ein Überblick über den weiteren Weg bzw. den bereits zurückgelegten Teil der Ausstellung. Für ein-drucksvolle Raumeindrücke und vielfache Blickbezüge spiel-ten die Architekten mit dem Wechsel von engen und weiten Wegen, entschleunigenden Ruheplateaus sowie verschiede-nen Raumhöhen- und tiefen. Die stützenfreie Ausstellungs-schale wird von einem frei spannenden Tragwerk überdeckt, das – mit durchschnittlich 60 m Spannweite und bis zu 50 m freier Auskragung – aus umlaufenden Fachwerkträgern und räumlichen Trägerrosten in Boden- und Dachebene besteht. Der Baukörper ist biegesteif und auf drei Kernen aus Stahl- und Spannbeton mit insgesamt fünf vertikalen wie schrägen Stützenästen gelagert. Lastverteilende Stahleinbauteile sowie hochfeste Betongüten ermöglichen die Einleitung der Aufla-gerkräfte in die Kerne, in denen unter anderem Fluchttreppen und Lasten- bzw. Autoaufzug untergebracht sind.

Axonometrie
Erschließungsstrang
Schnitt
Maßstab 1:1000

Projektdaten:

Nutzung:	Museum mit Museumswerkstatt
Erschließung:	Rolltreppenanlage und Kaskadentreppe, Rampen und Treppen im Ausstellungsbereich
Anzahl Geschosse:	3 + 2 UG
Bruttorauminhalt:	225 464 m³
Bruttogeschossfläche:	27 692 m²
Baujahr:	2009
Bauzeit:	40 Monate

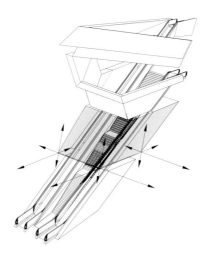

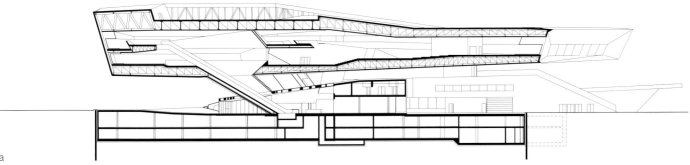

aa

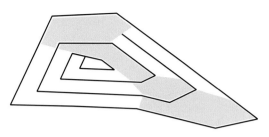

weite Räume und platzartige
Plateaus mit der Möglichkeit
zum Sitzen und Ausruhen

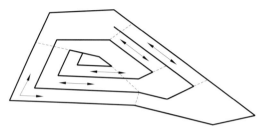

enge Straßen mit
beschleunigender Wirkung

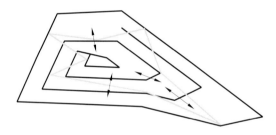

mögliche Abkürzungen
über flache Treppen

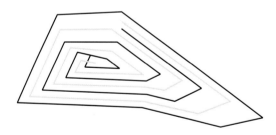

chronologischer Ausstellungs-
rundgang über Rampe

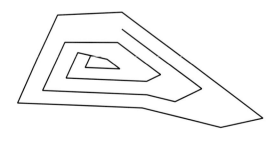

Grundprinzip verzerrte
Spiralform als flache Rampe

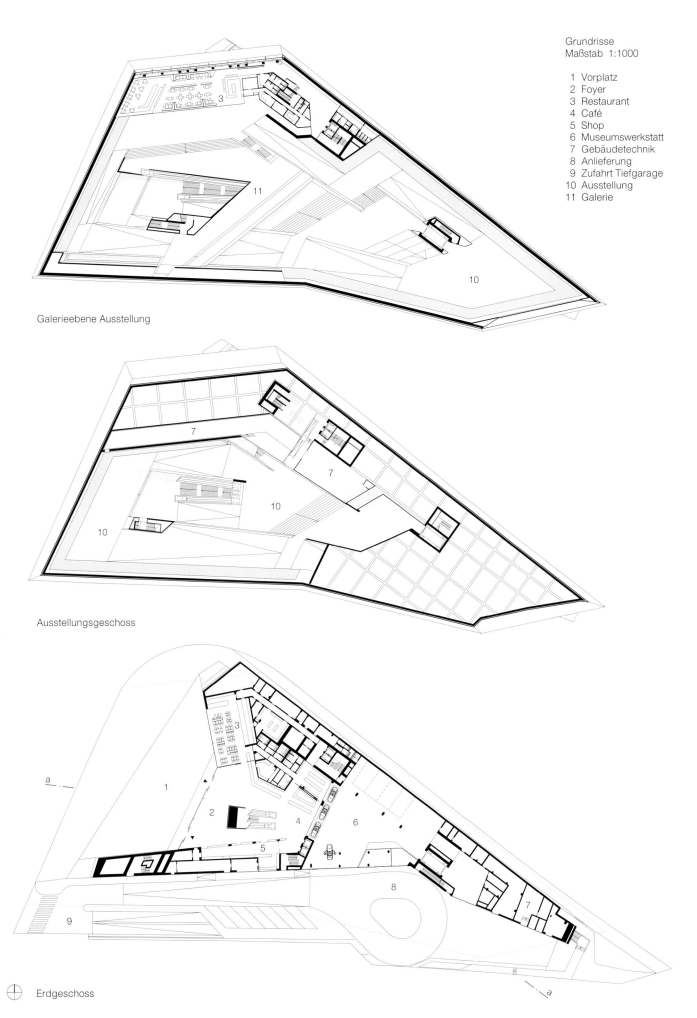

Galerieebene Ausstellung

Ausstellungsgeschoss

Grundrisse
Maßstab 1:1000

1 Vorplatz
2 Foyer
3 Restaurant
4 Café
5 Shop
6 Museumswerkstatt
7 Gebäudetechnik
8 Anlieferung
9 Zufahrt Tiefgarage
10 Ausstellung
11 Galerie

⊕ Erdgeschoss

Armani Fifth Avenue in New York

Architekten: Doriana und Massimiliano Fuksas, Rom

Zentrales Element im viergeschossigen Verkaufsraum ist die frei geformte Treppenskulptur aus Walzstahlprofilen und faserverstärktem Beton.

Der Armani-Shop an der Fifth Avenue in New York, einer der prominentesten Straßen der Stadt, erstreckt sich über vier Geschosse zweier Gebäude an der Kreuzung zur 56th Street. Über alle Verkaufsebenen durchgängig konzipiert, wird der Innenraum durch die dynamische, frei geformte Treppenskulptur geprägt. Da eine Ausführung der Treppe aus Beton wegen des hohen Gewichts nicht möglich war, wählten die Architekten eine leichtere Konstruktion aus innen liegenden Walzstahlprofilen und -blechen. Diese wurde elementweise vorgefertigt und danach vor Ort zusammengefügt und bekleidet. Anschließend vervollständigte man die Bekleidung aus glasfaserverstärkten Betonelementen an den Übergängen und versah die Treppe mit einer hochglänzenden weißen Beschichtung. Das strahlende Weiß lässt, verstärkt durch die Beleuchtung im Handlauf, die expressive Form der Treppenskulptur gegenüber den schwarzen Marmorböden und Decken im Raum klar hervortreten. Als räumlicher Kern verbindet die Treppe die verschiedenen Niveaus, auf denen die Produkte präsentiert werden. Innenraumgestaltung und Möblierung entwickeln sich jeweils aus dem geschwungenen Verlauf der Treppenbänder. Die Treppenwangen und Brüstungen werden, im Grundriss unterschiedlichen Kurven folgend, im Raum in den verschieden langen Verkaufstischen und Theken wieder aufgenommen. Im zweiten Obergeschoss befindet sich ein exklusives Restaurant, das einen Ausblick über den Central Park bietet. Eine weitere Treppe führt ins Untergeschoss, das nur teilweise zur Ladenfläche gehört.

Schnitte · Grundrisse
Maßstab 1:400

1 Haupteingang	8 Lager
2 Schaufensterdekoration	9 VIP-Zone
3 Umkleide	10 Restaurant
4 Personal	11 Küche
5 Fremdnutzung	12 Garderobe
6 Luftraum	13 Herrenmode
7 Damenmode	14 Unterwäsche

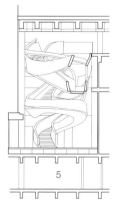

aa

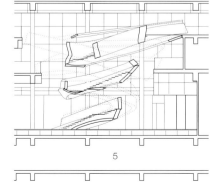

bb

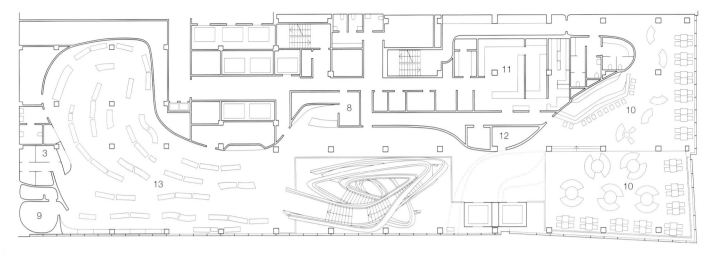

2. Obergeschoss

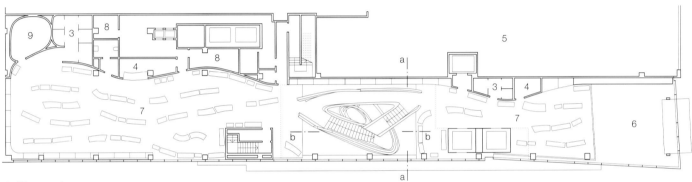

1. Obergeschoss

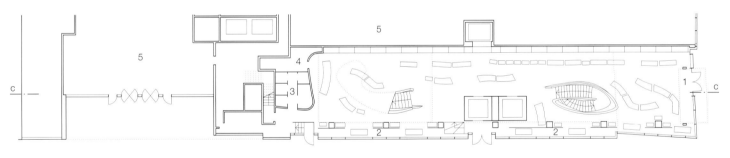

Erdgeschoss

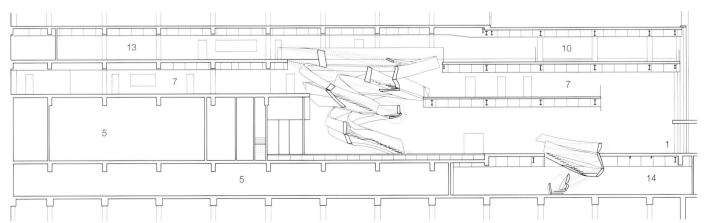

cc

Axonometrie Schichtenaufbau
Detailschnitte   Maßstab 1:20

1 Stahlrohr Ø 168/8 mm
2 Stahlblech 6 mm
3 glasfaserverstärkter Beton, Oberfläche
  hochglänzend weiß beschichtet 20 mm
  Aluminiumnetz, Streckmetall
4 Stahlrohr Ø 127/4 mm
5 Zementbeschichtung weiß, kunststoffvergütet
  poliert 20 mm, Stahlblech 6 mm

Projektdaten:

Nutzung:	Verkaufsraum mit Restaurant
Erschließung:	Treppenskulptur, Aufzüge
Anzahl Geschosse:	3 + 1 UG
lichte Raumhöhe:	2,60–4,95 m
Bruttogrundfläche:	2800 m²
Baujahr:	2009
Bauzeit:	12 Monate

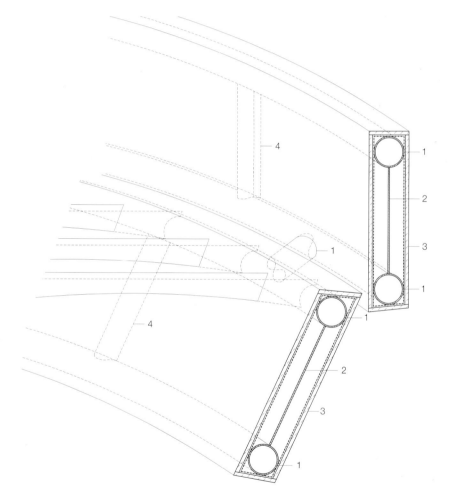

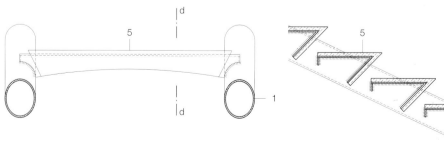

dd

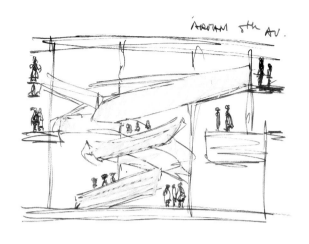

New York Times Building in New York

Architekten: Renzo Piano Building Workshop, Paris;
FXFowle Architects, New York

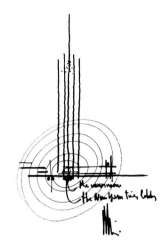

Schon von Weitem demonstriert der orange leuchtende Eingangsbereich des New York Times Building Offenheit durch Transparenz.

Die 1851 gegründete New York Times, deren auffallend schmales, hohes Verlagshaus dem Times Square zu seinem Namen verhalf, verließ nach einem knappen Jahrhundert ihren seit 1913 genutzten Sitz an der 43. Straße. Nun residieren Redaktion und Verwaltung der wohl wichtigsten Tageszeitung der USA in einem modernen Wolkenkratzer. Im Gegensatz zu vielen anderen Bürotürmen tritt der neue Times Tower eher bescheiden auf. Dafür überzeugen die sorgfältig ausgearbeiteten Details und die beispielhafte Offenheit. Und gerade letztere ist für den ersten bedeutsamen Hochhausbau Manhattans seit dem 11. September 2001 nicht selbstverständlich. Doch entschied man sich nach den Anschlägen, das Projekt im Sinne des Wettbewerbs von 2000 fortzuführen und keine bunkerartige Festung zu bauen.

Achsen strukturieren das offene Erdgeschoss

Schon auf Straßenniveau im Erdgeschoss sollte das Gebäude Leichtigkeit und Offenheit demonstrieren: Dies gelingt durch eine einladende Eingangszone. Von der Eighth Avenue sieht man zwischen den Aufzugskernen entlang der Hauptachse durch Lobby und Garten bis in das Auditorium. Auch zwischen der 40. und der 41. Straße, den beiden Seitenstraßen, bleibt das Sockelgeschoss transparent. Hier zeigt sich die Idee der Schichtung, des Layerings: Es gibt diverse Glasfassaden, die eine komplette Durchsicht ermöglichen. Sämtliche Einbauten in den Geschäften der Ladenzone müssen aus diesem Grund unter Augenhöhe bleiben. Außer-

dem ist das Erdgeschoss mit 6,50 m für New Yorker Verhältnisse relativ hoch und erscheint auch dadurch leicht und offen, ohne jedoch überheblich oder einschüchternd zu wirken. Grundsätzlich ist die Basis folgendermaßen organisiert: Durch die zwei »Parteien« – die Times und die Mieter in der oberen Hälfte des Hochhauses –, die sich die Nutzung des Gebäudes teilen, gibt es zwei Lobbys. Die eine erschließt sich von der Eighth Avenue, die andere ist aufgrund einer Auflage der Stadt als öffentliche Durchgangslobby zwischen den Seitenstraßen angelegt. Zusammen ergeben sie ein T-förmiges Foyer. Die verbindende, etwa 9 m breite Passage zwischen den Aufzugskernen entlang der Hauptachse wird links und rechts von einem Kunstobjekt aus kleinen Bildschirmen flankiert, die die Neuigkeiten aus dem Newsroom in unterschiedlichster Form abbilden. Um diese Mittelachse freizuhalten, mussten Gebäudetechnik und Fluchtwege in die Doppelwand der Aufzugsschächte verlegt bzw. um sie herum geleitet werden.

Das Herz der Redaktion, den Bereich, in dem die Zeitung mit ihren mehreren Hundert Journalisten entsteht, wollte die New York Times auf maximal drei Etagen zusammenfassen. Die Ebenen im Turm bieten hierfür nicht genügend Raum. Daher interpretierten die Architekten diesen »Newsroom« als dreistöckige Struktur im Podium des Gebäudes mit einem zentralen Oberlicht über dem dritten und vierten Geschoss.

Verbindungstreppen sorgen für Zirkulation

Ein weiteres wichtiges Element der Büroetagen der Times sind die jeweils an zwei Ecken direkt hinter der Fassade angeordneten Verbindungstreppen aus Stahl, die die Zirkulation und Kommunikation zwischen den Ebenen verbessern und die Nutzung der Aufzüge reduzieren sollen. Sie gewähren den Mitarbeitern nicht nur Ausblicke und damit eine gewisse Nähe zur umgebenden Stadt, sie bilden auch zur Straße hin etwas vom Innenleben der Zeitung ab. Zur Einhaltung der strengen New Yorker Brandschutzrichtlinien sind diese Treppen in jedem zweiten Geschoss mit horizontalen Brandschutzrolltoren ausgestattet und so in die zulässigen Brandschutzabschnitte unterteilbar.

In der Lobby der Times fällt die Wand in orangefarbenem venezianischen Stucco ins Auge, kombiniert mit Rot- und Holztönen. Sämtliche Innenräume sind durch diese Farbigkeit aufgewertet, auch die Büros: mit Kirschholzeinbauten und roter Farbe am Kern sowie mit leuchtend roten Metallpaneelen als Geländerausfachung an den Verbindungstreppen. Von außen gut sichtbar, setzen diese einen farbigen Akzent hinter der monochromen Außenhaut.

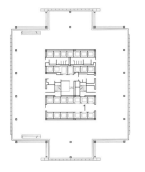

Regelgeschoss New York Times
(1.–26. OG)

Regelgeschoss Mieter
(mittlere Geschosse)

Regelgeschoss Mieter
(obere Geschosse)

Grundrisse • Schnitt
Maßstab 1:1500

1 Aufzüge
  New York Times
2 Aufzüge Mieter
3 Technikgeschoss
4 Cafeteria
5 Lobby
6 Garten
7 Auditorium
8 Newsroom

aa

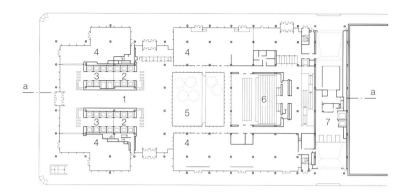

Grundriss
Maßstab 1:500
Lageplan
Maßstab 1:10 000

1 Lobby
2 Aufzüge
  New York Times
3 Aufzüge Mieter
4 Laden
5 Garten
6 Auditorium
7 Ladezone
8 Hearst Tower
9 Empire State Building

Erdgeschoss

Projektdaten:

Nutzung:	Büro/Verwaltung
Erschließung:	T-förmige Lobby, zwei Aufzugskerne (12 Aufzüge New York Times/ 16 Aufzüge Mieter)
Anzahl Geschosse:	52 + 1 UG
lichte Raumhöhe:	6,50 m (EG/Technikgeschoss), 2,90 m (Regelgeschoss)
Bruttogeschossfläche:	111 484 m²
Baujahr:	2007
Bauzeit:	48 Monate

Vertikalschnitte Treppe   Maßstab 1:20

10 Isolierverglasung Float 6 mm + SZR 13,2 mm
    + TVG (untere Geschosse VSG) 6 mm
11 Isolierverglasung bedruckt
12 Auslass Zuluft erwärmt/gekühlt
13 Deckenträger Stahlprofil I brandschutz-
    ummantelt
14 Brandschutzschott
15 Sonnenschutz innen liegend, automatisch
16 Geländerausfachung Stahlblech rot lackiert
    6,4 mm
17 Teppich 9,5 mm, Sperrholz 12,7 mm
    elastische Zwischenlage 6,4 mm
    Stahlblech gebogen 9,5 mm
18 Handlauf Kirschholz
19 Geländerpfosten Stahlprofil 63,5/19 mm

Grundriss 19. Obergeschoss
mit Möblierung
Maßstab 1:1000

Die Bereiche entlang der Fassade sind als
Großraum organisiert, Einzelbüros sind um
den Kern gruppiert und orientieren sich mit
Glaswänden zum Großraum (Innenausbau
Gensler nach Leitlinien RPBW), an den
Ecken entlang der Eighth Avenue sind Ver-
bindungstreppen angeordnet.

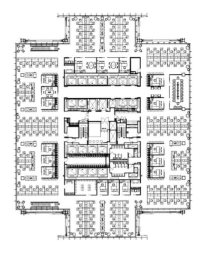

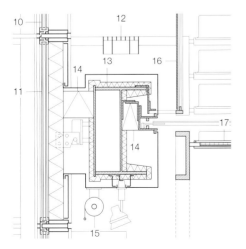

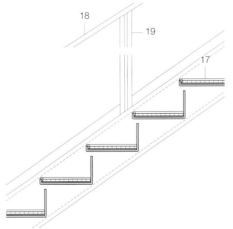

Bürogebäude in Sydney

Architekten: ingenhoven architects, Düsseldorf;
Architectus, Sydney

Gläserne Panoramaaufzüge inszenieren die Fahrt in dem gebäudehohen Atrium als räumliches Erlebnis.

Der 139 m hohe Neubau des Bürogebäudes »1 Bligh« im Central Business District von Sydney, rund 500 m vom Südufer des Hafens entfernt, bildet eine Art städtebauliches Gelenk. Von weitaus höheren Gebäuden umgeben, hat er dennoch freie, unverbaubare Sicht Richtung Sydney Cove und Harbour Bridge, wo sich vorwiegend flachere, historische Bauten anschließen. Der elliptische Grundriss ist gegenüber den Straßenfluchten leicht um die Längsachse gedreht. So entstehen rings um das Gebäude Freiflächen – nicht die maximale Ausnutzung des Grundstücks, sondern der städtebauliche Mehrwert stand hier im Vordergrund. Eine vorgelagerte Freitreppe greift die Neigung des Geländes auf und verlängert den auf der anderen Straßenseite liegenden Farrer Place ins Gebäude hinein. Sie ist beliebter Sitzplatz für Passanten und Büroangestellte. Durch die Aufständerung des Gebäudes wird die Treppe im Sommer verschattet und im Winter angenehm besonnt. Im Sockelgeschoss neben der Freitreppe befindet sich eine Kindertagesstätte, darunter schließen sich vier weitere Ebenen mit Parkplätzen für Autos sowie Abstellplätzen, Umkleiden und Duschen für Fahrradfahrer an.

Verschiedene Aufzugsgruppen

Das öffentlich zugängliche Erdgeschoss ist über die Freitreppe vom Farrer Place zu erreichen, von der Bligh Street wird es ebenerdig über einen öffentlichen Vorbereich mit begrünter Wand und einem Kiosk erschlossen. Die verglaste Fassade der Erdgeschossebene ist zurückgesetzt, sie lässt sich durch große, hydraulisch betriebene Glastore fast komplett öffnen und holt so das städtische Leben ins Innere des Gebäudes. Im 13 m hohen Foyer befinden sich lediglich ein Café, ein Empfangstresen, eine Warte- und Loungezone sowie die Liftlobby – der einzige Bereich mit Zugangskontrollen.
Ein zentrales Element des Hochhauses ist das Atrium, das sich über die gesamte Gebäudehöhe erstreckt und in dem die verglasten Lifte die Fahrt zu den Bürogeschossen zu einem räumlichen Erlebnis machen. Die Aufzüge sind in zwei Gruppen unterteilt, die Low-Rise-Gruppe bedient mit einer Geschwindigkeit von 3,5 m/s die Stockwerke vom Erdgeschoss bis zum 15. Obergeschoss, die Aufzüge der High-Rise-Gruppe fahren mit 6 m/s die Etagen 15 bis 28 an. Beide Aufzugsgruppen bestehen aus je vier verglasten Aufzugs-

kabinen im Atrium sowie drei Aufzügen, die in geschlossenen Schächten fahren. Durch die verglasten Einhausungen bleiben der Antrieb und die gesamte Mechanik der Panoramalifte sichtbar. Der 15. Stock dient als Umsteigepunkt zwischen den beiden Aufzugsgruppen. Hier befindet sich auch der Empfangsbereich des Hauptmieters, einer großen Anwaltskanzlei. Zudem gibt es auf diesem Stockwerk eine umlaufende Außenterrasse, die durch die zurückversetzte Fassade entsteht. Einen zweiten nicht öffentlichen Freibereich bildet die Dachterrasse im 28. Stock.

Licht und Luft

Um allen Büroräumen einen attraktiven Blick zu bieten, schufen die Architekten keinen zentralen Erschließungskern, sondern platzierten die Vertikalerschließung sowie die Nutzflächen an der südseitigen Fassade des Gebäudes. Sowohl die Fluchttreppen als auch die WCs genießen so den ungewohnten Luxus natürlicher Belichtung und Belüftung. Die Fluchttreppenhäuser können innerhalb eines Mietbereichs auch als vertikale Verbindung der Ebenen genutzt werden. Eine interne, zum Atrium hin gelegene Verbindungstreppe wurde auf Mieterwunsch lediglich zwischen den Ebenen 14 und 15 realisiert.
Das gebäudehohe Atrium sorgt dafür, dass auch die sehr tiefen Büroflächen im Norden beidseitig belichtet werden können, zudem unterstützt es die natürliche Entlüftung der Büros. Nur zwölf Stützen unterteilen die pro Etage 1630 m² großen Büroflächen, damit bleiben 1000 m² völlig stützenfrei, um eine hohe Flexibilität in der Raumeinteilung zu gewährleisten. Die Offenheit des Gebäudes soll auch für eine bessere Interaktion und Kommunikation zwischen den Nutzern sorgen.

Projektdaten:

Nutzung:	Büros
Erschließung:	Aufzüge im gebäudehohen Atrium
Anzahl Geschosse:	28 + 1 Sockelgeschoss + 4 UG
lichte Raumhöhe:	2,70 m (Regelgeschoss)
Bruttogeschossfläche:	45 000 m²
Baujahr:	2011
Bauzeit:	30 Monate

Schnitt   Maßstab 1:1000
Lageplan   Maßstab 1:3000

1 Farrer Place

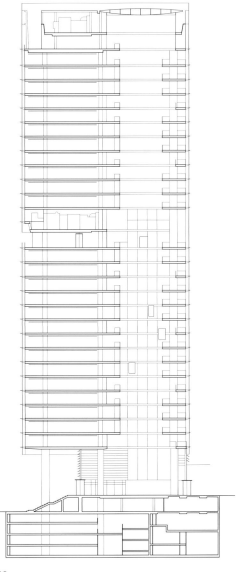

aa

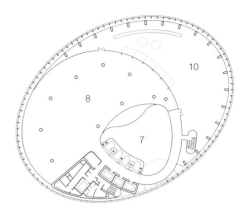

Dachgeschoss

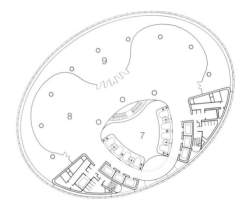

15. Obergeschoss

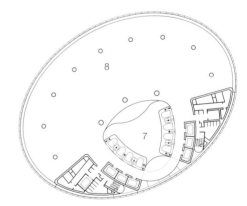

Regelgeschoss

Grundrisse
Maßstab 1:1000

1 Vorplatz mit Kiosk und grüner Wand
2 Terrasse mit Café
3 Freitreppe
4 Liftlobby
5 Foyer mit Empfangstresen
6 Außenbereich Kindertagesstätte
7 Atrium
8 Büros
9 Terrasse
10 Dachterrasse

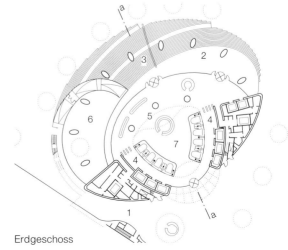

Erdgeschoss

160

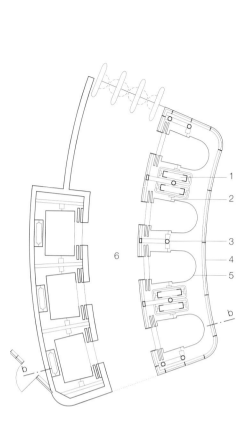

Liftlobby
Grundriss · Schnitt
Maßstab 1:200

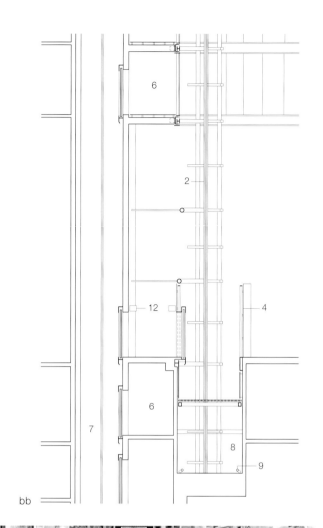

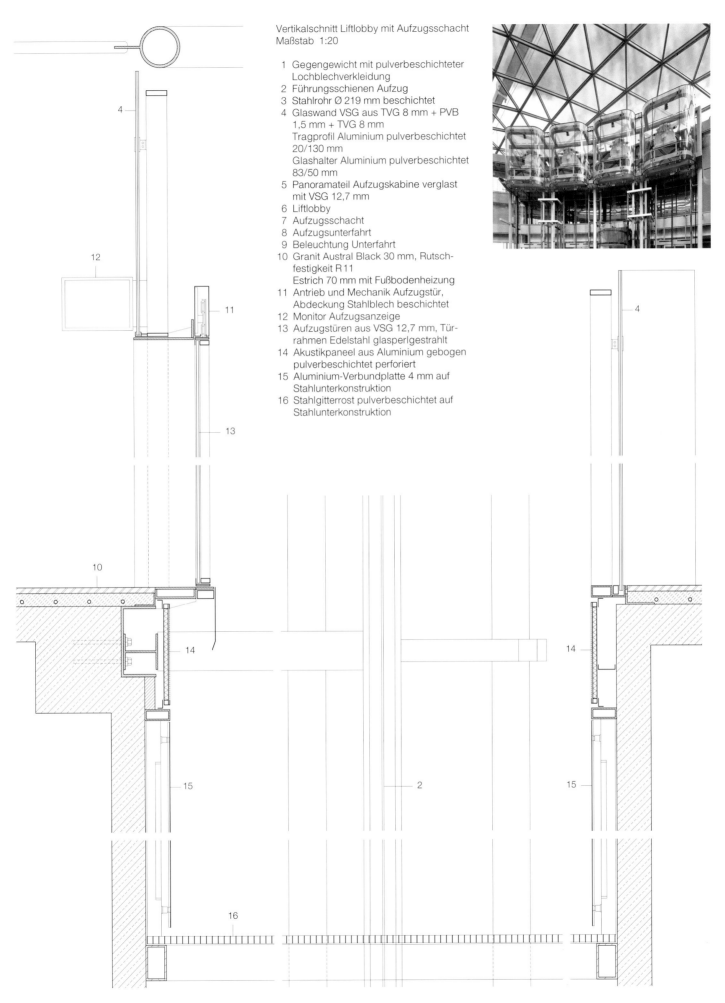

Vertikalschnitt Liftlobby mit Aufzugsschacht
Maßstab 1:20

1 Gegengewicht mit pulverbeschichteter
  Lochblechverkleidung
2 Führungsschienen Aufzug
3 Stahlrohr Ø 219 mm beschichtet
4 Glaswand VSG aus TVG 8 mm + PVB
  1,5 mm + TVG 8 mm
  Tragprofil Aluminium pulverbeschichtet
  20/130 mm
  Glashalter Aluminium pulverbeschichtet
  83/50 mm
5 Panoramateil Aufzugskabine verglast
  mit VSG 12,7 mm
6 Liftlobby
7 Aufzugsschacht
8 Aufzugsunterfahrt
9 Beleuchtung Unterfahrt
10 Granit Austral Black 30 mm, Rutschfestigkeit R 11
  Estrich 70 mm mit Fußbodenheizung
11 Antrieb und Mechanik Aufzugstür,
  Abdeckung Stahlblech beschichtet
12 Monitor Aufzugsanzeige
13 Aufzugstüren aus VSG 12,7 mm, Türrahmen Edelstahl glasperlgestrahlt
14 Akustikpaneel aus Aluminium gebogen
  pulverbeschichtet perforiert
15 Aluminium-Verbundplatte 4 mm auf
  Stahlunterkonstruktion
16 Stahlgitterrost pulverbeschichtet auf
  Stahlunterkonstruktion

Stadion in Kiew

Architekten: gmp • Architekten von Gerkan, Marg und Partner, Hamburg

Aufgrund der beengten innerstädtischen Lage stellen Erschließung und Entfluchtung des Stadions eine besondere Herausforderung dar.

Das Stadion in Kiew war bereits während der Olympischen Spiele 1980 in Moskau Austragungsort des Fußballturniers. Für die Fußball-Europameisterschaft 2012 wurde die Sportstätte, deren Geschichte bis ins Jahr 1923 zurückreicht, abermals umgebaut und erweitert. Vom direkten Vorgängerbau aus dem Jahr 1968 übernahmen die Planer im Wesentlichen die filigrane, auskragende Oberrangtribüne, eine Spannbetonkonstruktion aus Sowjetzeiten. Außerdem wurden der Sockelbaukörper, der sich aus der Hanglage im Westen des Stadions ergibt, und das Empfangsgebäude beibehalten bzw. in abgewandelter Form wiederhergestellt. Das Tragwerk des neuen 43 000 m² großen Membrandachs mit transluzenten ETFE-Lichtkuppeln ist losgelöst von der bestehenden Tribünenschüssel angeordnet. Aufgrund seiner Transparenz leuchtet das Stadion bei Spielbetrieb beeindruckend in den Nachthimmel.

Erschließung und Zutrittskontrolle

Da das Stadion in der Innenstadt von Kiew liegt, stellten – bedingt durch die räumliche Enge – die Erschließungs- und Entfluchtungsmaßnahmen nach modernen Sicherheitsbestimmungen eine Herausforderung dar. Es verfügt heute über 68 000 Sitzplätze, 2300 VIP-Plätze und 40 VIP-Logen. Bei einer Sportveranstaltung wie einem EM-Spiel erfolgen Zutritt und Erschließung der Sportstätte dabei nach den strengen Vorschriften der UEFA. Die Zuschauermengen müssen drei Sicherheitsperimeter durchschreiten: Den äußeren Ring,

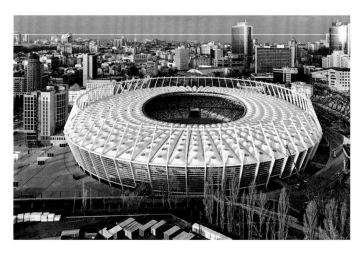

ohne notwendige bauliche Maßnahmen etwa 100 m vor den Drehkreuzen, bildet eine Kette aus Sicherheitspersonal, die eine visuelle Kontrolle und Ticketüberprüfung durchführt. Der zweite besteht aus dem 2,50 m hohen Stadiongeländezaun mit Drehkreuz- und Toranlagen, an denen die Besucher die eigentliche Sicherheitskontrolle und den elektronischen Ticketcheck passieren. Im Wesentlichen kann das Stadion nur von zwei Seiten betreten werden: über den westlich gelegenen Troitzka-Platz (für 42 500 Besucher mit 70 Drehkreuzen) und vom Norden über den Sportpalast (für 22 400 Besucher mit 32 Drehkreuzen). Die Drehkreuzanzahl errechnete sich aus deren Kapazität von 700 Personen pro Stunde und der von der UEFA festgesetzten Zeit von zwei Stunden, in der alle Besucher diese Anlagen passieren müssen. Die dritte Kontrolle erfolgt im Stadion, unmittelbar bevor man von den Ordnern zum Platz geleitet wird. Neben den Drehkreuzanlagen gibt es an allen Stadionzugängen auch behindertengerechte Zutrittskontrollen und einen barrierefreien Weg ins Stadion. Im VIP-Bereich ist dies mithilfe der entsprechend dimensionierten Aufzüge von der Tiefgarage bis zu den Logen möglich. Der Zuschauerraum ist geprägt von der Bestuhlung in verschiedenen Blau- und Gelbtönen, den Nationalfarben der Ukraine, die wie bei einem Pixelbild Sitz für Sitz über die Ränge verteilt wurden. Das lässt selbst leere Sitzplatzbereiche belebt aussehen. Wenn die Fans ins Stadion strömen, verändert sich dieses Bild kontinuierlich, indem neue Farben hinzukommen.

Evakuierung und Fluchttreppen

Evakuierungswege und Sammelplätze auf und vor dem Gelände müssen breit genug sein, damit die Besucherströme das Stadion und anschließend das gesamte Gelände sicher und geordnet in 8 bzw. 16 Minuten verlassen können. Hierbei unterscheidet man die Entfluchtungszeit aller Zuschauer aus dem Stadioninneren in eine erste Evakuierungszone, in der keine unmittelbare Gefahr durch herabfallende Konstruktionselemente besteht – in Kiew außerhalb der Luftlinie des äußersten Dachrands –, und die Zeit, bis die Zuschauer in die zweite Zone gelangt sind, einem ausreichend großen Bereich vor dem Stadion, wo Einsatzkräfte Erstversorgung leisten können. Mithilfe einer 4-D-Simulation fand eine abschließende Überprüfung statt, woraufhin an kritischen Stellen Treppenaufgänge verbreitert wurden. Alle Fluchttreppen im Außenbereich erhielten eine normierte Steigungshöhe von 15 cm. Das örtliche Baugenehmigungsverfahren erforderte bei den innen liegenden Nottreppenhäusern eine Schleuse und Überdruckbelüftung.

Schnitt
Grundriss mit Zugangskontrollen und Zuschauer-
strömen bei einer Sportveranstaltung
Maßstab 1:3000

1 barrierefreier Haupteingang
2 Zufahrt VIP-Autos und Teambusse
3 zusätzliche Verpflegungs-
  einrichtungen
4 Sportpalast
5 Spielfeld
6 Parkplätze
7 Zufahrt Übertragungswagen

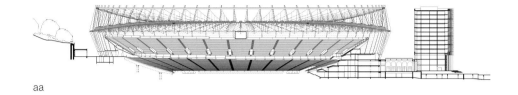

aa

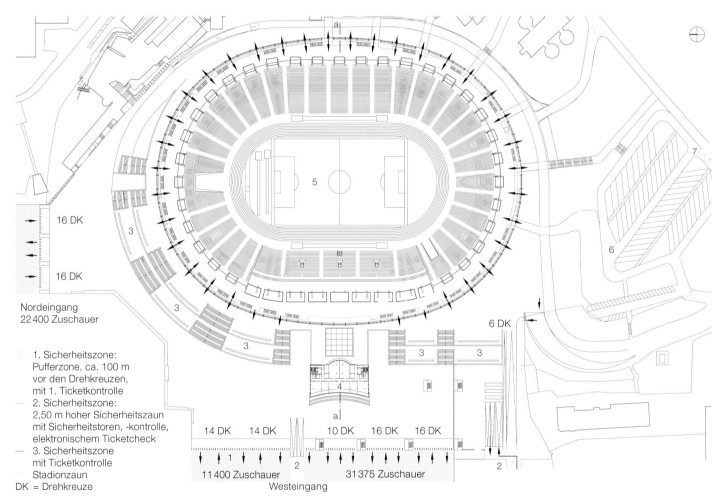

16 DK

16 DK

Nordeingang
22 400 Zuschauer

1. Sicherheitszone:
   Pufferzone, ca. 100 m
   vor den Drehkreuzen,
   mit 1. Ticketkontrolle
2. Sicherheitszone:
   2,50 m hoher Sicherheitszaun
   mit Sicherheitstoren, -kontrolle,
   elektronischem Ticketcheck
3. Sicherheitszone
   mit Ticketkontrolle
   Stadionzaun
DK = Drehkreuze

6 DK

14 DK   14 DK   10 DK   16 DK   16 DK

11 400 Zuschauer   31 375 Zuschauer
         Westeingang

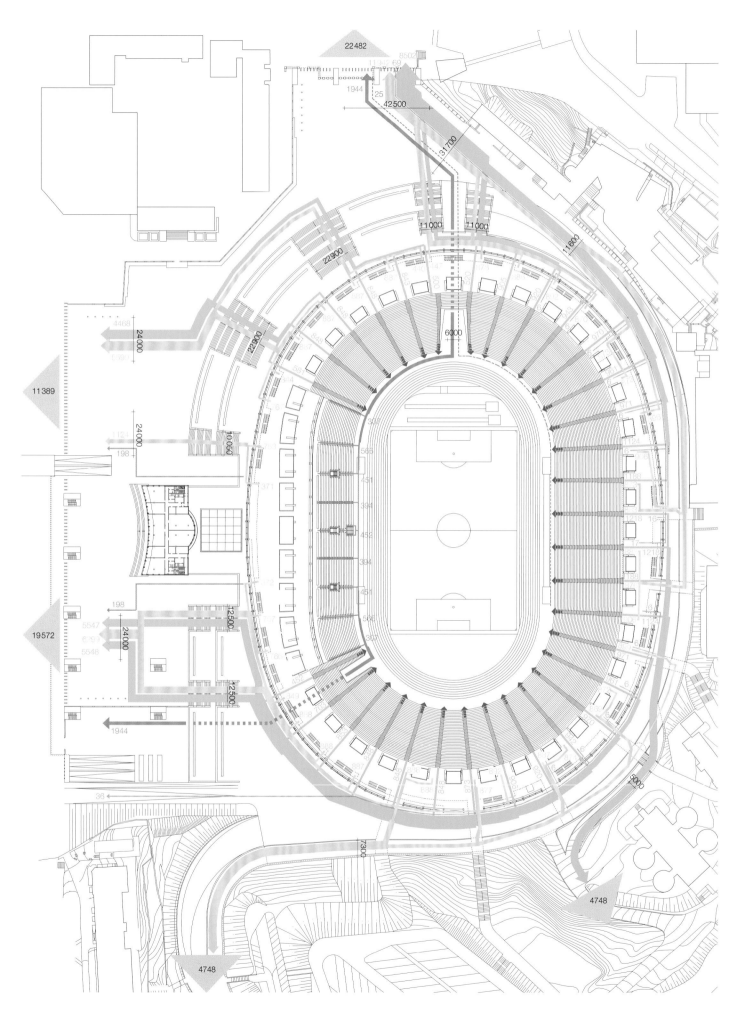

166

Entfluchtungsschema
Maßstab 1:2000

▦ Fluchtweg für untere Ebene
▦ Fluchtweg für obere Ebene
▪ behindertengerechter Fluchtweg
▪ Fluchtweg vom Fußballfeld
▪ Fluchtweg für VIPs
→ zusätzliche »panic exits«/Notausgänge
↦ erforderte Durchgangsbreite

Projektdaten:

Nutzung: Sportstadion
Erschließung: 3 Sicherheitszonen
                mit Drehkreuzanlagen
Sitzplätze: 68 000 Sitzplätze,
                2300 VIP-Plätze,
                40 VIP-Logen
Dachfläche: 43 000 m²
Baujahr: 1968/2011
Bauzeit: 35 Monate

Projektdaten – Architekten

Mehrfamilienhaus in Zürich

Bauherr: Rondo GmbH, Zürich
Architekten: Graber Pulver Architekten, Zürich/Bern
Mitarbeit: Manuel Gysel, Jonas Ringli, Susana Elias Robles, Yvonne Urscheler Lofteröd, Marcel Weiler
Projektleitung: Alexander Huhle
Bauausführung: Implenia Generalunternehmung AG, Dietlikon
Haustechnik: B & G Ingenieure AG, Zürich
Fassadenplaner: Prometall Engineering AG, Zürich
Baujahr: 2007

www.graberpulver.ch
arch@graberpulver.ch

Marco Graber
Geboren 1962 in Bern; Architekturstudium an der ETH Zürich, 1989 Diplom; 2006–2008 Gastdozent an der ETH Zürich.

Thomas Pulver
Geboren 1962 in Bern; Architekturstudium an der ETH Zürich, 1989 Diplom; 2006–2008 Gastdozent an der ETH Zürich.

1992 Gründung Graber Pulver Architekten.

Wohnanlage in Berlin

Bauherr: Bauherrengemeinschaft Zelterstraße 5 GbR, Berlin
Architekten: zanderroth architekten, Berlin
Sascha Zander, Christian Roth
Mitarbeiter: Kirka Fietzek, Diana Gunkel, Guido Neubeck, Konrad Scholz, Lutz Tinius
Tragwerksplaner: Ingenieurbüro für Statik, Konstruktion und Bauphysik, Berlin, Andreas Leipold
Haustechnik, Elektroplaner: Ingenieurbüro Norbert Lüttgens, Berlin
Brandschutzberatung: hhpberlin Ingenieure für Brandschutz GmbH, Berlin
Landschaftsplaner: herrburg Landschaftsarchitekten, Berlin
Baujahr: 2010

www.zanderroth.de
kontakt@zanderroth.de

Sascha Zander
Geboren 1968 in Düsseldorf; Architekturstudium an der RWTH Aachen, der Kunstakademie in Düsseldorf, der Bartlett School of Architecture in London; 1995 Diplom Architektur an der Bartlett School; 1997 Diplom Städtebau an der RWTH Aachen.

Christian Roth
Geboren 1970 in Wiesbaden; Architekturstudium an der RWTH Aachen, der Kunstakademie in Düsseldorf, der E.T.S.A. in Madrid; 1998 Diplom Architektur RWTH Aachen.

1999 Gründung zanderroth architekten.

Haus am Weinberg bei Stuttgart

Bauherr: privat
Architekten: UNStudio
Ben van Berkel, Caroline Bos
Mitarbeiter: Astrid Piber, René Wysk, Kirsten Hollmann-Schröter, Cynthia Markhoff, Christian Bergmann, Jan Schellhoff, Iris Pastor, Rodrigo Cañizares, Albert Gnodde, Beatriz Zorzo Talavera, Shany Barath, Esteve Umbert Morits, Hannes Pfau
Bauleitung: G + O Architekten GmbH, Leinfelden-Echterdingen
Tragwerksplaner: Bollinger + Grohmann GmbH, Frankfurt am Main; Kraft Baustatik, Besigheim
Lichtberatung: ag licht GbR, Bonn
Landschaftsplaner: Atelier Dreiseitl GmbH, Überlingen
Baujahr: 2011

www.unstudio.com
info@unstudio.com

Ben van Berkel
Geboren 1957 in Utrecht; 1979–1987 Architekturstudium an der Rietveld Academy in Amsterdam und der Architectural Association in London; 1988 Gründung von Van Berkel & Bos Architectenbureau in Amsterdam, seit 1998 UNStudio; Professur an der Städelschule in Frankfurt am Main.

»House before House« in Utsunomiya

Bauherr: Tokyo Gas, Tokio
Architekten: Sou Fujimoto Architects, Tokio
Mitarbeiter: Yasushi Yamanoi
Bauleitung: Sou Fujimoto Architects, Tokio
Tragwerksplaner: Jun Sato Structural Engineers, Tokio; Naotake Koyama
Bauausführung: Toyota Woodyou Home Corporation, Utsunomiya City
Umwelttechnik: Kankyo Engineering Inc., Takafumi Wada
Lichtplaner: Sirius Lighting Office, Tokio, Hiroshi Totsune
Baujahr: 2008

www.sou-fujimoto.net
project@sou-fujimoto.net

Sou Fujimoto
Geboren 1971 auf Hokkaido;
1994 Bachelor Architektur an der University of Tokyo; 2000 Gründung Sou Fujimoto Architects.

Alterszentrum in Maienfeld

Bauherr: Stiftung Alterszentrum Bündner Herrschaft, Maienfeld
Architekten: Arbeitsgemeinschaft Isler Gysel, Zürich; bhend.klammer architekten, Zürich
Mitarbeiter: Kim Sneyders, Claudia Wunderlich
Tragwerksplaner: Edy Toscano AG, Chur
Landschaftsplaner: Schweingruber Zulauf Landschaftsarchitekten, Zürich
Signaletik: Bodara, Büro für Gebrauchsgrafik, Zürich
Baujahr: 2011

www.islergysel.ch
info@islergysel.ch
www.bhend.klammer.ch
info@bhend.klammer.ch

Dominik Isler
Geboren 1974; 1995–2001 Architekturstudium an der ETH Zürich und der EPFL in Lausanne.

Manuel Gysel
Geboren 1975; 1995–2001 Architekturstudium an der ETH Zürich und der EPFL in Lausanne.

2009 Gründung Isler Gysel Architekten.

Christof Bhend
Geboren 1967; 1994–1999 Architekturstudium an der ETH Zürich.

Sergej Klammer
Geboren 1974; 1994–2001 Architekturstudium an der ETH Zürich.

2003 Gründung bhend.klammer architekten.

Wohnhügel in Kopenhagen

Bauherr: Høpfner A/S, Kopenhagen; Danish Oil Company A/S, Kopenhagen
Architekten: BIG – Bjarke Ingels Group, Kopenhagen; JDS Architects, Kopenhagen/Brüssel/Belo Horizonte
Projektleitung: Bjarke Ingels, Jakob Lange, Finn Nørkjær, Jan Borgstrøm
Mitarbeiter: Henrik Poulsen, Annette Jensen, Dariusz Bojarski, Dennis Rasmussen, Eva Hviid-Nielsen, João Vieira Costa, Jørn Jensen, Karsten V. Vestergaard, Karsten Hammer Hansen, Leon Rost, Louise Steffensen, Malte Rosenquist, Mia Frederiksen, Ole Elkjær-Larsen, Ole Nannberg, Roberto Rosales Salazar, Rong Bin, Sophus Søbye, Søren Lambertsen, Wataru Tanaka
Tragwerksplaner: Moe & Brødsgaard A/S, Kopenhagen
Baujahr: 2008

www.big.dk
big@big.dk
www.jdsa.eu
office@jdsa.eu

Bjarke Ingels
Geboren 1974 in Kopenhagen; Architekturstudium an der Royal Academy of Arts in Kopenhagen und der School of Architecture of Barcelona (ETSAB); Mitarbeit bei OMA in Rotterdam; 2001 Gründung PLOT Architects; 2005 Gründung BIG – Bjarke Ingels Group.

Hostel in Split

Bauherr: SAFIR d.o.o., Split
Architekten: STUDIO UP, Zagreb
Lea Pelivan, Toma Plejić
Mitarbeiter: Antun Sevšek, Iva Denona Vusić, Jelena Martić, Domagoj Jurić, Ivan Grubišić Tasić, Robert Tičić, Paula Prkačin, Jasna Hrga
Tragwerksplaner: Darko Fadić, Split
Haustechnik: Nikša Nižetić, Davor Lučin, Split
Elektroplaner: Petar Trumbić, Split
Signaletik: Damir Gamulin, Zagreb
Baujahr: 2010

www.studioup.hr
info@www.studioup.hr

Lea Pelivan
Geboren 1976 in Split; Architekturstudium in Zagreb, 2001 Diplom.

Toma Plejić
Geboren 1977 in Rijeka; Architekturstudium in Zagreb, 2001 Diplom.

2003 Gründung STUDIO UP.

Hotel am Domplatz in Linz

Bauherr: Diözesane Immobilien-Stiftung (ehem. Stiftung St. Severin)
Architekten: hohensinn architektur, Graz
Projektleitung: Erich Ganster (Hotel und TG); Karlheinz Boiger (Entwurf)
Mitarbeiter: Ognjen Persoglio, Klemens Mitheis, Mario Mayrl, Thomas Klietmann, Franz Jelisitz
Projektsteuerung: Jastrinsky GmbH & Co. KG, Salzburg
Tragwerksplaner: Peter Pawel, Linz; Praher & Schuster ZT GmbH, Linz
Bodenmechanik: Sigma Consult GmbH, Linz
Bauphysik: Dr. Pfeiler GmbH, Graz
Gebäudetechnik: TB Freunschlag GmbH, Linz
Lichtplaner: Licht-Innovativ GmbH, Innsbruck
Kunstprojekt »Integration«, Leucht-schrift »Lautschrift« in der Atrium-bespannung: Isa Stein, Christoph Fürst, Linz
Örtliche Bauaufsicht: Hinterwirth Architekten ZV OG, Gmunden
Baujahr: 2009

www.hohensinn-architektur.at
office@hohensinn-architektur.at

Josef Hohensinn
Geboren 1956 in Oberösterreich; Architekturstudium an der Höheren Technischen Bundeslehranstalt in Linz und an der TU Graz; 1990–1995 Assistent an der TU Graz; 1995 Gründung eines selbst-ständigen Architekturbüros; 1996/97 Büropartnerschaft mit Hubert Riess; 1998 Gründung hohensinn architektur in Graz.

Kinderspital in Basel

Bauherr: Kantone Basel-Stadt und Basel-Landschaft
Architekten: Stump & Schibli Archi-tekten BSA AG, Basel
Tragwerksplaner: Schnetzer Puskas Ingenieure AG, Basel
Baumanagement, Bauleitung: Pro-planing AG, Basel
Fassadenplaner: Emmer Pfenninger Partner AG, Münchenstein
Landschaftsarchitekten: Bechthold. Lenzin, Liestal
Signaletik: Integral Ruedi Baur, Zürich
Baujahr: 2009

www.stumpschibliarch.ch
info@stumpschibliarch.ch

Yves Stump
Geboren 1962 in Aarau; 1978–1982 Lehre als Hochbauzeichner; 1982–1985 Architekturstudium an der Fachhochschule beider Basel (FHBB); 1986–1991 Mitarbeit in diversen Architekturbüros; 1992–1994 eigenes Büro; Assistent an der EPFL in Lausanne und Gast-dozent an der FHBB.

Hans Schibli
Geboren 1964 in Wettingen; 1981–1985 Lehre als Hochbau-zeichner; 1985–1989 Architektur-studium an der Fachhochschule beider Basel (FHBB); 1989–1995 Mitarbeit in diversen Architektur-büros.

1995 Gründung Stump & Schibli Architekten (seit 1999 BSA, seit 2006 AG).

Cooper Union in New York

Bauherr: The Cooper Union for the Advancement of Science and Art, New York
Architekten: Morphosis Architects, Culver City
Design Director: Thom Mayne
Projektleiter: Silvia Kuhle
Projektteam: Pavel Getov, Chandler Ahrens, Jean Oei, Natalia Traverso Caruna, Go-Woon Seo, Irena Bede-nikovic, Salvador Hidalgo, Marcin Kurdziel, Debbie Lin, Kristina Loock
Mitarbeiter: Sean Anderson, Charles Austin, Dominique Cheng, Guiomar Contreras, Ben Damron, Patrick Dunn-Baker, Graham Fer-rier, Mauricio Gomez, Brock Hinze, Eui Yeob Jeong, Mark Johnson, Jennifer Kasick, Amy Kwok, Michelle Siu Lee, Shannon Loew, Mark McPhie, Greg Neudorf, Mike Patterson, Michael Sargent, Rein-hard Schmoelzer, Christin To
Partnerarchitekt: Gruzen Samton, LLP, New York, Peter Samton
Tragwerksplaner: John A. Martin Associates, Los Angeles; Goldstein Associates, New York
Haustechnik, Elektroplaner: IBE Consulting Engineers, Sherman Oaks; Syska Hennessy Group Inc., New York
Lichtplaner: Horton Lees Brodgen Lighting Design Inc., New York
Signaletik: Pentagram, New York
Baujahr: 2009

www.morphosis.com
studio@morphosis.net

Thom Mayne
Geboren 1944; Architekturstudium an der University of Southern Cali-fornia und der Harvard Graduate School of Design; 1972 Gründung Morphosis Architects; Lehrtätigkeit an verschiedenen Universitäten.

Gymnasium in Kopenhagen

Bauherr: Stadtverwaltung Kopen-hagen
Architekten: 3XN, Kopenhagen
Projektleitung: Kim Herforth Nielsen
Tragwerksplaner, Haustechnik, Elektro- und Akustikplanung: Søren Jensen Consulting Engineer, Kopenhagen
Landschaftsplaner: 3XN, Kopen-hagen
Bauleitung: 3XN, Kopenhagen
Pädagogische Beratung: Helle Mathiasen, Aarhus
Baujahr: 2007

www.3xn.dk
3xn@3xn.dk

Kim Herforth Nielsen
Geboren 1954; Studium an der Aarhus School of Architecture; 1986 Mitbegründer von 3XN.

Bo Boje Larsen
Geboren 1951; Architekturstudium an der Royal Danish Academy of Fine Arts in Kopenhagen; seit 2003 Partner bei 3XN.

Jan Ammundsen
Geboren 1972; Architekturstudium an der Aarhus School of Architec-ture; ab 2005 Mitarbeit bei 3XN, seit 2007 Partner.

Kasper Guldager Jørgensen
Geboren 1976; Studium an der Aarhus School of Architecture; Master am Southern California Institute of Architecture; ab 2006 Mitarbeit bei 3XN; seit 2007 Leiter von GXN, der Innovationsabteilung von 3XN.

Stadtbibliothek in Stuttgart

Bauherr: Landeshauptstadt
Stuttgart
Architekten: Eun Young Yi, Köln
Projektsteuerung: Drees & Sommer,
Stuttgart
Tragwerksplaner: Boll und Partner,
Stuttgart
Gebäudetechnik: Rentschler +
Riedesser, Filderstadt
Elektroplaner: Conplaning, Ulm
Planung Förderanlagen: Werner
Schwarz, Stuttgart
Bauphysik, Energietechnik: EGS-
Plan, Stuttgart
Brandschutzberatung: HHP Nord-
Ost, Braunschweig; HHP Süd,
Ludwigshafen
Freiflächenplanung: Gänßle + Hehr,
Esslingen
Fassadenberatung: R + R Fuchs,
München
Objektüberwachung: Höhler + Part-
ner, Aachen
Baujahr: 2011

www.yiarchitects.com
info@yiarchitects.com

Eun Young Yi
Geboren 1956 in Daecheon;
1976–1983 Architekturstudium an
der Hanyang Universität,
1984–1990 an der RWTH Aachen;
1990 Mitarbeit im Büro Oswald
Mathias Ungers; 1991/92 freier
Architekt in Köln; 1993 Mitarbeit im
Büro Joachim Schürmann; 1994
Gründung Yi Architects in Köln und
Seoul; 1994–1999 wissenschaft-
liche Mitarbeit an der RWTH
Aachen; 2000–2010 Professor an
der Hanyang Universität.

Werbeagentur in Tokio

Bauherr: TBWA\HAKUHODO
Architekten: Klein Dytham architec-
ture, Tokio
Mitarbeiter: Yukinari Hisayama,
Yoshinori Nishimura, Joe Keating,
Mayumi Ito, Nazuki Konishi, Makiko
Okano, Hiroshi Ohsu
Tragwerksplaner: Arup Japan,
Tokio
Generalunternehmer: D. Brain,
Masaya Tanimoto, Tokio
Baujahr: 2007

www.klein-dytham.com
kda@klein-dytham.com

Astrid Klein
Geboren 1962 in Varese;
1986 Bachelor Innenarchitektur an
der École des Arts Décoratifs in
Straßburg; 1988 Master Architektur
am Royal College of Art in London;
1988 Mitarbeit bei Toyo Ito Architects & Associates in Tokio; Lehraufträge u. a. an verschiedenen
Universitäten in Tokio, an der University of California in Berkeley und
der California Polytechnic State
University in San Luis Obispo.

Mark Dytham
Geboren 1964 in Northamptonshire;
1988 Master Architektur am Royal
College of Art in London; 1988 Mit-
arbeit bei Skidmore Owings and
Merrill in London; 1988 Mitarbeit bei
Toyo Ito Architects & Associates in
Tokio; seit 1999 Lehrauftrag an der
Tokyo Science University; Lehrauf-
träge an der Hosei University in
Tokio und der University of Califor-
nia in Berkeley.

1991 Gründung Klein Dytham
architecture.

Bürogebäude in Bozen

Bauherr: FRI-EL Green Power, Rom
Architekt: Markus Scherer Architekt,
Meran
Mitarbeiter: Adriana Mangiacotti,
Elena Mezzanotte
Tragwerksplaner: Ingenieur P.
Schmidt, Bozen
Bauausführung: Stuefer Bau, Ritten
Schlosserarbeiten: Condin Robert,
Tramin
Glasbau: Seyr Glas, Bruneck
Putzflächen: Giuvanni Moling, San
Michele
Baujahr: 2007

www.architektscherer.it
info@architektscherer.it

Markus Scherer
Geboren 1962 in Wien; Architektur-
studium in Wien und Venedig,
Diplom 1990; seit 1991 freiberuf-
liche Tätigkeit, anfänglich als
Sozietät, ab 2001 mit eigenem
Büro.

AachenMünchener Direktionsgebäude in Aachen

Bauherr: Generali Deutschland
Immobilien GmbH
Architekten: kadawittfeldarchitektur
GmbH, Aachen
Projektleitung: Stefan Haass,
Jascha Klusen
Mitarbeiter: Sebastian Potz, Michael
Tremmel, Frank Berners, Gaby
Inden, Roswitha van der Kooi,
Susanne Lüschen, Christoph
Schlaich, Julia Therstappen,
Andrea Thörner, Sascha Thomas,
Daniel Trappen, Eva Strotmeier
Statik: Dr. Binnewies, Ingenieur-
gesellschaft mbH, Hamburg
Generalunternehmer: Alpine
Deutschland GmbH mit Subplaner
des GU in der Ausführungsphase:
Nattler Architekten, Essen
Projektsteuerung: Ernst & Young
Real Estate GmbH, Troisdorf
Landschaftsplaner: Club L94 –
Landschaftsarchitekten, Köln
Baujahr: 2010

www.kadawittfeldarchitektur.de
office@kadawittfeldarchitektur.de

Klaus Kada
Geboren 1940 in Leibnitz; 1971
Diplom an der TU Graz; 1971–
1985 Büropartnerschaft mit Gernot
Lauffer; seit 1988 Büro in Graz;
1995–2006 Professur an der RWTH
Aachen; seit 1996 Büro in Aachen.

Gerhard Wittfeld
Geboren 1968 in Moers; 1995
Diplom an der RWTH Aachen;
seit 1994 Mitarbeit bei Klaus Kada;
1997–2004 Lehrauftrag an der
RWTH Aachen; seit 1999 Partner
bei kadawittfeldarchitektur.

Restaurant und Bar in Zürich

Betreiber: Compass Group, Kloten
Architekten: Burkhalter Sumi Architekten, Zürich
Projektleitung: Yves Schihin
Bauleitung: GMS Partner AG, Zürich, Ralph Eschmann
Tragwerksplaner: Walt + Galmarini AG, Zürich
Elektroplaner: Schmidinger + Rosasco AG, Zürich
Bauphysik: Kopitsis AG, Wohlen
Baujahr: 2006

www.burkhalter-sumi.ch
office@burkhalter-sumi.ch

Marianne Burkhalter
Geboren 1947 in Thalwil;
1973–1975 Fachhörerin an der University of Princeton; 1987 Gastprofessorin Southern Institute of Architecture in Los Angeles, 1999 an der EPFL in Lausanne.

Christian Sumi
Geboren 1950 in Biel; 1977 Diplom an der ETH Zürich; 1990/91 Gastprofessor an der École d'Architecture in Genf, 1994 Harvard University, 1999 EPFL in Lausanne, 2003 University of Strathclyde in Glasgow.

1984 Bürogründung Burkhalter Sumi Architekten in Zürich; seit 2008 gemeinsame Professur an der Accademia di architettura in Mendrisio.

Yves Schihin
Geboren 1970 in Bern; 2000 Diplom an der EPFL in Lausanne; seit 2000 Mitarbeit, seit 2004 Partner bei Burkhalter Sumi Architekten.

Apotheke in Athen

Bauherr: Morfopoulos Pharmacist, Athen
Architekten: KLab architecture, Athen/London
Konstantinos Labrinopoulos
Mitarbeiter: Xara Marantidou, Enrique Ramirez, Mark Chapman
Tragwerksplaner: Future Constructions, Athen
Baujahr: 2010

www.klab.gr
info@.klab.gr

Konstantinos Labrinopoulos
Geboren 1970 in Athen; 1994 Diplom an der National Technical University in Athen; 1996 Master an der SCI-Arc in Los Angeles; 2007 Gründung von KLab architecture.

Rathaus in Bad Aibling

Bauherr: Stadt Bad Aibling
Architekten: Behnisch Architekten, München
Stefan Behnisch, Robert Hösle
Projektleitung: Stephan Leissle
Bauleitung: Beratende Ingenieure Schaaf, München
Tragwerksplaner: Planungsgesellschaft Dittrich mbH, München
HLS-Planer: Transplan, München
Elektroplaner: elo plan engineering GmbH, Rosenheim
Lichtplaner: Bartenbach Lichtlabor, Aldrans/Innsbruck
Brandschutz: Brandschutz Consulting, München
Baujahr: 2012

www.behnisch.com
ba@behnisch.com

Stefan Behnisch
Geboren 1957 in Stuttgart; Studium der Philosophie und Volkswirtschaft in München; 1987 Diplom Architektur an der Universität Karlsruhe; Lehraufträge in Stuttgart, Portsmouth, Nancy und Austin; Gastprofessor an der Yale School of Architecture, der University of Pennsylvania in Philadelphia und der EPFL in Lausanne.

Robert Hösle
Geboren 1968 in Nesselwang; Ausbildung zum Zimmermann; 1999 Diplom Architektur an der Universität Stuttgart; ab 1999 Behnisch & Partner; ab 2004 Behnisch Architekten Stuttgart; seit 2009 Leitung Behnisch Architekten, München.

1989 Gründung Behnisch Architekten, Stuttgart; 2009 Gründung des Münchener Büros.

Café und Ausstellungsräume in Bragança

Bauherr: Bragançapolis, Bragança
Architektin: Giulia De Appolonia, Brescia
Mitarbeiter: Joana Sousa, Leonardo Paiella, Tiago Castella, Ivan Teixeira, Ruben Ferreira
Bauleitung: Santana SA
Tragwerksplaner: Ara engenheiros, Fernando Rodrigues, Lissabon
Haustechnik: Natural-Works, Lissabon
Elektroplaner: Ruben Sobral, Lissabon
Baujahr: 2007

www.abdarchitetti.com
info@abdarchitetti.com

Giulia De Appolonia
Geboren 1969 in Pordenone; 1994 Abschluss Architekturstudium am Politecnico di Milano; 1993–2000 Zusammenarbeit mit J. L. Carrilho da Graça in Lissabon; 2000–2004 selbstständige Tätigkeit in Lissabon; 2001–2004 Professorin an der Universidade Autonoma de Lisboa; 2005 Gründung Büro in Pordenone; 2008 Gründung abda – de appolonia & associati mit Camillo Botticini.

Strandpromenade in Benidorm

Bauherr: Generalitat Valenciana –
Ajuntament De Benidorm
Architekten: OAB – Office of Archi-
tecture in Barcelona
Carlos Ferrater, Xavier Martí Galí
Projektleitung, Bauleitung: Luca
Cerullo
Mitarbeiter: Núria Ayala, Sofia
Machado dos Santos, David Jimé-
nez, David Abondano
Tragwerksplaner: Pondio Ingeni-
eure, Juan Calvo
Bauausführung: Ecisa-Dragados,
Benidorm
Baujahr: 2009

www.ferrater.com
oab@ferrater.com

Carlos Ferrater
Geboren 1944 in Barcelona; 1971
Abschluss an der School of Architecture of Barcelona (ETSAB); Lehraufträge an der ETSAB; 1973 Gründung eines Architekturbüros in
Barcelona.

Xavier Martí Galí
Geboren 1969 in Barcelona; 1995
Abschluss an der School of Archi-
tecture of Barcelona (ETSAB); seit
2003 Mitarbeit bei Carlos Ferrater
Studio; seit 2006 Partner bei OAB.

2006 Gründung OAB – Office of
Architecture in Barcelona.

Festspielgelände im Römer-steinbruch in St. Margarethen

Bauherr: Fürst Esterházy Familien-
privatstiftung
Architekten: AllesWirdGut Architek-
tur, Wien
Mitarbeiter: Ecki Csallner, Elmir
Smajic, Ferdinand Kersten, Maria
Magina, Mareike Kuchenbecker,
Martin Brandt, Michael Sohm
Tragwerksplaner: Gmeiner Haferl
ZT GmbH, Wien
Projektsteuerung: FCP Fritsch
Chiari & Partner ZT GmbH, Wien
Haustechik, Elektroplaner: HPD
Planungsdienst, Vösendorf
Infrastruktur: Bichler & Kolbe ZT
GmbH, Neusiedl am See
Bauphyik: DI Prause, Wien
Geotechnik: 3P Geotechnik, Wien
Lichtplaner: Pokorny Lichtarchi-
tektur, Wien
Fluchtwegplanung: Büro Düh, Wien
Örtliche Bauaufsicht: Werner La-
croix Bauplanungsges.m.b.H., Wien
Baujahr: 2008

www.alleswirdgut.cc
awg@alleswirdgut.cc

Andreas Marth
Geboren 1969 in Fließ; Architekturstudium an der TU Wien.

Friedrich Passler
Geboren 1969 in Bruneck; Architekturstudium an der TU Wien.

Herwig Spiegl
Geboren 1973 in Innsbruck;
Architekturstudium an der TU Wien.

Christian Waldner
Geboren 1971 in Tscherms;
Architekturstudium an der TU Wien.

1999 Gründung AllesWirdGut
Architektur.

Opernhaus in Oslo

Bauherr: Ministry of Church and
Cultural Affairs, Statsbygg
Architekten: Snøhetta A/S, Oslo
Projektleitung: Tarald Lundevall,
Sigrun Aunan, Craig Dykers, Simon
Ewings, Kjetil Trædal Thorsen, Rune
Grasdal, Tom Holtmann, Elaine Moli-
nar, Kari Stensrød, Øystein Tveterk
Mitarbeiter: Anne-Cecilie Haug,
Ibrahim El Hayawan, Tine Hegli,
Jette Hopp, Zenul Khan, Frank Kristi-
ansen, Cecilia Landmark, Camilla
Moneta, Aase Kari Mortensen, Frank
Nodland, Andreas Nygaard, Michael
Pedersen, Harriet Rikheim, Margit
Tidemann Ruud, Marianne Sætre,
Knut Tronstad, Tae Young Yoon
Innenarchitekten: Snøhetta A/S,
Bjørg Aabø, Christina Sletner
Landschaftsplaner: Snøhetta A/S,
Ragnhild Momrak, Andreas Nypan
Tragwerksplaner: Reinertsen
Engineering, Trondheim/Oslo
Beteiligte Künstler: Kristian Blystad,
Kalle Grude, Jorunn Sannes, Astrid
Løvaas, Kirsten Wagle
Akustikplaner: Brekke Strand
Akustikk, Oslo; Arup Acoustic,
Winchester
Baujahr: 2007

www.snoarc.no
contact@snoarc.no

Kjetil Trædal Thorsen
Geboren 1958 in Haugesund; 1985
Master of Engineering an der
TU Graz.

Tarald Lundevall
Geboren 1948 in Oslo; 1973 Ab-
schluss an der Oslo School of
Architecture.

Craig Edward Dykers
Geboren 1961 in Frankfurt; Bachelor
an der University of Texas in Austin.

1989 Gründung Snøhetta.

Porsche Museum in Stuttgart

Bauherr: Porsche AG, Stuttgart
Architekten: Delugan Meissl
Associated Architects, Wien
Projektleitung: Martin Josst
Mitarbeiter: Zoltan Adorjani, Philip
Beckmann, Sebastian Brunke,
Gerhard Gölles, Imke Haasler, Tom
Hindelang, Tapio Lassmann, Jörg
Rasmussen, Torsten Sauer, Hendrik
Steinigeweg
Ausführungsplanung: Wenzel +
Wenzel Architekten, Stuttgart
Bauleitung: Gassmann + Grossmann
Baumanagement GmbH, Stuttgart
Projektsteuerung: Drees & Sommer,
Stuttgart
Tragwerksplaner: Leonhardt, Andrä
und Partner Beratende Ingenieure
VBI GmbH, Stuttgart
Bauphysik: Wolfgang Sorge IB für
Bauphysik GmbH, Nürnberg
Ausstellungsgestaltungskonzept:
hg merz, Stuttgart
Baujahr: 2009

www.dmaa.at
office@dmaa.at

Elke Delugan-Meissl
Geboren in Linz; 1987 Diplom
Architektur an der TU Innsbruck.

Roman Delugan
Geboren in Meran; Architekturstudium an der Universität für ange-
wandte Kunst Wien.

Dietmar Feistel
Geboren in Bregenz; Architekturstudium an der TU Wien.

Martin Josst
Geboren in Hamburg; Architekturstudium an der Muthesius Hochschule für Kunst und Gestaltung
Kiel.

1993 Gründung Delugan Meissl.

Armani Fifth Avenue in New York

Bauherr: Gruppo Giorgio Armani
Architekten: Doriana und Massimiliano Fuksas, Rom
Projektleitung: Davide Stolfi
Tragwerksplaner: Gilberto Sarti, Rimini
Inneneinrichtung: Fuksas Design, Rom
Lichtplaner: Speirs & Major Associates, London
Baujahr: 2009

www.fuksas.com
office@fuksas.com

Massimiliano Fuksas
Geboren 1944 in Rom; Architekturstudium an der Universität La Sapienza in Rom, 1969 Abschluss; seit 1967 eigenes Büro in Rom, seit 1989 in Paris, seit 2008 in Shenzhen; Gastprofessor an der École Spéciale d'Architecture (ESA) in Paris, der Akademie der Bildenden Künste in Wien, der Staatlichen Akademie der Bildenden Künste in Stuttgart und der Columbia University in New York.

Doriana O. Mandrelli
Geboren in Rom; Studium moderne und zeitgenössische Architekturgeschichte an der Universität La Sapienza in Rom, 1979 Abschluss; Architekturstudium an der École Spéciale d'Architecture (ESA) in Paris; Lehrauftrag an der Universität La Sapienza; seit 1985 Büropartnerschaft mit Massimiliano Fuksas in Rom; seit 1997 verantwortlich für Fuksas Design.

New York Times Building in New York

Bauherr: The New York Times, New York; Forest City Ratner Companies, New York
Architekten: Renzo Piano Building Workshop, Paris/Genua
Bernhard Plattner (Project Director), Erik Volz (Project Manager);
FXFowle Architects, New York/Dubai
Mitarbeiter FXFowle: Bruce Fowle, Daniel Kaplan, Gerald Rosenfeld, Joseph Hand, Elizabeth Finkelshteyn, Scott Wood, Ray Williams, Doug Freeman, James Adams, Jason Abbey, Nick Tocheff, Xiaotong Wu, Zheng Dai, John Secreti, Xander Redfern, Chiam Zeitz
Tragwerksplaner: Thornton Tomasetti, New York
Innenarchitekt (NY Times): Gensler, New York
Vertikale Erschließung: Jenkins & Huntington Inc., New York
Sicherheitsberatung: Kroll Schiff & Associates, New York
Baujahr: 2007

www.rpbw.com
italy@rpbw.com
www.fxfowle.com
info@fxfowle.com

Renzo Piano
Geboren 1937 in Genua; 1964 Diplom am Polytechnikum in Mailand; 1971 Gründung des Büros Piano & Rogers; 1974 Gründung des Renzo Piano Building Workshop.

FXFowle Architects
Gegründet 1978; Architekturbüro mit Sitz in New York und Dubai (Foto Mitte: Senior Principals Bruce Fowle, rechts: Daniel Kaplan).

Bürogebäude in Sydney

Bauherr: DEXUS Wholesale Property Fund; Cbus Property, Sydney
Architekten: ingenhoven architects, Düsseldorf; Architectus, Sydney
Tragwerksplaner: Enstruct Group, Sydney
Fassadenplaner: DS Plan, Stuttgart; Arup Facade mit Enstruct, Sydney
Nachhaltigkeitsberatung: Cundall, Sydney
Lichtplaner: Arup Electrical, Sydney; Tropp Lighting Design, Weilheim
Fördertechnik: Norman Disney and Young, Sydney
Mechanik: Arup Mechanical, Sydney
Hydraulik: Steve Paul & Partners, Sydney
Freiraumplanung: Sue Barnsley Design, Sydney
Projektsteuerung: APP Corporation, Sydney
Baujahr: 2011

www.ingenhovenarchitects.com
info@ingenhovenarchitects.com
www.architectus.com.au
sydney@architectus.com.au

Christoph Ingenhoven
Geboren 1960 in Düsseldorf; 1978–1984 Architekturstudium an der RWTH Aachen; 1985 Gründung des Büros ingenhoven architects.

Ray Brown
Geboren 1963 in Melbourne; Architekturstudium an der University of New South Wales; Studium General Management an der Australian School of Business, University of New South Wales; ab 1989 Mitarbeiter bei Architectus, seit 1998 Managing Director.

Stadion in Kiew

Bauherr: National Sport Complex »Olimpiyskiy«
Architekten: gmp · Architekten von Gerkan, Marg und Partner, Hamburg
Entwurf: Volkwin Marg mit Christian Hoffmann und Marek Nowak
Projektleitung: Martin Bleckmann, Roman Hepp
Mitarbeiter Entwurf: Michael König, Christoph Salentin, Olaf Peters, Heiko Faber, Sebastian Möller
Mitarbeiter Ausführung: Andreas Wietheger, Clemens Dost, Christiane Wermers, Jonathan Gerlach, Anke Appel, Irina Stoyanova, Franz Lensing, Jan Philipp Weber, Dominik Heizmann, Sebastian Hilke, Irina Bohlender; Arbeitsgemeinschaft mit Personal Creative Architectural Bureau Y. Serjogin LLC, Kiew
Tragwerksplaner Dach: schlaich bergermann und partner, Knut Göppert, Markus Balz, Thomas Moschner, Stuttgart
Statik: Kempen Krause Ingenieurgesellschaft, Aachen
Haustechnik: b.i.g. Bechtold Ingenieurgesellschaft mbH, Karlsruhe
Landschaftsplaner: ST raum a. Gesellschaft von Landschaftsarchitekten mbH, Berlin
Baujahr: 2011

www.gmp-architekten.de
hamburg-e@gmp-architekten.de

Volkwin Marg
Geboren 1936 in Königsberg; 1958–1964 Architekturstudium in Berlin und an der TU Braunschweig; 1965 Mitbegründer des Büros gmp · Architekten von Gerkan, Marg und Partner.

Autoren

Christian Schittich (Hrsg.)
Jahrgang 1956
Architekturstudium an der Technischen Universität München;
anschließend sieben Jahre Büropraxis, publizistische Tätigkeit;
seit 1991 Redaktion DETAIL, Zeitschrift für Architektur und Baudetail,
seit 1992 verantwortlicher Redakteur, seit 1998 Chefredakteur;
Autor und Herausgeber zahlreicher Fachbücher und Fachartikel.

Arno Lederer
Jahrgang 1947
Architekturstudium an der Universität Stuttgart und der Technischen Universität Wien, Diplom 1976;
1979 Gründung des Büro Lederer, seit 1985 in Bürogemeinschaft mit Jórunn Ragnarsdóttir, seit 1992 mit Marc Oei;
1985–1990 Professor für Konstruieren und Entwerfen an der Hochschule für Technik, Stuttgart;
1990–1997 Professor für Baukonstruktion und Entwerfen, 1997–2005 für Gebäudelehre an der Universität Karlsruhe;
seit 2005 Professor für öffentliche Bauten und Entwerfen an der Universität Stuttgart.

Jeannot Simmen
Jahrgang 1946
Studium der Kunstgeschichte, Philosophie und Religionswissenschaft in Zürich und an der Freien Universität Berlin; Promotion bei Klaus Heinrich und Jacob Taubes; Habilitation bei Bazon Brock und Klaus Heinrich;
Autor und Herausgeber von »Der Fahrstuhl. Die Geschichte der vertikalen Eroberung« (mit Uwe Drepper), München 1984 sowie »Vertikal. Aufzug – Fahrtreppe – Paternoster. Eine Kulturgeschichte vom Vertikal-Transport«, Berlin 1994;
Kurator von Kunst- und Technikausstellungen;
1990–2002 Gast- und Vertretungsprofessor für Kunsttheorie und Designwissenschaft an den Universitäten in Kassel, Wuppertal und Essen.

Thomas Schielke
Jahrgang 1973
Architekturstudium an der Technischen Universität Darmstadt, Diplom 2001;
seit 2001 beim Leuchtenhersteller ERCO für den Bereich didaktische Kommunikation tätig;
Lehrtätigkeit an verschiedenen Hochschulen;
Co-Autor des Buchs »Lichtpositionen zwischen Kultur und Technik«, München 2009.

Jimmy Schmid
Jahrgang 1961
Lehrerausbildung am Kantonalen Lehrerseminar Hitzkirch/Luzern;
Grafikerausbildung an der Schule für Gestaltung Luzern und an der École nationale supérieure des Arts Décoratifs in Paris;
langjährige Agenturtätigkeit in den Bereichen Kommunikationsdesign, Corporate Design, Knowledge Visualization, Informationslogistik, Ausstellungen, Besucherführung, Signaletik;
seit 2001 Professor für Kommunikationsdesign im Studiengang Visuelle Kommunikation an der Hochschule der Künste Bern, seit 2008 Leiter des berufsbegleitenden Masterstudiengangs Signaletik – Environmental Information Design.

Oliver Herwig
Jahrgang 1967
Geisteswissenschaftliches Studium in Regensburg, Williamstown/MA, Champaign-Urbana/IL und Kiel; Promotion über »Wortdesign. Eugen Gomringer und die bildende Kunst«;
arbeitet als freier Journalist in München;
Lehraufträge für Designtheorie an den Universitäten Karlsruhe und Linz.

Abbildungsnachweis

Allen, die durch Überlassung ihrer Bildvorlagen, durch Erteilung von Reproduktionserlaubnis und durch Auskünfte am Zustandekommen des Buches mitgeholfen haben, sagen die Autoren und der Verlag aufrichtigen Dank. Sämtliche Zeichnungen in diesem Werk sind eigens angefertigt. Nicht nachgewiesene Fotos stammen aus dem Archiv der Architekten oder aus dem Archiv der »DETAIL, Zeitschrift für Architektur«. Trotz intensiver Bemühungen konnten wir einige Urheber der Fotos und Abbildungen nicht ermitteln, die Urheberrechte sind jedoch gewahrt. Wir bitten um dementsprechende Nachricht.

Von Fotografen, Bildarchiven und Agenturen:
- S. 8:
  Daniel Clements /view/arturimages
- S. 9, 12 unten, 141, 142:
  Christian Richters, Berlin
- S. 10 oben:
  Carsten Klein /arturimages
- S. 10 Mitte, unten, 11 oben, 13 oben, 37 oben, 106, 127:
  Christian Schittich, München
- S. 11 unten, 12 oben:
  Frank Kaltenbach, München
- S. 13 unten:
  Christian Richters /arturimages
- S. 14:
  Stefan Müller-Naumann, München
- S. 16 oben:
  Florian Monheim /arturimages
- S. 17:
  Werner Huthmacher, Berlin
- S. 18 unten:
  Adolf Bereuter, Lauterach
- S. 19:
  Jens Hauspurg, Weimar
- S. 21:
  Barbara Staubach /arturimages
- S. 23 oben, 57–59:
  Walter Mair, Zürich
- S. 24 unten:
  Zooey Braun /arturimages
- S. 25 unten links:
  Julia Knop, Hamburg
- S. 26 unten:
  Ivan Nemec, Berlin
- S. 27 unten:
  Florian Holzherr, München
- S. 28:
  Christina Merkan, Berlin
- S. 30 oben links und rechts, 31 oben:
  Archiv Simmen /Drepper, Berlin
- S. 30 Mitte:
  Deutsches Museum, München
- S. 30 unten:
  nach Uwe Drepper, Berlin
- S. 31 unten:
  Chevojon, Paris (Spadem)
- S. 32 oben:
  Schindler Group, Ebikon
- S. 32 unten:
  James Morris /view/arturimages

- S. 33 links, 156 oben, 157 unten:
  Whitney Cox, New York
- S. 34:
  Alexander Ring/ERCO
- S. 36 oben:
  Simulationen: Axel Groß/ERCO
- S. 37 unten:
  Thomas Mayer/ERCO
- S. 38 oben:
  Rudi Meisel/ERCO
- S. 38 unten:
  Nicholas Kane/Arcaid Images
- S. 39 oben:
  Werner Huthmacher/ERCO
- S. 40, 89 unten rechts:
  Andreas Körner, Stuttgart
- S. 42 oben und Mitte:
  Integral Ruedi Baur/Lisa Jacob
- S. 42 unten:
  Ricardo Gonçalves, Lissabon
- S. 43:
  Yves André, Vaumarcus
- S. 44 oben:
  LM communiquer, Paris
- S. 44 Mitte:
  André Baldinger, Paris
- S. 44 unten:
  Kaspar Schmid, Zürich
- S. 45 Mitte und unten:
  L2M3 Kommunikationsdesign, Stuttgart
- S. 46 oben:
  Hi Visuelle Gestaltung, Luzern
- S. 46 Mitte links:
  bauer – konzept & gestaltung, Wien
- S. 46 Mitte rechts:
  Nik Thoenen /re-p.org
- S. 46 unten:
  Stefan Wülser/www.openminds.ch
- S. 47 oben links, 74–76, 89 oben, unten links, 90–92:
  Roger Frei, Zürich
- S. 47 oben Mitte:
  Bringolf Irion Vögeli, Zürich
- S. 47 oben rechts:
  Hochschule der Künste Bern, CAS Signaletik
- S. 47 unten:
  Intégral Ruedi Baur, Paris
- S. 48, 53 Mitte:
  Doppelmayr Seilbahnen Gmbh, Wolfurt
- S. 49:
  Kölner Seilbahn GmbH
- S. 50 oben:
  © Transport for London
- S. 50 Mitte:
  www.flickr.com/Embassy of the Bolivian Republic of Venezuela, Foto: Abraxas Iribarren
- S. 50 unten, 51, 66–69, 71, 95, 146 unten, 147, 148 oben, Mitte unten, unten:
  Iwan Baan, Amsterdam
- S. 52:
  www.flickr.com/CUP Projects
- S. 53 oben links und rechts:
  Eric Staudenmaier Photography, Los Angeles
- S. 53 unten:
  www.flickr.com/Alamagordo, Wieland Van Dijk

- S. 54, 81–85:
  Robert Leš, Zagreb
- S. 56:
  Georg Aerni, Zürich
- S. 60–65:
  Simon Menges
- S. 70, 72, 73:
  Daici Ano, Tokio
- S. 77, 79 unten:
  JDS Architects /Felix Luong
- S. 78, 169 3. Spalte unten:
  Ulrik Jantzen, Kopenhagen
- S. 79 oben und Mitte:
  Jens Lindhe, Kopenhagen
- S. 80:
  Jakob Boserup, Frederiksberg
- S. 86–88, 171 4. Spalte unten links:
  Paul Ott, Graz
- S. 93, 94 unten, 96 oben, 148 Mitte oben:
  Roland Halbe, Stuttgart
- S. 94 oben, 96 unten :
  Roland Halbe/arturimages
- S. 98–103:
  Adam Mørk, Kopenhagen
- S. 104 oben, 105:
  Wolfram Janzer/arturimages
- S. 104 unten:
  Eun Young Yi, Köln
- S. 107:
  Jana Rackwitz, München
- S. 108 oben:
  Kozo Takayama, Tokio
- S. 108 unten:
  Pacia
- S. 109:
  Shinkenchiku-sha, Tokio
- S. 110–113:
  Bruno Klomfar, Wien
- S. 114–119:
  Jens Kirchner, Düsseldorf
- S. 120–122, 172 1. Spalte unten:
  Heinz Unger, Schlieren
- S. 123:
  Cordula Rau, München
- S. 124–125:
  Panos Kokkinias, Athen
- S. 126, 128:
  David Matthiessen, Stuttgart
- S. 129–131:
  Fernando Guerra, Lissabon
- S. 132, 133 rechts, 135:
  Alejo Bague, Barcelona
- S. 134 oben und unten:
  Office of Architecture, Barcelona
- S. 136–139:
  Hertha Hurnaus, Wien
- S. 140, 144 Mitte:
  Claudia Fuchs, München
- S. 143 links:
  Hélène Binet, London
- S. 143 rechts:
  Ivan Brodey, Oslo
- S. 144 oben:
  Jens Sölvberg, Stockholm
- S. 144 unten:
  Andreas Gabriel, München
- S. 145:
  Jiri Havran, Oslo
- S. 146 unten:
  Brigida Gonzáles, Stuttgart
- S. 150, 153:
  Ramon Prat, Barcelona

- S. 152:
  Archivio Fuksas, Rom
- S. 154:
  Andreas Keller/arturimages
- S. 155, 157 oben:
  Thomas Madlener, München
- S. 156 Mitte, unten:
  Nathan Willock /view/arturimages
- S. 158–163:
  H. G. Esch, Hennef
- S. 164, 165 rechts, 167:
  Marcus Bredt, Berlin
- S. 165 links:
  Jborzicchi /Dreamstime.com
- S. 168 3. Spalte unten:
  Inga Powilleit, Haarlem
- S. 170 3. Spalte unten:
  Reiner Zettl
- S. 170 4. Spalte unten:
  André Andersen
- S. 172 3. Spalte unten:
  Mark Ostow, Cambridge
- S. 173 3. Spalte unten:
  AllesWirdGut Architektur, Wien
- S. 174 1. Spalte unten:
  Maurizio Marcato, Zevio
- S. 174 3. Spalte unten links:
  Edgar Schoepal, Düsseldorf

Aus Büchern und Zeitschriften:
- S. 15:
  Peter Faller: Der Wohngrundriss. München 2002, S. 17
- S. 16 unten:
  Wilfried Koch: Baustilkunde. München 1991, S. 316

Artikel- und rubrikeinführende s/w-Aufnahmen:
- S. 8:
  Solomon R. Guggenheim Museum, New York (USA) 1959, Frank Lloyd Wright
- S. 12:
  Jugendherberge, Possenhofen (D) 2002, Hierl Architekten
- S. 28:
  Fahrstuhlklingel, Berlin-Charlottenburg (D)
- S. 40:
  Hochschule Osnabrück (D) 2004, Architektur: Jockers Architekten, Signaletik: büro uebele visuelle kommunikation
- S. 48:
  Thames Cable Car, London (GB) 2012
- S. 54:
  Jugendhostel, Split (HR) 2010, STUDIO UP

Schutzumschlag:
Armani Fifth Avenue, New York (USA) 2009, Doriana und Massimiliano Fuksas, Rom
Foto: Archivio Fuksas, Rom

Die Angaben zu den Projektdaten stammen von den jeweiligen Architekten. Der Verlag übernimmt für deren Richtigkeit keine Gewähr.